心学的力量

——最通俗的《传习录》，最易懂的王阳明

沙滩孤雁◎著

中国财富出版社

图书在版编目（CIP）数据

心学凶猛：最通俗的《传习录》，最易懂的王阳明 / 沙滩孤雁著．—北京：中国财富出版社，2015.9（2019.7 重印）

ISBN 978－7－5047－5499－8

Ⅰ.①心…　Ⅱ.①沙…　Ⅲ.①心学—中国—明代②《传习录》—通俗读物　Ⅳ.①B248.2－49

中国版本图书馆 CIP 数据核字（2014）第 283295 号

策划编辑　张彩霞　　**责任印制**　梁　凡　郭紫楠

责任编辑　张艳华　　**责任校对**　饶莉莉

出版发行　中国财富出版社

社　　址　北京市丰台区南四环西路 188 号 5 区 20 楼　　**邮政编码**　100070

电　　话　010－52227588 转 2098（发行部）　010－52227588 转 321（总编室）

　　　　　　010－52227588 转 100（读者服务部）　010－52227588 转 305（质检部）

网　　址　http://www.cfpress.com.cn

经　　销　新华书店

印　　刷　北京九州迅驰传媒文化有限公司

书　　号　ISBN 978－7－5047－5499－8/B·0417

开　　本　710mm×1000mm　1/16　　**版　　次**　2015 年 1 月第 1 版

印　　张　18.25　　**印　　次**　2019 年 7 月第 3 次印刷

字　　数　299 千字　　**定　　价**　36.00 元

写在前面

王守仁在痛苦中挣扎着，一切都已失去，“理”却依然不见踪影。

竹子里没有，花园里没有，名山大川里没有，南京没有，北京没有，杭州没有，贵州也没有！

存天理，去人欲！

天理，人欲！

理！欲！

吃喝拉撒都是欲，“欲”在心中，“理”在何处？“理”在何处?!

王守仁陷入了极度的焦虑与狂躁，在这片荒凉的山谷中，在这个死一般宁静的夜晚，外表平静的他，内心正在地狱的烈火中煎熬。

答案就在眼前！只差一步！只差一步而已！

忽然，一声大笑破空而出，打碎了夜间山谷的宁静，声震寰宇，久久不绝。

在痛苦的道路上徘徊了十九年的王守仁，终于在他人生最为痛苦的一瞬获知了神秘的答案。

空山无人，水流花开，

万古长风，一朝风月。

此一瞬已是永恒。

我历经千辛万苦，虚度十九年光阴，寻遍天涯海角，却始终找不到那个神秘的“理”。

现在我终于明白，原来答案一直就在我的身边，如此明了，如此简单，它从未离开过我，只是静静地等待着我，等待着我的醒悟。

“理”在心中。

我竟如此的愚钝啊，天地圣贤之道并非存于万物，也无须存于万物，天人本是一体，何时可分？又何必分？

随心而动，随意而行，万法自然，便是圣贤之道！

存天理，去人欲？

天理即是人欲。

这是载入史册的一瞬，几乎所有的史书都用了相同的词语来描述这一瞬——“顿悟”，中华文明史上一门伟大的哲学——“心学”，就此诞生。

它在这个幽静的夜晚，诞生于僻静而不为人知的山谷，悄无声息，但它的光芒终将照耀整个世界，它的智慧将成为无数人前进的向导。

王守仁成功了，历史最终承认了他，他的名字将超越所有的帝王，与孔子、孟子、朱子并列，永垂不朽。

——摘自当年明月《明朝那些事儿》

当年明月在《明朝那些事儿》中对王阳明推崇之至，誉之为“有明三百余年第一人”，但是，当年明月为写史体裁所限，对于阳明先生为什么这么牛的核心内容——阳明心学，着墨不多，阳明先生一生的文治武功，如果比喻为原子弹爆炸，当年明月就是那个记述了原子弹爆炸时壮阔景象的人，而您即将阅读的这些内容，就是带领您去领略这威力强大的原子弹的技术原理。讲制造原子弹的技术，终究没有看原子弹爆炸的场面那样热闹好看，但是我们将深入阳明心学的骨髓内里，将要看到的不仅仅是热闹，更是门道，并且我也尽量避免在讲门道的时候为您催眠使您入睡，不管我有没有实现这个初衷，但至少我尽力了。

王守仁（1472—1529 年），汉族，浙江余姚人。幼名云，字伯安，号阳明子，世称阳明先生，故又称王阳明，谥文成。中国明代著名的思想家、教育家、哲学家、文学家和军事家，官至南京兵部尚书、南京都察院左都御史，因平定宸濠之乱等军功而被封为新建伯，隆庆年间追封侯爵。王守仁是“陆王心学”之集大成者，精通儒家、佛家、道家，并且具备极高的军事才能，一生指挥战争几乎没有败绩，是中国历史上罕见的全能大儒，封“先儒”，奉祀孔庙东庑第五十八位。有《王文成公全书》三十八卷传世。

《传习录》是王阳明的语录和论学书信集，由其弟子收集整理而成，全书包含了王阳明全部的哲学思想及其基本主张，堪称王门之圣书，心学之“圣经”。全书分上中下三卷，上卷经王阳明本人审阅，中卷里的书信出自王阳明亲笔，是他晚年的著述，下卷未经本人审阅，但较为具体地解说了他晚年的思想，并记载了王阳明提出的著名的“四句教”。

通俗解读哲学著作，尤其是这种中国古代谈论很抽象的心性问题的哲学著作，是比较难的，哲学著作和科学著作类似，提到它们，往往就是艰深、晦涩、不食人间烟火的代名词。当年霍金在写《时间简史》时，出版商就明确地告诉他，这本书中假如多一个数学公式，就会吓跑多少多少读者云云。以至于霍金教授在写整本书的过程中，都在拿捏着如何能在尽量少用数学公式的前提下，更清晰地表达自己的思想，以达到不吓跑出版商的上帝的目的。谢天谢地，霍金做得很好，《时间简史》为出版商赚了个盆满钵满。

解读《传习录》的过程中，会遇到类似的问题，举个例子，也许《传习录》中随便拿出一节，区区几十个字，但是为这几十个字所下的注解往往就有十几条、上百字之多。有时一句话中会出现一种“无一字无来处”的情况，就是每个关键的字词都是大有来头，大多是引用“先儒”著作中的话，其中每个词若有一点儿打点（理解）不到，就别想弄通这里的文意。更令人头疼的是，有时即使你看了注解，仍然是一头雾水，因为那些出处的原文同样很不友好，就是说引文同样艰涩难懂。看这样的书，就算有一点古文功底的人，看几页后都会筋疲力尽。更别说那些没有多少古文基础的大众读者了。

现在市面上翻译《传习录》的书不少，他们的注解很精细，翻译也可以做到“信、达、雅”的境界。但在我看来，这样还不够，心学本来就是注重体悟与实践的学问，对《传习录》只是做到能通顺翻译为现代文这一步，功夫依然是不够的，我们还需要将其中的含义用现代人能理解的方式阐发出来。其实就算做到这一步，也依然还是纸上谈兵，因为心学的核心功夫在于融入个人的骨髓和血液，形成一种本能和习惯，到了这一步，也就是古人所说的“变化气质”了。真的将心学的精神实质领悟了，即使把《传习录》烧掉也没有关系。

可惜的是，我现在连一本能比较通俗地把“兵”谈好的书都没有发现，所以自己不揣浅陋，原意冒着被板砖拍扁的危险，来写下自己读《传习录》的心得。开始时，这些心得主要是作为读书笔记的形式写给自己看的，但是，就像古人吃了芹菜，觉得味道还可以，就送给朋友两捆，称之为“芹意”一样，我就把自己的这两捆芹菜洗净晾干，晒在这里，和还能够看在眼里的同道中人分享。

另外，阳明先生在《传习录》刚出版的时候，就说过这样的话：圣贤教人，如医用药，皆因病立方，酌其虚实、温凉、阴阳、内外而时时增减之。要在去病，初无定说。若拘执一方，鲜不杀人矣。今某与诸君不过各就偏蔽，箴切砥砺，但能改化，即吾言已为赘疣。若遂守为成训，他日误己误人，某之罪过可复追赎乎？（《传习录·序》）这一点是所有《传习录》的读者所应该首先了解的。

解读《传习录》，必然绕不过引文和注释这一关，但是就像霍金在《时间简史》中生怕一个数学公式就吓跑若干读者一样，我也生怕枝蔓过多的引文和注释搞得读者了无兴致，所以尽量在意义表达清晰的前提下，少用学术气息浓厚的引文及注释，引文是为了更好地表达文义，而不是为了显示作者知识面的渊博（而事实也是，很多引文我也是现用现查的）。在翻译上面，我不求字句的严格对应，只求能最贴切地将阳明所要表达的意思用现代语言表达清楚。解析尽量避免产生催眠作用，因为读枯燥的讲抽象道理的文章，很容易让本身兴趣就不大的读者睡意盎然。

我研读《传习录》的基本方法，可以用四个字来概括——以经解经。什么意思呢？读《传习录》时，如果单独看其中一节，有时候会对一些概念摸不着头脑，但是在书中的其他章节，会对这一概念进行详细的说明。如此，我们联系不同章节的内容，就可以对《传习录》的主旨思想有一个最贴近阳明先生本意的把握。这种研读方法是从南怀瑾先生那里学习到的，在此向先生表示感谢。

另外，在读《传习录》时，我十分认同钱穆先生对阳明心学的看法，即“脱弃训诂和条理的眼光，直透大义，反向自心”，洵可谓能得王学“事上磨炼”之精神处。因此对于《传习录》中有关训诂考据方面的内容，不做过多纠缠。钱穆先生又言：“讲理学最忌讳的是搬弄几个性理上的字面，做训诂条理的功夫，却全不得其人精神之所在。次之则争道统，立门户。尤其是讲王学，上述的伎俩，更是使不得。”因此，“直透大义”是我在解读《传习录》时的另一特点。

最后，再说《传习录》用语方面的特点，我读《传习录》时，碰到的一个比较头疼的问题是：同一个字，比如理、心、性、道、气、物等，在不同的段落，甚至在相同的段落，都会有不同的意义。如“物”字，按照阳明的说法就是“意之所在便是物”，但是有时候，他谈到的这个“物”字也会游移到类似我们今天唯物哲学中对“物质”所下的定义上面。这也是没有办法的事情，因为阳明在说“意之所在”的时候，那就等于是说世界上还是存在“意所没有在”的事物的，那么这个“意所没有在的事物”，也必须给它取个名字吧，而汉字也就那么多，所以还是得叫它“物”。这些特点，是读《传习录》的人必须用心体会才能领会到的。所以有时候看到我对同一个字在不同的段落里有不同的解释，也不用奇怪，字义都是脱离不了上下文的意思的，不同的语境下，其意义也必然不同。

作　者

目　录

千古难辨“亲”与“新”

原文

爱问：“‘在亲民’[①]，朱子谓当作‘新民’[②]。后章‘作新民’之文，似亦有据。先生以为宜从旧本作‘亲民’，亦有所据否？”

先生曰：“‘作新民’之‘新’，是自新之民，与‘在新民’之‘新’不同。此岂足为据？‘作’字却与‘亲’字相对，然非‘新’字义。下面‘治国平天下’处，皆于‘新’字无发明。如云‘君子贤其贤而亲其亲，小人乐其乐而利其利’，‘如保赤子’，‘民之所好好之，民之所恶恶之，此之谓民之父母’之类，皆是‘亲’字义。‘亲民’犹孟子‘亲亲仁民’之谓。亲之即仁之也。百姓不亲，舜使契为司徒[③]，敬敷[④]五教[⑤]，所以亲之也。《尧典》[⑥]‘克明峻德’便是‘明明德’；‘以亲九族’至‘平章协和’[⑦]，便是‘亲民’，便是‘明明德于天下’。又如孔子言‘修己以安百姓’，‘修己’便是‘明明德’。‘安百姓’便是‘亲民’。说‘亲民’便是兼教养意，说‘新民’便觉偏了。”（《传习录（上卷）·徐爱录》）

注释

①在亲民：《大学》古本作“在亲民”，朱熹改其为“在新民”。

②新民：朱子（朱熹）曰：“今亲民云者，以文义推之则无理。新民云者，以传文考之则有据，程子于此，其所以处之者亦已审矣。矧（shěn）未尝去其本文，而但曰某当作某。是乃汉儒释经不得已之变例，而已何害于传疑耶？”

③司徒：官名，相传少昊始置，唐虞因之。周时六卿之一，称之为地官大司徒，掌管国家的土地和人民的教化。

④敬敷：恭敬慎重地传布实行。

⑤五教：五种伦常之教，父子有亲，君臣有义，夫妇有别，长幼有序，朋友有信。

⑥《尧典》：指《尚书·尧典》。

⑦“克明峻德”二句：指《尚书·尧典》中的“克明峻德，以亲九族；九族既睦，平章百姓；百姓昭明，协和万邦。”克：能。峻：大。九族：以自己为本，上推至四世之高祖，下推至四世之玄孙为九族。

译文

徐爱问：“《大学》里的‘在亲民’这一句，朱熹先生说应该改为‘新民’讲，接下来的一章‘作新民’文句，似乎也可以作为朱熹先生说法的凭据。先生认为，应该遵从旧本作‘亲民’讲，这也有什么根据吗?”

阳明先生回答说：“‘作新民’的‘新’字是自新的意思，与‘在新民’中的‘新’（的意思）不同，怎么能以此作为证据呢？‘作’字与‘亲’字相对应，但不是‘新’字的意思。下面讲的‘治国’、‘平天下’处，都对‘新’字没有阐释和说明。比如说‘君子贤其贤而亲其亲。小人乐其乐而利其利’，‘如保赤子’，‘民之所好好之。民之所恶恶之。此之谓民之父母’之类，都是‘亲’字的意思。‘亲民’就好像孟子所说的‘亲亲仁民’的意思。对他们‘亲’就是对他们行‘仁’的意思。因为老百姓之间缺乏亲和，舜让契作为司徒官，敬慎地传布五种伦常之教，所以称之为‘亲之也’。《尚书·尧典》中的‘克明峻德’就是《大学》中的‘明明德’，《尚书·尧典》中的‘以亲九族’到‘平章百姓，百姓昭明，协和万邦’，就是《大学》中的‘亲民’，也就是‘明明德于天下’。又如孔子说的‘修己以安百姓’中，‘修己’就是‘明明德’。‘安百姓’就是‘亲民’。说‘亲民’就是兼有教育和培养的意思。说‘新民’就觉得意思偏了。”

解　析

要完整理解这一节的意思，必须先了解相关的背景知识，最好读一下《大学》的原文。朱熹改动《大学》原文这段公案，说来话就长了，抻开了来写，足以出一本专著。以南怀瑾先生的讲义为底本的《原本大学微言》一书，有对这段公案的详细探讨，感兴趣的读者可以参看此书。

朱熹改“亲民”为“新民”到底是对是错，非我的学力所能妄加论断，这里为了避免枝蔓过多，仅限于在阳明思想体系的范围内简略谈一下。这里就依照阳明驳斥朱熹之非的论述脉络，从中窥探阳明心学的宗旨。我们先来看一下《大学》原文开头的一段文字：

大学之道，在明明德，在亲民，在止于至善。知止而后有定，定而后能静，静而后能安，安而后能虑，虑而后能得。物有本末，事有终始。知所先后，则近道矣。古之欲明明德于天下者，先治其国；欲治其国者，先齐其家；欲齐其家者，先修其身；欲修其身者，先正其心；欲正其心者，先诚其意；欲诚其意者，先致其知。致知在格物，物格而后知至，知至而后意诚，意诚而后心正，心正而后身修，身修而后家齐，家齐而后国治，国治而后天下平。自天子以至于庶人，一是皆以修身为本。

上面是《大学》开头的一段话，阳明和朱熹之间的嘴仗，就是围绕着这段来打的。我之所以把这段话摆在这里，那是因为，这段话不但和现在我们要谈的内容有关系，而且和《传习录》中的其他章节也有着千丝万缕的联系。

这首先表明了如下一点，阳明心学不是阳明先生本人天才般的独创，而是对儒学道统的一种继承和开创。在阳明之前，已经有群星闪耀般的无数位儒家学者在这里薪尽火传地耕耘了近两千年。现在，火炬传到了阳明的手上，在这里，火炬手王阳明将要带着儒学的火种冲到又一个高峰，一个至今我们也只能仰视，而无法超越的高峰。传奇该从哪里开始呢？好的，朱熹，朱圣人，你，出列！就从和你单挑开始吧！

不管各位对这节是怎么看，个人认为，在整本《传习录》中，如果按照佶屈聱牙的程度降序排列的话，这节可以荣登榜首，几乎到了无一字无来处的境界，缺乏相关知识背景的话，读之犹如天书，对于现代的人们来说，极其不友好。但万山磅礴，必有主峰，我们没必要被文段的表面所吓到，现在我们抛掉那些让人头大的有关引文来源的纠结。细看这节，文眼其实只有两个字，一个是“新”字，一个是“亲”字。下面就重点谈这两个字。

《大学》相传是孔子的弟子曾参所做，主要是讲正心穷理，修己治人的道理。《大学》开篇就谈到了三纲八目，三纲分别是“明德”“亲民”“至善”。八目是“格物”、“致知”、“诚意”、“正心”、“修身”、“齐家”、“治国”、“平天下”。儒学的核心宗旨就是达成对人的塑造，所以，《大学》中修齐治平等功夫也是以个人的道德修养为基础而展开的。

先从朱熹的视角来谈。三纲“明德”“亲（新）民”“至善”中，“明德”就是“正大光明的品德”，“明明德”就是“发扬正大光明的品德”，前一个“明”字是做动词用。“至善”是指“事理当然之极”，也就是“自然如此，理该如此”，可以看出这两纲都是从人的修养来谈的。所以，朱熹认为中间夹了一个“亲民”——主动亲近老百姓，好像是脱离了人的修养之范围，又加上《大学》后文有“作新民”的提法，所以朱熹认为此处有误，就把“亲”字改为了“新”字，“新民”就是“使人弃旧图新，去恶从善”，也可以归类为人的修养，和其他两纲就浑然一体了。

就上述而言，朱熹改得也很有道理啊，但个人认为，还是有瑕疵。“明明德”与“新民”是否在意义上过于接近了？“将正大光明的德行发扬”是否已经涵盖了“除旧图新”之意？光明之德来，旧暗之私自然去，还用得着再单独提出“新民”作为一纲吗？

我们再来看阳明坚持的“在亲民”。其中的“亲”字是使动用法，意思是“让老百姓知道仁爱敦睦、明理向善”，虽然没有单独提出“除旧布新”的“新”字，但是其中自然也涵盖了让人“迁旧从新，弃恶从善”之意。阳明坚持“在亲民”的旧本说法，根据在于在接下来的文字中，没有对“新”字义的发挥，反而多有对于“亲”字义的发挥。阳明对于“亲民”和“明德”关系的理解是：“明德”是单独个体原本就具有的正大光明的德行，“明明德”就是发扬个体的“明德”，那么“亲民”就是使天下的人们都能尽其所能地“明明德”。看似这两者一个在谈个人的修养，一个在谈“教化人民”的方法，但其实谈的还是个人修养的问题，这个该怎么讲呢？

儒家一向有以天下为己任的传统，《大学》之所以称为《大学》而不称为《小学》，是因为其中所讲之道都是能对家国天下有担当的圣贤之道，

“亲民”的意思是“使人们亲”，那么这个“使”的主体，自然还是那些居于领导地位的上层人士，古代把这个阶层称为“士”。人民自身作为一个群体，按照西方人的说法，可以称为“群氓”，这样说，并不是对人民这个群体的污蔑，“群氓”的定义是：聚集起来的、表现为同质均一心理意识的人类群体，他们拒绝理性而复杂的思考，对提供给他们的各种意见、想法和信念，只简单地选择两个极端，或者全盘接受，或者一概拒绝，将其视为绝对真理或绝对谬误。

有人会反对这个说法，说人民群众才是最伟大的，他们创造了一切。这句话其实更像政治口号，更合理的说法是，贤能之士也是从人民群众中孕育出来的，但是当这些贤能之士从群众中脱颖而出，走到引领者的位置时，他们自身已经进入了“士”的阶层。所以说，指望人民自身，他们很难自我亲和，自我更新，还需要贤者来倡导，这从古时部落中，重要事情往往要靠族长或者部落首领来裁决也可见一斑。

这么一来，就可以说“亲民”成为贤者“明明德”施之于人民的外用。“明明德”不是空守着一个“明德”，使人民“亲”是“明明德”的一个重要表现形式，这种表现形式的特殊性在于：它是通过唤醒其他大多数群体的“明德”而实现本身的“明德”。它使得儒家的个人修养不再局限于一身，而是推广到家国天下的全体人身上，这就是阳明所理解的“亲民”。

按照阳明的理解，“至善”是“明明德”所追求的境界，也是“明明德”和“亲民”所共同追求的境界。

至善只在心中寻

原文

爱问："'知止而后有定'，朱子以为'事事物物皆有定理'①，似与先生之说相戾。"

先生曰："于事事物物上求至善，却是义外②也。至善是心之本体。只是'明明德'到'至精至一'③处便是，然亦未尝离却事物。本注所谓'尽夫天理之极，而无一毫人欲之私'④者得之。"（《传习录（上卷）·徐爱录》）

注释

①定理：在朱熹的《大学·或问》中，有"能知所止，则方寸之间，事事物物皆有定理"。

②义外：《孟子·告子》中，有"仁，内也，非外也。义，外也，非内也"。

③至精至一：《书经·大禹谟》中有"人心惟危（易私故险），道心（依道之心）惟微（细微）。惟精（不杂形气之私）惟一（专一依据义理），允执厥中"。

④"尽夫"二句：朱熹《大学章句》注此句："言明明德新民，皆当至于至善之地而不迁。盖必其有以尽夫天理之极，而无一毫人欲之私也。"

译文

徐爱问："《大学》中的'知止而后有定'这句话，朱熹先生认为'事事物物皆有定理'，似乎和先生的说法相违背。"

阳明先生说："在事事物物上去求至善，那就是将理义看成在心之外了。至善是心的本体。只是'明明德'达到至精至一的程度就是至善，但是也不能脱离事物。像朱熹的《大学章句》中的'尽夫天理之极，而无一毫人欲之私'这句就很恰当。"

解 析

这节非常具有代表性，是朱熹思想和阳明思想最尖锐对立之处的直接表述。"阳明格竹"是大家都比较熟悉的故事。先生早年在立志成圣的探索中，开始是听信了朱熹的"格物致知"之说，按照朱熹的说法，事事物物上皆有理在，于是阳明就与一位姓钱的朋友一同静坐"格"竹子的"理"。他的朋友钱某坚持了三天，就打熬不住了，主动败下阵来，阳明捋起袖子，说："你歇歇，我上！"阳明的战绩明显比钱某要好，他坚持了七天，然后——就累得病倒了。但同样没有"格"出竹子的"理"。从那以后，阳明开始对朱熹的学说产生了怀疑，这个疑惑一直到"龙场悟道"才彻底解开。

朱熹认为"理"当于事事物物上求之，阳明认为"理"不外乎人之一心，其中最大的区别在于，到底哪个是第一位的，是事事物物，还是人之一心。按照朱熹的意思，"理"存在于事事物物中，只要坚持今天"格"一物，明天"格"一物，积少成多，终有一个融会贯通的时候，具体是什么时候可以通，朱圣人没有说，反正您就按我说的"格"吧！朱熹就是这么一个套路，"理"在事事物物中，外在的事事物物是第一位的，颇像我们现代唯物主义哲学中讲的物质决定意识，物质是处于第一位的。

王阳明举起了"反对"的牌子，我们看一下他的陈述词："于事事物物上求至善，却是义外也。至善是心之本体。只是'明明德'到'至精至一'处便是，然亦未尝离却事物。"

阳明发言中比较难理解的是"却是义外也"这句，我看了几家对这句的翻译，也是五花八门，没有统一意见，经过比较，我采信了陈荣捷先生编撰的《王阳明传习录详注集评》中的理解，这里说的"义外"，来源于《孟子·告子》，其中有这样的句子："仁，内也，非外也。义，外也，非内也。"

孟子好像是将“仁”和“义”割裂开来说的，但其实也只是为了表述上有条理才这样为之。“仁”指内心对“大道”的洞明无碍，其实就是“明明德”，就是“至善”；“义”就是宜的意思，是“仁”的表现与作用。现在再来看阳明说的“于事事物物上求至善，却是义外也”这句，意思是朱熹将主宾关系弄颠倒了，本来是“仁”的表现作用的外在的“义”，被当做了第一位来表达，下面阳明说“至善是心之本体”，这里说的“至善”其实就是孟子表述的“仁”，“至善（仁）”的境界就是心体发扬正大光明之德，到达精粹纯正而又唯一处。接下来就是一句“然亦未尝离却事物”，这句是非常吃紧的，是需要加上着重号的，如果没有这一句，阳明心学将坠入现代哲学中“唯心主义”的万丈深渊而永不能超生。

“至善”是心之本体，阳明说的心，当然不是生理学上所表述的那一团血肉之心，而是就心的功用与作用而言的心。关于这一点，在《传习录》后文，我们会具体谈到。心的作用是对外在与内在的感知和反映，所以心所包容的内容不是虚无的，那么“至善”就是心对其所能感知之物的一个最切合于事理的能动把握，“至善”的来源依然是世间的万事万物，但是在阳明看来，笼统地说万事万物是世界诸理的来源，却流于“庞杂而缺乏要点”，因为万事万物在没有投射到人心之时，其对人而言是没有任何意义的。

而当万事万物投射于人心之时，当心物融合的那一刹那，人心对事理的反映与本然如此的自然之理重合为一时，那个心之所止的点就是“至善”。说“至善是心之本体”，因为“理”这种东西，按唯物主义哲学的表述是“不依赖于意识而又能被意识所反映的客观存在”，阳明无非是认为这种“客观存在”在被人心能动反映并在不掺杂主观私见的“天人合一”之时，即是“至善”。这也就是他赞同朱熹的另一注解“尽夫天理之极，而无一毫人欲之私”的原因。

但是问题也来了，“至善”的产生毕竟脱离不了事物，阳明凭什么将第一位的这把交椅赐予心体，而不是世间的万事万物呢？这是个好问题，唯物主义哲学和“唯心主义”哲学所激辩不休的焦点也就在于这头把交椅之争。有意思的是，无论是唯物主义哲学还是“唯心主义”哲学，都可以从逻辑上来证明自己的理论是对的。唯物主义的那套说法，在学校的教科书中已经教过了，此处不再赘述。现在我们走入阳明先生的内心世界，来探寻他建立自己学说时的肇始心结。

按唯物主义者的论述，“物质、规律”这些东西，无论人存在与否，它都是在那里的，这没有问题。但阳明的视角不是这样的，世界的万事万物，甚至还包括了人自身的内外感受，在人本身没有参与进来之时，它只是一片毫无意义的死寂。“物质、规律”这些东西对于一块石头而言是没有任何意义的，因为石头没有感知，没有生命。宇宙万物虽然不是特意为人而存在的，但是没有人的意识的参与，宇宙万物无论是混沌未开还是井然有序，都只是一出自歌自舞自开怀的单调乏味的独角戏。所以，从这个意义上，阳明才将人的内心对世界感知的能力放在“主”的首位，将具体的万事万物放置到“宾”的客位，也就是阳明认为世界的事事物物只有在心参与进来之后才焕发出了勃勃生机。这就是阳明看待世界的视角。

在《传习录》后面的内容中，阳明说过这样的话：“我的灵明，便是天地鬼神的主宰。天没有我的灵明，谁去仰他高？地没有我的灵明，谁去俯他深？鬼神没有我的灵明，谁去辨他吉凶灾祥？天地鬼神万物离去我的灵明，便没有天地鬼神万物了。我的灵明离却天地鬼神万物，亦没有我的灵明……”（《传习录（下卷）·黄以方录》）放在这里，正好可以印证阳明思想立论的根基。

但同时我们也必须明白，“主”与“宾”是互依互存的，没有“宾”，你这个“主”又是谁的“主”呢？所以阳明也说了“我的灵明离却天地鬼神万物，亦没有我的灵明”的话，这样表述就可以说是滴水不漏了。同理，没有“主”，你又是谁的“宾”呢？虽然是依存，但是以人心为主，这正是阳明心学的特色。阳明先生本身的道德事功，也印证了这种世界观所造就的人在改造“客观世界”与“主观世界”时是多么给力。上面所讲述的，也就是阳明心学的最大玄机。这样讲不知道您看明白了没有，没明白也没有关系，后面的内容中还会反复讲到这些概念，在用多种角度阐释之后，相信大家是可以体悟明白的。

心外绝无“事”与“理”

原文

爱问：“至善只求诸心，恐于天下事理有不能尽。”

先生曰：“心即理也。天下又有心外之事，心外之理乎？”

爱曰：“如事父之孝，事君之忠，交友之信，治民之仁，其间有许多理在，恐亦不可不察。”

先生叹曰：“此说之蔽久矣，岂一语所能悟？今姑就所问者言之：且如事父不成去父上求个孝的理？事君不成去君上求个忠的理？交友、治民不成去友上、民上求个信与仁的理？都只在此心，心即理也。此心无私欲之蔽，即是天理，不须外面添一分。以此纯乎天理之心，发之事父便是孝，发之事君便是忠，发之交友、治民便是信与仁。只在此心去人欲、存天理上用功便是。”

爱曰：“闻先生如此说，爱已觉有省悟处。但旧说缠于胸中，尚有未脱然者。如事父一事，其间温凊定省[①]之类，有许多节目，不知亦须讲求否？”

先生曰：“如何不讲求？只是有个头脑，只是就此心去人欲、存天理上讲求。就如讲求冬温，也只是要尽此心之孝，恐怕有一毫人欲间杂；讲求夏凊，也只是要尽此心之孝，恐怕有一毫人欲间杂：只是讲求得此心。此心若无人欲，纯是天理，是个诚于孝亲的心，冬时自然思量父母的寒，便自要去求个温的道理；夏时自然思量父母的热，便自要去求个凊的道理。这都是那诚孝的心发出来的条件。却是须有这诚孝的心，然后有这条件发出来。譬之树木，这诚孝的心便是根，许多条件便是枝叶，须先有根，然后有枝叶，不是先寻了枝叶，然后去种根。《礼记》言：‘孝子之有深爱者，必有和气；有和气者，必有愉色；有愉色者，必有婉容。’须是有个深爱做根，便自然如此。”（《传习录（上卷）·徐爱录》）

注释

①温凊定省：《礼记》上有“凡为人子之礼，冬温而夏凊（凉），昏定（安）而朝省（视）”。大意是作为子女，冬天要关心父母的保暖问题，夏天要关心父母的消暑问题，晚上要向父母问安，早上要对父母探视。

译文

徐爱问：“至善只在心上求，恐怕还不能穷尽天下的事理吧？”

阳明先生回答道：“心就是理，天下还有心外的事，心外的理吗？”

徐爱又问：“比如服侍父亲的孝道，侍奉国君的忠诚，结交朋友的信义，治理民众的仁政，其中有很多道理，恐怕也不可不探索一下吧？”

阳明先生长叹一声，说道：“这种说法带来的弊病已经存在很久了，又岂能一句话就让你开悟！姑且就你所问的来说吧。比如服侍父亲，难不成要从父亲身上求个孝的道理？侍奉国君，难不成从国君身上求个忠的道理？结交朋友、治理民众，难不成去朋友身上、民众身上求个信义和仁政的理？这孝、忠、信、仁都在自己心里，可见心就是理。自己的心没有私欲的蒙蔽，就是天理，不需要再从外面增加一丝一毫。自己的这个和天理合二为一的心，用到服侍父亲上就是孝，用到侍奉国君上就是忠，用到结交朋友和治理民众上就是信义和仁政。只要自己心中在去除私欲、存养天理方面用功就行。”

徐爱说道：“听先生这么一说，我已经觉得有所醒悟。但是旧有的说法缠绕在胸中，还有没能彻底明白的地方。比如服侍父亲一事，其中的冬温、夏凊、昏定、朝省之类，有许多具体的程序步骤，不也是需要来探讨一下吗？”

阳明先生说：“怎么能不探讨。只是要有个头脑，那些程序步骤也是归结到在自己心中去除私欲、存养天理上来探讨。就像说冬天照顾父母的保暖，也只是要尽自己此心的孝道，唯恐有一毫人欲夹杂在其中。说夏天保证父母的消暑，也只是要尽自己此心的孝道，唯恐有一毫人欲夹杂在其中，讲求的也只是自己的心。如果自己的心没有人的私欲，纯然是天理，是一片实实在在的孝顺父母双亲的心，冬天自然就惦记着为父母保暖，便要去探求一个‘冬温’的道理；夏天自然就惦记着为父母消暑，便要去探求一个‘夏凊’的道理。这些都是那诚恳的孝顺之心所散发出来的具体步骤。由此可见，必须先具有这种诚恳孝顺父母的心，然后才有这些具体的步骤。就像树木，这诚恳孝顺的心就是树根，具体的孝顺步骤就是枝叶。必须先有树根，然后才能长出枝叶。不是先抓住枝叶，然后再去种树根。《礼记》上说：‘孝子之有深爱者，必有和气；有和气者，必有愉色；有愉色者，必有婉容。’必定是先有个深厚的对父母的爱作为根，才产生了和气、愉色和婉容。”

解　析

从文义上而言，这节的内容不难理解，但所谈的内容却是阳明心学中非常重要的“心即理”的概念，由于阳明阐释得已经非常清楚，我不想就此节本身再谈什么。我想从另一个更有时代意义的角度来谈谈。

阳明在这里举例子阐释“心即理”的概念，很不巧的是，徐爱提问时举的例子全是围绕着忠孝仁义这些伦理方面的内容。而我们知道，近代中国自清朝末年，遭逢三千年未有之大变局，其起因正是西方工业文明的冲击。而工业文明的起源，是来自于科技的进步。百余年来，世界潮流浩浩汤汤，但是，总体趋势不外乎两个词，这也正是中国自五四运动以来所提倡而至今国人仍在孜孜求索的两个词，那就是“科学”与“民主”。

“民主”这两个字说起来牵扯面太大，我们姑且按下不谈，这里只谈“科学”。“科学”更准确的表达是“科技”，涵盖了科学和技术两个方面。工业文明的兴起是以科学技术上的突破为前提的。近代学术界对人类文明的划分，无一不是以科技上的重大进步性事件为标志而表述的。如“蒸汽机时代”，以瓦特发明的蒸汽机作为进入工业时代的标志；接下来是“电力时代”，以电的广泛运用作为人类文明迈入新阶梯的标志；再后来就是现在我们正处于的“信息时代”，以计算机和互联网的广泛使用作为人类文明更上一层楼的标志。

在这样一个以科技突破作为时代进步标志的环境中，我们看不到一点徐爱所问的“忠孝仁义”的意味。相反，将“忠孝仁义”放置到绚烂多姿的“信息时代”的框架下，有那么一种将刘姥姥放置于大观园中的突兀与不协调，甚至还有人能从其中嗅到一股“酸腐味”。太不合时宜了，过时了。这就是从现代视角对这节内容审视后的一般性评论。

当代科技的进步又无一不是通过探索大自然的“理”而实现突破的，这明显又和阳明表述的“心即是理”背道而驰。阳明心学给人的感觉是伦理气味太浓，所论内容多是在谈人在伦理方面的修养。在这个注重科技与创新的时代，显得毫不适用。甚至有这样一种论调，近代中国没能在科技发展上与西方并驾齐驱，要归因于阳明心学的只注重人伦修养，而漠视探索自然之理上面。

阳明以孝道作为例子来阐释“心即理”的道理，如果考虑到阳明所处的时代背景，也是完全可以理解的，在中国古代社会，以孝治天下基本上是每个朝代都标榜的。自从西汉的董仲舒建言“罢黜百家，独尊儒术”后，其后的每一个朝代，在政治指导思想上，基本上都是摆出“忠孝仁义”这一基调。这是历史的时代性使其然，无可厚非。

虽然阳明在这一节恰好用“孝道”这个偏重于伦理方面的例子来解释“心即理”，而且《传习录》中关于伦理方面的描述又占绝大多数，但是这并不能表明阳明心学只能在“伦理”领域一展身手。

在前面，我们探讨过“至善”这个词，“至善”其实就是“理”。当时我们对“至善”的定义是：人心对事理的反映与本然如此的自然之理重合为一时，那个心之所止的点就是“至善”。可见，“至善”的“善”字，不能误认为是流于道德判断上的“善与恶”的“善”，“至善”指心与天理相吻合的点，请特别注意了，“天理”是什么？“天理”实际上就是我们熟悉的唯物主义哲学中讲的“真理、原理、规律”等在人心的投射，这些东西在没有投射到人心之时的存在，中国古代也有一个字可以对其进行“通杀”，这个字就是“道”。“道”投射于人心就是“天理”，孤立于人心的存在状态就是“道”，这不是我个人杜撰的，在后面的内容中，阳明会亲口讲述，后文我们会涉及。

科学上的发明，技术上的创新，哪一个不是依据“道”，这些“道”到了我们现代的教科书中，无非换了一个马甲，变为“牛顿三大力学定律”、“相对论”等，其实这些东西用古人的话来说，就是一个“道”字，这些“道”在与人心相契合时，也就是人心在相对应领域实现“至善”之时。

搞科研和发明的人，在探索的过程中，对阳明心学的运用正好可以用“百姓日用而不知”这句话来形容。因为任何一个伟大的发明和创造，也无非是人心对“道”的恰如其分的反映和运用。这种反映和运用，在阳明这里是什么？不就是“致良知”吗？不要看到“良知”两个字就往伦理方面想，“良知”涵盖伦理却又非“伦理”所能局限。它是一个“无善无恶心之体”的东西，这句其实是阳明心学著名的四句教中的第一句，这里顺便提一下，后面还会详细讲到。

至于中国近代科技的落后，这其中有很复杂的原因，但是有一点可以肯定，这种落后绝对不是阳明心学带来的。《传习录》中很多对话都是围绕着伦理方面而谈的，所以给人一种假象，阳明心学无非是在谈伦理学。但是通过上面的剖析，我们知道实情并非这样，“至善”是“尽天理之极，而无一毫人欲之私”。中国古代有重人伦轻自然的传统，这点我承认。但是从阳明先生对“天理”的解释中，从来都没有说过只限于人伦方面的道德判断上，而实际上，“道德”这两个字，在古汉语中的解释也和我们今天所理解的不一样。“万物运行的本然如此的规律”称之为“道”，“万物各得其所”称之为“德”，“德”者，“得”也，这才是“道德”本来的意思，而不是现在所说的仅局限在对人的品德判断意义上的“道德”。

所以阳明说的“心即理”，在人类对自然科学领域进行探索时，同样具有巨大的指导意义，因为科学探索中的严谨、客观等要求，也正是一个去除自己内心“一己之见”的私欲的过程。

学问思辨不能少

原文

郑朝朔[①]问："至善亦须有从事物上求者？"

先生曰："至善只是此心纯乎天理之极便是。更于事物上怎生求？且试说几件看。"

朝朔曰："且如事亲，如何而为温凊之节，如何而为奉养之宜，须求个是当，方是至善。所以有学问思辨[②]之功。"

先生曰："若只是温凊之节，奉养之宜，可一日二日讲之而尽，用得甚学问思辨？惟于温清时也只要此心纯乎天理之极，奉养时也只要此心纯乎天理之极，此则非有学问思辨之功，将不免于毫厘千里之缪。所以虽在圣人，犹加'精一'之训。若只是那些仪节求得是当，便谓至善，即如今扮戏子扮得许多温凊奉养的仪节是当，亦可谓之至善矣。"

爱于是日又有省。(《传习录（上卷）·徐爱录》)

注释

①郑朝朔：名一初，广东揭阳人。明弘治乙丑年（1505年）进士，官至监察御史。

②学问思辨：《中庸》中有"博学之，审问之，慎思之，明辨之，笃行之"。

译文

郑朝朔问："至善也需要从（外在）事物上寻求吗？"

阳明先生说："至善只是让你的心'纯乎天理之极'就是。在（外在的）事物上怎么求？你说几个例子看看。”

朝朔说：“比如侍奉父母双亲，如何执行‘冬温’‘夏清’这些具体步骤，如何才算是适宜的奉养，总要讲求个章法，才称得上是至善。所以才有了《中庸》中说的那些‘博学之，审问之，慎思之，明辨之’的功夫。”

阳明先生说：“要是只谈‘冬温夏清’的具体步骤，对双亲的适宜奉养，可以用一两天的工夫讲完，用得了什么‘学问思辨’？只有在‘冬温夏清’之时，让自己的心‘纯乎天理之极’，就非有‘学问思辨’之功不可！不然，将差之毫厘，谬以千里。所以，即便是圣人，也要提倡‘惟精惟一’的训则。要是只讲求那些具体步骤的适当，就称之为至善，就像现在那些戏子表演了很多‘冬温夏清’奉养父母的套式，也可以称之为至善了。”

徐爱在这天又对先生的学说有了新的体悟。

解　析

这节探讨的问题和上节一脉相承，还是在至善到底是于外物上求，还是在此心上求的这个问题上纠结。阳明先生让郑朝朔举个例子，朝朔又一次很没创意地提了孝顺双亲时的“冬温夏清”这个例子。

阳明的回答，虽然也很容易读懂，但还总给人一种没能挠到痒处的感觉。所以，为了透彻地讲明，我引用王阳明在给友人王天宇的书信中的一段话：

“‘譬之行道者，如大都为所归宿之地，犹所谓至善也。行道者不辞险阻，决意向前，犹存心也。如使斯人不识大都所在，泛焉欲往，其不南走越北走胡几希矣。’此譬大略皆是，但以不辞险阻艰难，决意向前，别为存心，未免牵合之苦，而不得其要耳。夫不辞险阻艰难，决意向前，此正是诚意之意。审如是，则其所以问道途，具资斧，戒舟车，皆有不容已者。不然，又安在其为决意向前，而亦安所前乎？夫不识大都所在而泛焉欲往，则亦欲往而已，未尝真往也。惟其欲往而未尝真往，是以道途之不问，资斧之不具，舟车之不戒。若决意向前，则真往矣。真往者，能如是乎？此最工夫切要者，以天宇之高明笃实而反求之，自当不言而喻矣。”

（《王阳明全集·文录》）

阳明这段话对“至善”这两个字的探讨可谓是相当透彻了，原文也容易理解，我不再逐句翻译。将这段话理解了，也就理解了阳明这里要表达的意思。王天宇用行道做比喻，他说一个人要去大都这个地方，将到达大都比喻为“至善”完成，行道的人不辞险阻，决意前去，就像一个人存了欲去执行的心。但是如果这个人不知道大都在哪里，漫无目的地出发，还不走到爪哇国去？

阳明回复说，“以不辞险阻艰难，决意向前，别为存心，未免牵合之苦，而不得其要耳。”这里要知道，在对“存”字的理解上阳明和王天宇是有差别的，根据《传习录》后面的有关内容，可以知道，阳明认为“存”字是存养之意，“存心”二字中包含了贤者致良知的功夫，基本可以认为是知行合一的功夫。而这里王天宇用的“存心”，其实只是“知”的一个最初始的步骤，可以比喻成我们现在所说的立下目标。所以阳明认为，王天宇将“决意向前”就认定是存心了，未免杀鸡用牛刀了，所以说其牵强附会。

阳明接着说，“夫不辞险阻艰难，决意向前，此正是诚意之意。”阳明将“不辞险阻艰难，决意向前”的“存心”标签撕掉，换上了一个“诚意”的标签，“诚意”是“至善”达成的第一个步骤，但的确是非常关键的一步。

我们接着往下看，阳明又说：“审如是，则其所以问道途，具资斧，戒舟车，皆有不容已者。不然，又安在其为决意向前，而亦安所前乎？夫不识大都所在而泛焉欲往，则亦欲往而已，未尝真往也。惟其欲往而未尝真往，是以道途之不问，资斧之不具，舟车之不戒。若决意向前，则真往矣。真往者，能如是乎？此最工夫切要者。”

“审如此”这三个字莫要轻易放过，因为下面的话都是在“审如此”的基础上展开的，也就是说在“诚意”的基础上问去大都的路，准备路费，安排交通工具，都是诚意诚到实处的具体步骤之体现，是“诚意”之后自然而然的事情，或者可以说都是“诚意”的现实表现形式，不是说你下了决心就是“诚意”了，必须将决心用具体可行的操作步骤体现出来，才算是真的“诚意”，所以说“皆有不容已者”。这里我之所以不厌其烦如此详尽地说明，因为这里其实也是“知行合一”这个重要概念的表述，而“知行合一”又是阳明心学中非常非常重要的概念。阳明说，如果你没有这些具体的准备程序跟上来，又凭什么说你是“决意向前”？而又向哪个地方前进呢？

阳明然后说，不知道大都的路而漫无目的前去，也就是心里想想要去而已，并不是真的要去，这样才会产生不问路途，不准备路费，不准备交通工具等一系列问题。真的要去，能这样吗？这是工夫切要之处啊！

从这里也可以知道，“博学之，审问之，慎思之，明辨之”这些功夫，都是完成“诚意”的方法、工具。“诚意”是这些方法、工具的头脑。方法、工具当然重要，而且人在行动中在这方面花费的时间和精力也是最多的，但要记住的是，他们毕竟都是为实现“诚意”服务的。就像一个人无论本事再大，到了父母面前，都要自动矮其一分那样，所以这些功夫见了“诚意”，都要叫“老大”，这是道理使然。

剖析完这一段，回到郑朝朔问的这一节，我们只要往里套就可以了，需要注意的是，阳明回答朝朔的这节，强调了“诚意”和具体实行的步骤要合一的问题，如果某个人是怀着占有父母家产的目的而为父母尽孝道，无论做得再怎么周到体贴，也都不是阳明这里说的“至善”，阳明用戏子做比喻的用意正在这里。

知行岂能分两边

原文

爱因未会先生“知行合一”之训，与宗贤[①]、惟贤[②]往复辩论，未能决，以问于先生。

先生曰：“试举看。”

爱曰：“如今人尽有知得父当孝、兄当悌者，却不能孝、不能悌，便是知与行分明是两件。”

先生曰：“此已被私欲隔断，不是知行的本体了。未有知而不行者。知而不行，只是未知。圣贤教人知行，正是要复那本体，不是着你只恁[③]的便罢。故《大学》指个真知行与人看，说‘如好好色，如恶恶臭[④]’。见好色属知，好好色属行。只见那好色时已自好了，不是见了后又立个心去好。闻恶臭属知，恶恶臭属行。只闻那恶臭时已自恶了，不是闻了后别立个心去恶。如鼻塞人虽见恶臭在前，鼻中不曾闻得，便亦不甚恶，亦只是不曾知臭。就如称某人知孝、某人知悌，必是其人已曾行孝行悌，方可称他知孝知悌，不成只是晓得说些孝悌的话，便可称为知孝悌。又如知痛，必已自痛了方知痛，知寒，必已自寒了；知饥，必已自饥了。知行如何分得开？此便是知行的本体，不曾有私意隔断的。圣人教人，必要是如此，方可谓之知，不然，只是不曾知。此却是何等紧切着实的工夫！如今苦苦定要说知行做两个，是甚么意？某要说做一个，是甚么意？若不知立言宗旨，只管说一个两个，亦有甚用？”

爱曰：“古人说知行做两个，亦是要人见个分晓，一行做知的功夫，一行做行的功夫，即功夫始有下落。”

先生曰：“此却失了古人宗旨也。某尝说知是行的主意，行是知的功夫；

知是行之始，行是知之成。若会得时，只说一个知已自有行在，只说一个行已自有知在。古人所以既说一个知又说一个行者，只为世间有一种人，懵懵懂懂的任意去做，全不解思惟省察，也只是个冥行妄作，所以必说个知，方才行得是；又有一种人，茫茫荡荡悬空去思索，全不肯着实躬行，也只是个揣摸影响，所以必说一个行，方才知得真。此是古人不得已补偏救弊的说话，若见得这个意时，即一言而足。今人却就将知行分作两件去做，以为必先知了然后能行，我如今且去讲习讨论做知的工夫，待知得真了方去做行的工夫，故遂终身不行，亦遂终身不知。此不是小病痛，其来已非一日矣。某今说个知行合一，正是对病的药。又不是某凿空杜撰，知行本体原是如此。今若知得宗旨时，即说两个亦不妨，亦只是一个；若不会宗旨，便说一个，亦济得甚事？只是闲说话。”（《传习录（上卷）·徐爱录》）

注释

①宗贤：黄绾（1477—1551年），字宗贤，号久庵，浙江黄岩人，官至礼部尚书。师从于阳明。

②惟贤：顾应祥（1483—1565年），字惟贤，号箬溪，浙江长兴人，官至兵部侍郎。师从于阳明。

③恁：如此。

④恶恶臭：《大学》中有“所谓诚其意者，毋自欺也，如恶恶臭，如好好色”。

译文

徐爱因为还没有领会阳明先生“知行合一”的师训，与宗贤、惟贤两个人反复辩论，不能决断，就问于阳明先生。

阳明先生说：“试举个例子看。”

徐爱说：“现在有人完全知道对父亲应该孝顺，对兄长应该敬爱，却不能孝顺，不能敬爱。这不明摆着知与行就是两件事吗？”

阳明先生说：“这种人的知与行已经被自己的私欲所隔断，已经不是知行的本来面目了。没有知而不行的人，知而不行，仍是不知。圣人教人知行，正是明确知行的本来面目。不是像你所说的那样就算知行。所以

《大学》中指出个真知行给人看。像‘如好好色，如恶恶臭’，看到美色属知，喜好美色属行。看到美色之时，心中就已经爱好了。并不是看到后又另外立一个心去爱好。闻到难闻的气味属于知，厌恶难闻的气味属于行。只要闻到那难闻的气味时，厌恶之心就已经有了，并不是闻到后又另外立一个心去厌恶。如鼻子塞住的人虽然看到了难闻的东西在眼前，但由于鼻子闻不到，也就不很厌恶，也只是他不曾感知到难闻的气味。就像说某人知道孝顺父母，知道敬爱兄长，必定是这个人已经在行为上表现过孝顺父母、敬爱兄长了，才可以说他知道孝顺父母、敬爱兄长。难不成只是懂得说一些孝顺父母、敬爱兄长的话，便可以称为知道孝顺父母、敬爱兄长？又比如知道痛，必定是自己已经痛了才知道痛；知道寒冷，必定是自己已经遭受了寒冷了；知道饥饿，必定是自己经历过饥饿了，知与行怎么能分得开？这就是知行的本来面目，不曾有自我的私欲所隔断的。圣人教导人，必定要如此，才可以称之为知，不然的话，只是不曾知。这里是何等紧要切实的功夫啊！如今却非要固执地说知行要分为两个是什么用意？而我又说知行是一件事，又是什么用意呢？如果不懂得立言的主旨，只管说什么一个两个，又有什么用？”

徐爱说：“古人把知行说成两个，也是教人有个分别。一边对知下功夫，一边对行下功夫。这样功夫才有个着手处。”

阳明先生说：“这样就失去了古人的主旨。我曾经说过知是行的主意，行是知的功夫；知是行之始，行是知之成。如果真把握了知行的实质，只说一个知已自有行在，只说一个行已自有知在。古人之所以说一个知又说一个行的原因，因为世上有一种人，只知道闷着头随意去做，完全不知道思索省察，也就是胡乱作为，所以必须先说一个知，才能让他行得对；又有一种人，茫茫荡荡凭空去思索，全不肯切实去行动，也就是意淫幻想，所以必须说一个行，才能知得真切。这都是古人不得已说的补偏救弊的话，如果领会了古人的这种良苦用心，只要说一个‘知’或者一个‘行’就足够了。现在的人却将知和行分作两件事情去做，以为必须先知道了然后才能去执行，如果我现在先去讨论研究做‘知’的功夫，等到知得真了才去做‘行’的功夫，那么就终身不能行，也终身不能知。这不是小毛病，存在也不是一天两天了。鄙人今天说个知行合一，正是对病的药。又不是鄙人凭空杜撰的，知行的本来面目在那里摆着呢！现在要是把握了知行的主旨，就算是说成两个也没有关系，实质上还是一个；要是没领会知行的主旨，就算你把知与行说成一个，又有什么用？也无非是在那里红口白牙地说闲话罢了！”

解 析

此节是阳明对“知行合一”这一重要概念的论述，他先举两例反证来说明。有人说，看见美女时属于知，然后升起了好色之心属行。阳明先生说，只看见美女时，已经起了好色之心，不是看见后又另立一个心去好色。又有人说，闻到恶臭属知，然后升起厌恶臭味的心属行。阳明说，闻到臭味已经厌恶了，不是闻到后又立一个心去厌恶。

由此两例引出下面的话，如果说一个人是孝子，不能说他成天把孝挂在嘴上就说其是孝子了，还必须察其言，观其行，只有在行动中表现出孝道方可称之为孝子。其后又用“痛”和“寒”两个例子，必先痛了方为知痛，必先寒了方为知寒，来说明知与行是一体的，是无法分割的。然后他又谆谆教诲“此却是何等紧切着实的工夫！”

但是这样一来，问题就来了，既然知行是一体的，为何世间又有“知”和“行”这两个命名？根据最朴素的基本常识来判断，两个不同的名称，应该代表两个不同的对象啊！我们接着往下看。

阳明解释道，古人将知行分开说的原因有二。其一，世间有一种人，只知道埋头苦干，不知道思考琢磨，也只是愚昧妄为。所以必说个“知”方才行得去，从这个意义上说，“知”有预先计划的意思。其二，又有一种人，只会空想，又全不躬行。所以必须说个“行”，从这个角度看，“行”可以看作是执行力。

概括来说，阳明认为知行分开说的原因是：世间有盲动主义者，所以提出一个知来让其明白行动前先计划好方向和路线图；世间还有空想主义者，所以提出一个行让其知道躬行实践。然后又讲此是古人不得已“补偏救弊的话”。从现在的观点看，阳明此节都是在讲理论和实践的统一。没有理论的实践和没有实践的理论，都不能称之为“一”，都是世人最易犯的毛病，而阳明提出“知行合一”正是针对世人这两种通病的良药。

“格物”带您“止至善”

原文

爱问：“昨闻先生‘止至善’之教，已觉功夫有用力处。但与朱子‘格物’①之训，思之终不能合。”

先生曰：“‘格物’是‘止至善’之功。既知‘至善’，即知‘格物’矣。”

爱曰：“昨以先生之教推之‘格物’之说，似乎亦见得大略。但朱子之训，其于《书》之‘精一②’，《论语》之‘博约③’，《孟子》之‘尽心知性④’，皆有所证据，以是未能释然。”

先生曰：“子夏⑤笃信圣人，曾子⑥反求诸己。笃信固亦是，然不如反求之切。今既不得于心，安可狃于旧闻，不求是当？就如朱子亦尊信程子，至其不得于心处，亦何尝苟从？‘精一’‘博约’‘尽心’本自与吾说吻合，但未之思耳。朱子‘格物’之训，未免牵合附会，非其本旨。‘精’是‘一’之功，‘博’是‘约’之功。曰仁既明知行合一之说，此可一言而喻。‘尽心知性知天’是‘生知安行’事，‘存心养性事天’是‘学知利行’事，‘夭寿不贰，修身以俟’是‘困知勉行⑦’事。朱子错训‘格物’，只为倒看了此意，以‘尽心知性’为‘格物知至’，要初学便去做‘生知安行’事，如何做得？”（《传习录（上卷）·徐爱录》）

注释

①朱子“格物”：朱熹在《补注〈大学〉》中有“是以《大学》始教，必使学者即凡天下之物，莫不因其已知之理，而益穷之，以求至乎其极。至于用力之久，而一旦豁然贯通焉。则众物之表里精粗，无不到，而吾心

之全体大用，无不明矣。此谓格物，此谓知之至也”。

②精一：见本书第二篇注释③“至精至一”。

③博约：出自《论语》，原文“君子博学于文，约之以理。”

④尽心知性：出自《孟子》，原文“尽其心者，知其性也。知其性，则知天矣。存其心，养其性，所以事天也。夭寿不贰，修身以俟之，所以立命也。”

⑤子夏：孔子弟子。

⑥曾子：孔子弟子。

⑦“生知安行”“学知利行”“困知勉行”：《中庸》中有“或生而知之，或学而知之，或困而知之，及其知之，一也。或安而行之，或利而行之，或勉强而行之，及其成功，一也”。

译文

徐爱问：“昨天听了先生的‘止至善’的教诲，已经感到功夫有了下手之处。但是仔细思考后，感到与朱熹先生说的‘格物’的定义终归不能互相印证。”

阳明先生说：“‘格物’是实现‘止至善’所下的功夫。既然知道了‘至善’，也就知道‘格物’了。”

徐爱说：“昨天用先生的教诲来推想‘格物’的说法，似乎也能懂得大概。但是朱熹先生对‘格物’所下的定义，在《尚书》‘精一’的说法中、《论语》‘博约’的说法中、《孟子》‘尽心知性’的说法中都能找到证明其定义的证据，（先生您对‘格物’所下的定义的证据在哪里?）所以，心中还有疑惑之处。”

阳明先生说：“子夏笃信圣人，曾子‘反求诸己’，笃信固然不错，但总不如‘反求诸己’来得真切。现在既然你心中还有疑惑，又怎么能拘泥于旧说，而不反求于自身以求允当呢?就像朱熹先生也尊重崇信程颐先生，但是到了对于程颐先生的说法无法明了于心的时候，又何尝盲目信从呢?‘精一’‘博约’‘尽心’这些说法本来和我的学说相吻合，只不过你没有想通罢了。至于朱熹先生对于‘格物’的定义，未免牵强附会，不是‘格物’的本意。‘精’是‘一’的功夫，‘博’是‘一’的功夫。你既然明白了知行合一的说法，这里一句话就能领会了。‘尽心知性知天’是‘生知安行’的人做的事，‘存心养性事天’是‘学知利行’的人做的事，‘夭寿不贰，修身以俟’是‘困知勉行’的人做的事。朱熹先生定义错了‘格物’的意思，原因在于弄颠倒了次序，把‘尽心知性’作为‘格物知至’，要初学者去做那‘生知安行’的事，如何能做得来?”

解 析

此节集中讨论朱熹和阳明对于“格物”两个字定义上的分歧。阳明对“格物”两个字的具体定义，接下来我们很快会谈到，这里重点探讨朱、王的分歧之处。

阳明说“尽心知性知天”，此是“生知安行”事，“存心养性事天”是“学知利行”事，“夭寿不贰，修身以俟”是“困知勉行”事。这些话出自《中庸》，原文是“或生而知之，或学而知之，或困而知之，及其知之，一也。或安而行之，或利而行之，或勉强而行之，及其成功，一也。”

阳明将世间的人分为三种，分别是圣人、贤人、凡人。圣人，是比较稀有的，像孔、孟、周公以及阳明先生本人，可以归入这一类，几百年才能碰到一个。这些人“明睿天授”，可以生而知之。在这里，你不得不承认，人在智商觉悟方面是有着三六九等的差别的。处于金字塔顶端的圣人，所谓的“生而知之”，并不是说这些圣人生下来就无所不通，而是说这些人在认识事理时，有一种庖丁解牛般的游刃有余，可以在发挥本身固有天性的轻松状态下掌握世界运行的规律。凡人花十分努力掌握的东西，他们可以花一分力气就轻松掌握。但是由于这个阶层的人过于稀有，对“生知安行”的讨论，理论意义远大于实际意义。

下面说到贤人了，这个就稍多些了，贤人在掌握事理方面，需要学，就是需要花些努力才能掌握事理，称之为“学知利行”。

最后谈到了凡人，这是包括我自己在内的大多数人所处的阶层了，这些人就比较惨了，要“困知勉行”，必须去努力做到“夭寿不贰，修身以俟”。遇到苦难，勉力前行，还必须不以穷通夭寿而改变初衷。“不贰”指立志要坚定唯一，穷通夭寿是对人境遇的形容，用孟子的话来说就是“富贵不能淫，贫贱不能移，威武不能屈”。在坚守志向的前提下，“修身以俟”，意思是人在修身砥砺品行时，必须用只问耕耘、不问收获的心境来面对。“以俟”有等待时机的意思。

这三种人达到“知”的难易程度不同，但是一旦达到了“知”，其结果是一样的。这其实就是后来说的“人人皆可以为尧舜”的原因。阳明先生虽然罗列了世间的三类人，但是根据取法其上，仅得其中的法则，对我们初学者而言，下功夫都要按凡人的那种套路来才行，这也是大处着眼，小处下手之意。

朱熹对“格物”的定义就是“以《大学》始教，必使学者即凡天下之物，莫不因其已知之理，而益穷之，以求至乎其极。至于用力之久，而一旦豁然贯通焉。则众物之表里精粗，无不到，而吾心之全体大用，无不明矣。此谓格物，此谓知之至也。”可以看到，朱熹认为天下的“物”要一个一个来“格”，按照已知之理，慢慢“格”，到“豁然贯通”为止，就大功告成，这种说法对吗？

阳明没有说朱熹的这种说法就完全错了，但他认为朱熹忽略了一个重要的前提，他说的这种“格物”之法是给谁用的？凡人和贤人如果按照这种方法“格物”，恐怕永无出头之日了。世间的事事物物浩如烟海，没有一个什么该“格”，什么不该“格”的标准，将有限的生命投入到无限的“格物”中去，这不正是庄子说的“吾生也有涯，而知也无涯。以有涯随无涯，殆已！”（我的生命是有限的，而世界上的知识是无限的，将有限的生命投入到探索无限的知识上面去，岂不是把生命搞得太疲惫不堪了吗？）这也正是当年阳明“格竹子”累倒的原因之所在吧！

而“圣人”这个一般在传说中才能出现的品种，用这种方法格物是可以的，因为圣人的心体可以时时和天理保持步调一致，当圣人“格物”时，所“格”之物不用选择也可以恰中天理，没办法，人家本来就起点高，我们也不需要过于眼气他们。对于凡人和贤人，心中难免有私意梗堵，此时他们最需要做的是将心中梗堵的私意给“格”去，而不是像无头苍蝇一般拿着一个外物就去“格”。

圣人需要做的是“尽心知性”，这里用了一个“尽”字，请大家仔细玩味，不需做别的事，将此心“尽”了就行，这该是多么廓然大公的心体啊！除了圣人之心，谁敢夸此海口？对于贤人的功夫用了“存心养性事天”的表述，贤人的心要“存”还要“养”，这就需要下一些功夫了。而对于凡人，就是要“困知勉行”了。按朱熹对“格物”下的定义，要初学者就要“尽”此心去“格”外物，这不是太荒唐了吗？

另外，对“格”字和“物”字，阳明和朱熹的理解也是分歧巨大，这个我们很快就要谈到，暂且按下不表。另外这节还提到了“精一”、“博约”等重要概念，为了不过多枝蔓，我们也没有详细探讨，后面会涉及。

“尽心知性”圣人事

原文

爱问：“‘尽心知性’何以为‘生知安行’？”

先生曰：“性是心之体，天是性之原，尽心即是尽性。‘惟天下至诚为能尽其性，知天地之化育。’‘存心’就是没有‘尽心’。‘知天’的‘知’犹如‘知州、知县’的‘知’，是自己分上事，己与天为一。‘事天’如子之事父、臣之事君，须是恭敬奉承，然后能无失。尚与天为二，此便是圣贤之别。至于‘夭寿不贰’其心，乃是教学者一心为善，不可以穷通夭寿之故，便把为善的心变动了。只去修身以俟命，见得穷通夭寿有个命在，我亦不必以此动心。‘事天’，虽与天为二，已自见得个天在面前。‘俟命’，便是未曾见面，在此等候相似，此便是初学立心之始，有困勉的意在。今却倒做了，所以使学者无下手处。”（《传习录（上卷）·徐爱录》）

译文

徐爱问：“‘尽心知性’为何是‘生知安行’者的事呢？”

阳明先生说；“性是心的本体，天是性的来源，尽心就是尽性。《中庸》中说过‘惟天下至诚为能尽其性，知天地之化育。’‘存心’就是还没有‘尽心’。‘知天’的‘知’字就像‘知州、知县’的‘知’一样，指自己分内的事情，‘知天’就是已经和天合二为一了。‘事天’就像儿子侍奉父亲、臣僚侍奉国君一样，必须恭敬对待，小心应承，然后才能没有过失，但是尚且天人一分为二，这就是圣人和贤者的分别之处。至于要求此心‘夭寿不贰’，乃是教初学者一心为善，不能以际遇的困窘、通达或者寿命的长短，就把为善的心变动了。只管在修养此身的过程中等待自己所不能掌握的命运，能明了困窘、通达或者生命的长短是命中注定的，我也不必为此而动摇了自己修养的心性。‘事天’虽然还是分自己和上天为二，但是已经看清‘天’就在自己前面。而‘俟命’就是还没有和天（命）见面，在这里等候一般，这就是初学者立志的开始，有个迎难而上、挫而愈勇的意思在。而朱熹先生却把次序弄颠倒了，所以使得初学者没有个下手的地方。”

解　析

此节和上节在文意上是连贯的，为了讲解的方便，将其分开来谈。此节的意思在上节的解析中已经谈到了。只是有两点需要特别说明一下。

第一，前面曾说过“善”字，不能理解为现代意义上善恶的“善”，心与事理的合一为“善”。

第二，“俟命”中的“命”虽然翻译成天命，那也是因为找不到更贴切的字眼，但是现代人们说到“天命”，往往会往宿命论上去联想，这里需要分辨一下，“天命”不是在讲宿命论，这个东西很复杂，想讲清楚也很难，天命其实是分为两部分，一部分是阳明这节中所说的那种圣人可以和其合二为一的天命，是人通过主观的努力可以把握与掌握的东西。

但是，还有“天命”的另一部分，阳明并没有在这里点破，但是如果不说出来，就不是完整的天命。这部分“天命”是即使圣人也难以跳出的天地牢笼，可以对付着说成“上帝的秘密”。

举个例子吧，人类至今依然无法准确预报地震，所以每次大地震总有不少人遇难，死难者是无辜的，但是，在大自然的灾难面前，人无论好恶贫富，都难逃一劫。这种突发事故，以目前人类的能力既无法预测，也无法完全避免，人类所有的知识与智慧在这种天灾面前都显得苍白无力，即使圣人，在这种天命面前也难逃劫数。

天命的这一部分，使得整个人类的命运都蒙上了一层灰蒙蒙的色彩，儒家的创始人孔子不语“怪力乱神”的原因也在这里，儒家是一种刚健的、向上的、奋发的学说主张，对于人力之外的事物，一向是一种“存而不论”的态度，这种“存而不论”却并不能被理解为一种对现实世界视而不见的“鸵鸟政策”。而是一种“先尽人事，后信天命”的谦卑中的奋进与不屈，这种精神，可以说是整个以儒家思想为代表的中华文明的精髓之所在，或者说，整个中国文化的精神，可以用这八个字一言而尽，这里所说的“天命”正是上面所说的“天命”的另一部分，因为阳明言之未尽，故补充到这里。

此“物”非彼“物”

原文

爱曰：“昨闻先生之教，亦影影见得功夫须是如此。今闻此说，益无可疑。爱昨晓思‘格物’的‘物’字，即是‘事’字，皆从心上说。”

先生曰：“然。身之主宰便是心，心之所发便是意，意之本体便是知，意之所在便是物。如意在于事亲，即事亲便是一物；意在于事君，即事君便是一物；意在于视、听、言、动，即视、听、言、动便是一物。所以某说无心外之理，无心外之物。《中庸》言‘不诚无物’，《大学》‘明明德’之功，只是个诚意，诚意之功，只是个格物。”（《传习录（上卷）·徐爱录》）

译文

徐爱说：“昨日听到先生的教诲，也隐隐约约觉得功夫是这样。现在又听到您这样说，更加没有疑问了。我昨天早上思考‘格物’的‘物’字，就是‘事’字的意思，都是从心上说起的。”

阳明先生说：“是这样的。身的主宰就是心，心之所发便是意，意之本体便是知，意之所在便是物。如果心中的意在侍奉父母双亲上，那么侍奉双亲就是一个‘物’；如果心中的意在于事奉国君，那么事奉国君就是一‘物’；心中的意在于视、听、言、动，那么视、听、言、动就是一‘物’。所以我说无心外之理，无心外之物。《中庸》中说的‘不诚无物’，《大学》中说的‘明明德’之功，只是个‘诚意’的意思，而诚意的功夫，又全在‘格物’上。”

解　析

这节谈到了阳明心学中的一个重要概念——“物”。下面就谈谈这个“物”字。

在认识阳明的“物”字之前，我们必须将头脑中固有的对“物”字的概念先抹去。在我们从小的教科书上，“物”就是物质，我们概念中的物质就是“独立于意识而又能被意识所反映的客观存在”，这是马克思主义哲学对“物质”一词下的定义，也是我们通常意义上所认识的“物”。我不能说他的定义是错的，但是正如马克思自己所讲的那样，哲学家可以有多种方式来诠释这个世界。那么今天我们要走入阳明心学的世界，最好还是先把马克思对“物”的定义抹去。

阳明在这里说得已经很明白了，“意之所在便是‘物’”，纵然大千世界有森然万物，但只要没有进入我的“意”，便皆不能称之为“物”，所以，学习心学的人，在我们踏入阳明心学的门槛之前，务必把这一概念先刻在脑海里，注意，我说的是“刻”，而不是随便地记住。这个“物”字的定义没有记牢，后面的内容只会越看越糊涂。

说完了“物”字，接着往下看，“《中庸》言‘不诚无物’，《大学》‘明明德’之功，只是个诚意。诚意之功，只是个格物”。现在终于涉及到阳明心学中的另一个重要名词“格物”了，“物”字我们已经懂了，现在要讲“格”字了，欲知后事如何，且听下文分解。

拨乱反正为“格物”

原文

先生又曰：“格物，如《孟子》‘大人格君心[①]’之‘格’，是去其心之不正，以全其本体之正。但意念所在，即要去其不正以全其正，即无时无处不是存天理，即是穷理。天理即是‘明德’’，穷理即是‘明明德’。”

又曰：“知是心之本体，心自然会知：见父自然知孝，见兄自然知悌，见孺子入井[②]自然知恻隐，此便是良知，不假外求。若良知之发，更无私意障碍，即所谓‘充其恻隐之心，而仁不可胜用矣’。然在常人不能无私意障碍，所以须用致知格物之功胜私复理。即心之良知更无障碍，得以充塞流行，便是致其知。知致则意诚。”（《传习录（上卷）·徐爱录》）

注释

①“大人”句：语出《孟子》，原文是“惟大人为能格君心之非。君仁莫不仁，君义莫不义，君正莫不正。一正君而国定矣。”

②孺子入井：出自《孟子》，原文“今人怎见孺子将入于井，皆有怵惕恻隐之心。”

译文

阳明先生又说：“‘格物’的‘格’字，就像《孟子》中的‘大人格君心’的‘格’字一样，是革除心中的‘不正’，以保全心的本体的‘正’。只要是意念所在的地方，就要革除心中的‘不正’以保全心的本体的‘正’，这样就无时无处不是存天理，这就是‘穷理’。‘天理’就是‘明德’，穷理就是‘明明德’。”

阳明先生又说："知是心的本体，心自然会知，看到父亲自然知道孝顺，看到兄长自然知道敬爱，看到小孩落井自然会产生恻隐之心，这就是良知不用外求的意思。要是良知的发动之处，能做到没有私意的阻碍，就是所谓的'充其恻隐之心，而仁不可胜用矣'的境界。然而在普通人而言，不能做到没有私意的阻碍，所以必须用'致知格物'的功夫战胜私意，复全天理。当心中的良知没有任何阻碍，得以自由流行的时候，就是'致知'，'致知'就是'意诚'。"

解　析

阳明说，"格物"的"格"字，和《孟子》中的"惟大人为能格君心之非"的"格"字是一样的意思，这句话是"只有大儒才能纠正君主心体上的过失"之意。从这里可以看到，"格"字是纠正的意思。

"格"字"是去其心之不正，以全其本体之正，但意念所在，即要去其不正，以全其正……"看到了吧，"格"字不是格斗的意思，也不是某些人所说的似是而非的推究的意思。"格"的意思是"将不正的给扭转为正"，这样一来，我们就可以将"格物"解释成这样了：将心中意识从偏倚的状态扭转到正道就是格物。将心中导致偏倚状态的私意纠正掉了，所剩下的状态就是"存天理"，也就是"明明德"。

然后，阳明又说，"知是心之本体，心自然会知"，接着就是举例子："见父自然知孝，见兄自然知悌，见孺子入井自然知恻隐"，这里说的"知"是心的本体，实在是一个"原概念"，什么是"原概念"呢？这是我自己创造的一个词，因为在现有的词汇中我找不出表达这个意思的词。在物理学中，我们学过，人在探索构造物质世界的最基本的粒子时，曾经一度认为原子是构成世界物质的最小单位，是无法再分割的基本粒子，当然后来人们发现原子还不是最小，原子中还有质子、中子、电子等，但是原子作为描述最基本物质构成的概念被继承过来，人们在说某些最基本的分无可分的东西时，喜欢说"原××"。

"知"作为心的本体，确实是一个说无可说的概念了，人心对外在和内在具有感知能力，这是人心与生俱来的功能，是一个本然如此，没法找出更多原因的能力，至少就目前人类的理解水平而言，对于人心为何具有感知能力是无法做出更多剖析的，所以我自己称它是个“原概念”。

对于人心的“知”的功能只能说这么多，但是须要明白，“知”的功能是阳明心学中一个核心的关注点，其他的一切都是以人心具有“知”的功能为基础才展开的。接下来说的“见父自然知孝，见兄自然知悌，见孺子入井自然知恻隐”是指心在没有私意障碍的前提下，能自然而然散发的良知。这里还有一个小小的问题，阳明举的这三个例子都是偏于伦理方面的，那是不是说阳明心学就只是一种适用于伦理方面的伦理学呢？我可以肯定地告诉你，不是，至于原因，在前面我们谈“至善”这个概念时已涉及过，请参看之。

而“格物”之所以重要，就因为在常人不能无私意障碍，这些障碍让人们本来就具有的良知昏暗不明，所以须用“致知”“格物”之功，胜私复理。

不离天理是“主一”

原文

陆澄[①]问：“主一之功，如读书则一心在读书上，接客则一心在接客上，可以为主一乎？”

先生曰：“好色则一心在好色上，好货则一心在好货上，可以为主一乎？是所谓逐物，非主一也。主一是专主一个天理。”（《传习录（上卷）·陆澄录》）

注释

①陆澄：字原静，又字清伯。浙江归安（今吴兴）人。正德年间进士，授刑部主事。

译文

陆澄问：“主一的功夫，比如，读书就一心在读书上用功夫，接客就一心在接客上用功夫，这能否称为主一呢？”

阳明先生回答说：“迷恋美色就一心在迷恋美色上用功夫，贪爱财物就一心在贪爱财物上用功夫，这能称主一吗？这只叫逐物，不叫主一。主一，就是一心只在天理上。”

解　析

“一”字是阳明心学中又一个极容易被误读的字眼，陆澄对“一”的理解，和我们现代对“一”的理解相似，比如我们说做事情要“一心一意”。我们上小学时学过的文章《小猫钓鱼》中，主人公小猫一会儿捉蜻蜓，一会儿扑蝴蝶，就是不能一心一意钓鱼，时间荒废了，蜻蜓没捉到，蝴蝶没逮住，鱼儿也没钓着，两手空空地虚度了一天。那篇文章的寓意就是做事情要专一，不要三心二意，其中对“一”的理解和这里陆澄的理解是一致的。

阳明显然是站在一个更加高屋建瓴的层次上来看待“一”的，如果还用“小猫钓鱼”的故事为背景，让阳明来解读“一”字，小猫要“主一”，“一”是天理，对于小猫来说，天理就是“钓鱼”，钓到鱼，才能填饱肚子。如果按照陆澄对“主一”的理解，小猫就算是一心一意去捉蜻蜓或者一心一意去扑蝴蝶，也可以算是“主一”了，但是这种“主一”的举动显然是不符合小猫生活的“天理”的，蜻蜓和蝴蝶都不能保证能填饱肚子，你捉它除了乐趣什么也得不到。

再用挖井来比喻，陆澄的理解，只要肯专心致志不停地挖下去，就是“主一”，但是，阳明认为，首先要保证你挖的地方是有水的，如果你挖井的地方是泰山顶，就算累到吐血，也难挖到水。这两种对“主一”境界的理解也就可以立判高下了。只有在以天理为主的前提下，再来谈一心一意去主这个“一”，才是有意义的。

立志！ 立志！

原文

问立志。

先生曰："只念念要存天理，即是立志。能不忘乎此，久则自然心中凝聚，犹道家所谓'结圣胎①'也。此天理之念常存，驯至于美大圣神②，亦只从此一念存养扩充去耳。"（《传习录（上卷）·陆澄录》）

注释

①结圣胎：犹言精神凝聚处，如胎中下圣种。

②美大圣神：出自《孟子·尽心篇》，原文"可欲之谓善，有诸己之谓信。充实之谓美，充实而有光辉之谓大，大而化之之谓圣，圣而不可知之之谓神。"

译文

有人问怎样立志。

阳明先生说："只要念念不忘存天理，就是立志。能时刻不忘存天理，日子一久，心自然会在天理上凝聚，这就像道家所说的'结圣胎'。天理的意念常存，能慢慢达到孟子讲的美、大、圣、神境界，也只是从这一意念存养扩充延伸而达到的。"

解 析

这节是讲立志，现代人说到立志，一般是比较具体的。大家可能都会有类似的记忆，我们上小学时，老师一般都会让我们写一篇作文，命题就是谈理想或者长大后的志向。记得当时很多同学写长大了要当科学家，要当教师，要当警察，要当医生等等，我当时写的是长大了要当科学家。教科书的插图中，介绍科学家的图片一般都是一个戴眼镜的帅哥拿个试管在那里摇，当时给我的感觉就是那个形象酷毙了，梦想着有朝一日也能戴个眼镜在实验室里摇，至于摇的到底是什么并不重要，关键是那种感觉太好了。

如果当年某个同学按照阳明先生这里对立志的理解，把这篇“作文”交上去，老师的作文评语中基本上会帮他（她）指出如下两个问题：第一，字数少于五百字。阳明先生这里用了区区几十个字就将“立志”这么神圣的命题给打发了，而小学生作文的基本要求是不能少于五百字，就算想象力再丰富的同学，也很难把这几十个字扩展到五百字以上。第二，空洞无物。也就是说，即便是王阳明先生来写这篇命题作文，其结局也是被老师判为零分而罚其重写。

这就是阳明谈立志和现代人谈立志的巨大分歧之处，现代人所说的那些志向，在阳明先生看来都可归类为“意必、意固、意我”，总之都是一个太执泥于“我见”的自以为是。你说我要当篮球明星，要成为超越姚明、林书豪的华裔篮球巨星，但是可惜你只有一米六五的身高，运动方面也没有超越常人的天赋。那你的志向能实现吗？如果成不了篮球明星，你是否打算就此放弃探索人生的意义而浑浑噩噩下去呢？

世上不如人意的事情十有八九，而凡是太固执于“我见”的人，基本上都很难从生命中寻到幸福和平静。阳明说，立志不是这样的，立志就是“念念不忘存天理”，七个字足矣！

邓小平一生曾经三起三落，其中的两次起落都和“文革”有关，当他在“文革”期间被下放到拖拉机厂劳动改造时，当红卫兵对他进行批斗时，他连生存的保障都没有。在这朝不保夕的环境下，他的志向是什么？对他来说，当时最大的天理是什么？答案只有三个字——活下去。即便忍辱偷生，也要活下去，活下去就是当时最大的天理，再谈别的都是虚妄。再大的委屈和愤怒都要咽下去，因为此时，天命的另一部分是你本人所无法掌控的，你只能顺应，忍耐待时。

邓小平虽然活下来，但他的内心到底受过何等煎熬我们无从得知。但是他能活下来，就已经是胜利了，而且不仅仅是他个人的胜利，也是中国人命运走向的胜利。

举邓小平的事例，我只是想说明，“立志”这两个字，立的是天理，天理不是人心中主观的“我见”。这两个字之所以看起来这么虚，那是因为它的内涵太广大，处贫贱，就存贫贱时的那个天理；处富贵，就存富贵时的那个天理；处患难，就存患难时的那个天理。时时处处心中都有一个把持的准则，才叫做立志。

为了讲明阳明先生的“立志”，我把现代人的“立志”贬得太过，这里需要再补充一下。现代人说的立志，往往是一个很具体的目标，其好处是行动有方向，正所谓有的放矢，就是指这个，而且，当这个目标和天理相吻合之时，这种志向在引领人们奋发向上的征途中，也起着极大的引导人的明灯作用。所以也不能将其说得毫无是处，但是，在立现代的“志”的同时，我们还有必要常常提醒自己去存养阳明说的那个志，因为阳明的那个“志”，是大于你自己立的那个“志”的。

看病下药，谦和处友

原文

“日间工夫觉纷扰，则静坐。觉懒看书，则且看书。是亦因病而药。”

“处朋友，务相下则得益，相上则损。”（《传习录（上卷）·陆澄录》）

译文

“如果白天做工夫觉得纷扰不安，那么就静坐。如果懒得看书，就强行去看书，这也是对症下药的方法。”

“与朋友相处，彼此谦让，就会受益；彼此傲视，则会受损。”

解　析

有朋友对我说要多讲一些用阳明心学如何修炼内心的内容，重些实用，少些学术方面的内容。这里的两句话讲的就是炼心的方法，如果仅就字面意思看，也是平淡无奇，但是如果因此就忽视这两句话，那我要首先指出，你的心已经落入了好奇喜异的歧途，请回到正道上来。

世界上越是老生常谈的话，往往越是至理名言。所以真理没有必要刻意往高处寻，它其实就在吃饭穿衣、坐止起息之中，所说的真水无香就是此之谓吧！阳明将这样两句话说出，陆澄也郑重其事地写了下来。因为这里指出了十有八九的人都易犯的通病。

在对人类历史的总结中，我所听到的最发人深省的一句名言是：人类唯一从历史中学到的东西，就是人类从来也不会从历史中学到什么。话说得稍有偏颇，但是却极其深刻。看一下在现实生活中发生的那些悲惨的事情，绝大多数都是人们一犯再犯的老错误。

酒后驾车的危险，说起来每个人都能讲得头头是道，但是酒后驾车所发生的交通事故，还是在我们身边日复一日地发生，甚至公众对这种酒驾交通事故的新闻都产生了“疲劳”。一边是人类“知”错照犯的根深蒂固的恶习，一边是一个个鲜活生命的永远离去。

再说说香烟，这是人类有史以来所发明的最滑稽的产品，人类一方面在香烟盒子上印着“吸烟有害健康”的字样，一方面又有每年几千亿支香烟从生产流水线上堂而皇之地流向市场。全球每年有四百九十万人被香烟屠杀，其中保守估计有四分之一是中国人。如果这种屠杀是发生在人类战争中的事件，人类早就群情激昂，义愤填膺了。但是，这个凶手如果是香烟，人们就会在它面前表现得像羔羊一样沉默。

“当怒火欲水正腾沸时，明明知得，又明明犯着。知得是谁？犯着又是谁？此处能猛然转念，邪魔便为知真君子矣。”这是明代一本语录体格言书《菜根谭》上的一句话，这句话说的是微观上人的“怒火欲水”，那么成千上万人的“怒和欲”，就是一种社会恶习，这句中“知得”的，是人的良知，“犯着”的，是良知被蒙蔽后私欲操控下的身体。酒驾是这样，吸烟是这样，人类一切明“知”故犯的行为都是这样，我之所以将“知”字加了引号，因为在阳明先生看来，这种“明知故犯”中的“知”其实不是真知。

虽然有时为了将《传习录》讲得更有趣些，我会不时地插科打诨。但是如果你真的只是想从《传习录》寻求趣味，或者要从中寻找到一些修心的“宝典”、“捷径”的话，那么你肯定会失望，阳明虽然为我们指出了一条“致良知”的光明大道，但是具体的修行过程还是要诚心诚意、脚踏实地，要有曾国藩说的那种“扎硬寨，打死仗”的精神才行。

回到阳明的话上来，脑袋感到乱时，就尝试静坐，让混乱的心绪慢慢平静下来；知道应该看书却又有偷懒的念头时，就强迫自己去看书。这样就像中医中说的“缺啥补啥”，修心的诀窍，也仅此而已。

这里我还想补充一点儿现代西方人的研究观点，那就是人的情绪虽然能主导人的行动，但是人的行动同样能引导人的情绪。谈一下我自己的感受，我写文章时，也常常有偷懒的念头，每当面对那片空白的电脑屏幕，想到我需要敲击成千上万个字才能将其填满，畏难之情就油然而生。

我是怎么做的？首先，在良知的激励下，我强迫自己坐下来，先写一小段。但是随着写作的深入，思绪被打开，开始时的强迫感会自动消失，写作的乐趣会自然流露。那成千上万的字，也就这样一点点被敲出来了，所以万事开头难这句话确实是至理名言。

第一句阳明是告诉我们如何对付人的“惰性”。下面这句“处朋友，务相下则得益，相上则损”则是告诉我们如何对待人的“傲”性，尤其是年轻人，好胜心强，喜欢处处显示出高人一等，在和朋友相处时，这种凌人的气势很容易造成彼此间的矛盾。朋友之道的本意，是互相切磋砥砺，互相学习进步，一旦互相轻视，互相攀比，与交友的本意已经是南辕北辙。友道是阳明非常重视的方面，这里虽然是说友道，但是其实和任何人相处都是这样，即便是和网络上那些互不相识的网友，在网络上的交流沟通之道，何尝不是这样呢？

痼疾还需猛药除

原文

孟源[1]有自是好名之病，先生屡责之。一日，警责方已，一友自陈日来工夫请正。源从旁曰："此方是寻着源旧时家当。"先生曰："尔病又发。"源色变，议拟欲有所辨。先生曰："尔病又发。"因喻之曰："此是汝一生大病根。譬如方丈地内，种此一大树，雨露之滋，土脉之力，只滋养得这个大根；四傍纵要种些嘉谷，上面被此树叶遮覆，下面被此树根盘结，如何生长得成？须用伐去此树，纤根勿留，方可种植嘉种。不然，任汝耕耘培壅，只是滋养得此根。"（《传习录（上卷）·陆澄录》）

注释

①孟源：字伯生，安徽滁州人，王阳明的学生。

译文

孟源有自以为是且贪图虚名的毛病，阳明先生屡屡责备他。有一天，阳明刚刚数落完孟源，阳明的一个朋友来访，向阳明陈述近日来在修心上做的功夫，并恳请阳明给予指正。孟源从旁边插话说："你的这个功夫正好是找到了我以前所用过的方法。"阳明先生说："你这毛病又犯了！"孟源的脸色变了，嗫嚅着打算再为自己争辩一下。阳明先生说："你这毛病又发！"趁机比喻说："这是你一生的大毛病。就像丈余内的地上，种了这个自以为是毛病的大树，雨水的浇灌，土壤的养分，只能滋养这个大树的根。四边若想再种些超级稻，也会由于上面被大树枝叶遮覆，下面又有这大树的根盘结，又如何能长得成。必须把这棵树砍去，斩草除根，才能种植高产稻谷。不然的话，你就是浇水施肥，只是培养了你那坏毛病之树的根。”

解 析

这节是《传习录》中非常有名的一个情景教学的案例。首先我们来赏析一下阳明的教学艺术。阳明这里的教育方法，颇像佛家中的“当头棒喝”，不得不说，对人的教育有的要春风化雨，润物无声，有的就要快刀斩乱麻，用霹雳手段，显菩萨心肠。至于在何种场合该用何种方法，这个就是运用之妙，存乎一心了，别指望我在这里能指给你万能公式。

发现问题，就地解决，这也符合阳明的“事上磨”主张，对于那些有拖延习惯的读者，这里也可以得到启益。当问题出现后，立即在问题出现的当下就予以解决，不要指望明天，最佳的时机就是你遇到问题的当下，这一刻，就是上天安排给你的抓住天理的机缘，不要犹豫，立即行动解决吧。千古在此一刻，万机肇始于一念，抓住它，现在！

常人的恶习病根，往往因循成习，去除甚难。这里，阳明其实也揭示了心学修炼中的难点所在，其实整个心学所要达到的最终目的，或者说心学所要解决的核心问题，就是变化人的气质，用当代西方成功学的话来讲，叫做培养正确的心态，养成良好的习惯。变化气质，难就难在克服自己的恶习。

阳明之所以对孟源“棒喝”，因为他知道，面对人的“沉疴”、“顽疾”，必须用猛药，留不得情面。人对自己有时候必须要“狠”一点，心学从来都不是纸上谈兵的学问，人内心天理和人欲交锋之时，那就是一个刀兵相见的战场，如果没有一个“勇”字和发自内心“从吾良知”的诚意，我们在这里探讨再多的《传习录》也是无用。

心如明镜皆能照

原文

问："圣人应变不穷，莫亦是预先讲求否？"

先生曰："如何讲求得许多？圣人之心如明镜，只是一个明，则随感而应，无物不照。未有已往之形尚在，未照之形先具者。若后世所讲，却是如此，是以与圣人之学大背。周公制礼作乐，以文天下，皆圣人所能为，尧、舜何不尽为之，而待于周公？孔子删述六经以诏万世，亦圣人所能为，周公何不先为之而有待于孔子？是知圣人遇此时，方有此事。只怕镜不明，不怕物来不能照。讲求事变，亦是照时事，然学者却须先有个明的工夫。学者惟患此心之未能明，不患事变之不能尽。"（《传习录（上卷）·陆澄录》）

译文

陆澄问："圣人能应变无穷，莫非也是预先研究筹划过？"

阳明先生说："圣人哪能顾及许多？圣人的心犹如明镜，只是一个明，使它感而必应，这样就可随感而应，无物不照。不会是已经照过的物体形状在镜中，或者说还没有照的物体形状在镜中（而只能是现在正在照的物体形状在镜中），若如后人所说的那样，圣人对什么都事先筹划过了，这与圣人的学说已经大相径庭了。周公旦制礼作乐以文教施于天下，这些都是圣人所能做到的，为什么尧舜不全部做了而非要等到周公呢？孔子删述六经教育万世，也是圣人所能做到的，为什么周公不先做了而非要等到孔子呢？可见，圣人的事业，乃是碰到特定的时机，才有特定的作为。只怕镜子不明亮，不怕有物不能照。学者讲求时事变化，也是来映照他所正在面对的时事，但学者须有一个‘明’的功夫。对于学者来说，只怕自己的心不能明，不怕事情来了而不能应对。”

解 析

这节的意思，阳明将人心比喻为一个明镜，必须时时不被灰尘遮蔽，方可物来能照。那么，灰尘是指什么？可以说是人欲，但这样还说得不细。

人的心体，一般而言，会有两种偏失，一种情形是：事情已经过去了，而心依然牵绕于已经过往的事上，这称作“已往之行尚在”。

比如你的上一桩业务谈崩了，坏心绪时时堵在胸中，见了同事都没有好脸色，这就是活在“已往之行”中。业务失败，换谁都会不愉快，这种感情也是发自天性，但是一直让这种情绪影响现在的心境，这时你的心体已经“不正”了，这就是偏失。

不过也要恭喜你，你此时也获得了一个体验“格”此心的良机，否则，你天天静坐，枯寂一个月也碰不到这样的机会。在你幡然有悟的当下，马上用意志力将心绪抚平，功夫就要在此时用上，你才算真懂阳明心学了。不要告诉我你无法在此刻幡然有悟，一般情况下，人对自己心体是否偏失是最敏感的，不会有谁眼中迷了沙子还能不眨眼。

另一种情形就是，事情还没有来，你的心已经提前跑过去了，这个叫作“未照之形先具”。分别一个月的女友明天就要见面了，还约定好了要一起去电影院，正在公司电脑前给客户回邮件的豆蔻少男小王正在憧憬着明天相逢时的甜蜜，一不留神给客户的邮件中打错了一个关键数字。

这就是另一种心体的偏失。恋人相思，圣人不禁，这也是发自本然的天理，但是这种感情如果扰乱了你现在的心境，影响你现在对事情的应对，就同样是“不正”了。

说到这里，还有必要多谈两句，现在的社会，非常流行“率真”、“童真”等直抒胸臆的词汇，而往往将我上面的说法讥讽为假正经、假道学，我这里要分辩一下，我说的是“正经”，但不是“假正经”；是“道学”，但不是“假道学”，人可以率真，可以童真，问题是什么是率真呢？人多认为举止如果发自本心就是率真，那么你说我走在大街上，看到商店里的一个 iPhone，我很想要，但是囊中羞涩，那么我直接去抢走，你会说我很率真吗？人的率真，到什么时候都脱离不了人文环境的约束，而在这个约束下，你能够做到“从心所欲而不逾矩”，才算是真的率真。

后文阳明又用每个圣人都只是完成了他所处的那个时代的使命来说明，人的心境不可以无条件地随心所欲，而是像镜子一样，面对某时某物，就照此时此处的物，这样才能完成那个时代的事业。他的这一段论述，和唯物主义哲学中的“物质决定意识”原理有异曲同工之妙，只是阳明的立脚点和唯物论不同，但是我认为持有这两种不同哲学观点的人也没有必要互相攻击，无非是横看成岭侧成峰而已，何苦做无益之争呢？

此心不于事上磨，更于何处磨此心

原文

问："静时亦觉意思好，才遇事便不同，如何？"

先生曰："是徒知静养，而不用克己工夫也。如此，临事便要倾倒。人须在事上磨，方立得住，方能'静亦定，动亦定'。"（《传习录（上卷）·陆澄录》）

译文

问："宁静的时候也觉得此心把持得不错，刚一遇到事情就又不一样了，为什么呢？"

阳明先生说："是因为只知道下静中修养的功夫，而不用克治私欲的功夫。这样一来，遇到事情就会稳不住。人必须在事上磨炼，才能站稳脚跟，才能做到'静亦定，动亦定。'"

解　析

这节谈的是修心过程中遇到的一个阶段性问题，初学心学的人，静坐息心是入门的功夫，假如在这个阶段取得了成果，那就是达到了"意思好"的境界，也是可喜可贺，毕竟已经取得了初步的成效，这也是陆澄讲这段话时所达到的境界。但是他紧接着就提出了遇到的下一阶段的难题——"遇事便不同"，在阳明的时代和后世的无数心学修炼者中，百分之八九十的人就是倒在了这五个字面前。

什么叫"遇事便不同"呢？有句话是这么说的：无事时掩盖了许多小人，有事时识破了许多君子。众人相处，平淡如水的情况下，人人都可以表现得像个堂堂正正的君子，小人脸上又没有写字，整个儿世界大同，一片祥和之气，这个叫无事时掩盖了许多小人；事情来了，一个两岁的小女孩在马路上被汽车撞倒在血泊中，十八个路人相继从其旁边经过，无一人伸以援手，这十八个人中，也许还有平时被人认为是不错的可以称之为“君子”的人，但是就在这一刻，他们的“君子”外衣被撕下了，一丝不挂的小人显形了，这个叫有事时识破了许多君子。

所以阳明说如果“徒知静养”，功夫还是没有到家，就像是说上了小学三年级的人绝对不能算作小学毕业一样。更关键的还是要“克己”，克己就是在应事接物时随时随地克治心中不正的私念，这个既是心学的修炼方法，也是修炼所要达到的目的，这样就叫作“事上磨”。

这里我化用一首佛家的诗，来阐释一下“事上磨”这三个千钧之重的字。

此生难得今已得，心学难闻今已闻。此心不于事上磨，更于何处磨此心？

如果能真正领悟这四句的含义，这本书你就不用看了，整本《传习录》也可以烧掉了。

千金难买是“中庸”

原文

问：“宁静存心时，可为‘未发之中’[①]否？”

先生曰：“今人存心，只定得气。当其宁静时，亦只是气宁静，不可以为未发之中。”

曰：“未便是中，莫亦是求中功夫？”

曰：“只要去人欲、存天理，方是功夫。静时念念去人欲、存天理，动时念念去人欲、存天理，不管宁静不宁静。若靠那宁静，不惟渐有喜静厌动之弊，中间许多病痛，只有潜伏在，终不能绝去，遇事依旧滋长。以循理为主，何尝不宁静？以宁静为主，未必能循理。”（《传习录（上卷）·陆澄录》）

注释

①未发之中：《中庸》首章有“喜怒哀乐之未发，谓之中，发而皆中节，谓之和”。

译文

陆澄问：“此心处于宁静的状态时，可以算是‘未发之中’吗？”

阳明先生说：“现在的人存养心，只是让自己的气定住。当他们宁静的时候，也只是气的宁静，不能算是‘未发之中’。”

陆澄又问：“‘未发’就是‘中’，那么宁静不也是求‘中’的功夫吗？”

阳明先生回答说：“只有去人欲、存天理，才是功夫。静时念念去人欲、存天理，动时念念去人欲、存天理，不管宁静不宁静。若靠那形式上的宁静，不但会渐渐有喜静厌动的弊端，而且中间有许多毛病被掩盖着，终不能去除，遇到事情，依然照旧发作滋长。以遵循天理为主，何尝就不宁静？而以宁静为主，未必能遵循天理。”

解 析

探讨一下“未发之中”。先说一下这个“中”字，河南方言，对什么事情表示同意或者赞许，就会说“中”，可以说用得非常传神，这种说法比现在的以北京方言为基础的普通话更能体现传统汉语的神韵。

“中”是个啥东西？大家不要望文生义，以为“中”就是中间。程颐对“中”的解释是“不偏之谓中”，当然了，程颐后面还有一句“不易之谓庸”，这是程颐在解释“中庸”这两个字的意思。在这里我要为“中庸”这两个字洗洗冤屈，因为当代一些人往往把“中庸”这两个字往“平庸”的沟里带，所谓的“中庸之道”仿佛也成了明哲保身、自私自利处世的贬义词。

我可以很严肃地说，这样理解是不对的，通过程颐的解释，我们追本溯源，将“中庸”换成现代话就是“不偏颇不变易”。这里只讲“中”字，所以我们只看“不偏颇”，至于“庸”字的“不变易”，后面会讲到。

“不偏颇”这三个字，发挥起来意义很广，我通过举例来说明为何“不偏颇”不能理解为“平庸”。在李连杰的成名电影《少林寺》中，有这样一个桥段：王仁则的官兵来围剿少林寺，少林众僧碍于佛门不杀生的戒律，一忍再忍。后来当老方丈被火烧死后，忍无可忍的僧众终于和王仁则的官兵厮杀起来，少林寺那个二当家的胖和尚在后来的混战中也动手杀死了一个向他袭击的官兵，搀扶他的小和尚说：“师傅，你杀生了！”胖和尚情绪激动地说：“该杀，该杀！”

问题来了，胖和尚此时算是犯戒了吗？答曰：没有犯戒。戒律中的“不杀生”这三个字，关键是如何理解这个“生”字，从字面意思理解，所有有生命的东西都称为生，蚂蚁和蚊子都是生命，更别说五大三粗的人了。之所以说胖和尚没有犯戒，那是因为他杀的不是“生”，各位看到这里可能要蹦起来了，一个活蹦乱跳的人被老和尚杀死了，我非要说他杀掉的不是生命，难道老和尚弄碎的是一个纸人？

理解“生”字，首先要说在佛门看来，什么是“生”。佛门对“生”的注释中非常有名的一句是“众生平等”，也就是说，“生”的一个重要特征是“平等”。所谓平等，是不分高低贵贱，大家都是一样的，当那个官兵举刀向老和尚头顶砍去的那一刹那，他就已经脱离了佛门对“生”的定义，他此时是在用自己的生命去剥夺另一个生命，而且是出于一种邪恶的目的，这样就已经违背了“平等”这一定义。因为他此时的举动表明他认为自己的生命是凌驾于老和尚的生命之上的。

当然，在他做这个恶行之前，佛门还没有放弃他，可以称之为“生”，或者说在他举起屠刀的那一刹那，他幡然有悟，放下屠刀，即便不能立地成佛，也是回归到了佛门的“生”的定义范畴内。但是，就在他举刀的这一刹那，他的那颗发恶之心已经让他变成了“魔”，而斩妖除魔是佛门的副业之一，我们熟悉的法海同志就是将这一副业当作主业来抓的典型。

那么，当老和尚杀死那个正在行凶中的官兵时，不是杀生，只是除魔。也许从生物学的观点来看，老和尚是在杀生，但是从佛门的观点看，他仅仅是在履行佛门众多业务中的一项“除魔”业务，不用这么反应过度。佛门还说过佛祖也有“狮子吼”的时候，并不是永远那么呆板的慈眉善目，这里要尤其注意。

回到“中”字上来，老和尚的除魔，从行动上来说表现得是很激进了，但是，这种状态依然符合“中”字。举这个例子，是让大家明白，所谓的“中”并不是毫无原则地和稀泥，关键是要切中事理之肯綮。

现在来解释“未发之中”。“未发”，是指事理没有显现时的状态，是就心体而言。既然“未发”，此时在心体上求的是什么“中”呢？阳明回答得很明确：“静时念念去人欲、存天理，动时念念去人欲、存天理，不管宁静不宁静”。求此心的宁静，只是息心的入门法则，只是固守一个“静”字，还不是功夫的得力处。

阳明提出的“静中去人欲存天理”和现在美国在反恐战争中提倡的“先发制人”战略很类似。2001 年的“9 · 11”恐怖袭击，对美国来说，是个巨大的灾难，在灾难发生之时，美国需要做的是“事上磨”，当时连恐怖分子的影子都找不到，美国再强大，也是有力无处使，只能以“美国之难，美国应之”的坚贞强毅来应对，称为动心忍性之时。灾难之后，美国提出了“先发制人”战略，就是不等恐怖分子上门，在灾难没有发生之前，加强警戒，并且在世界各地主动出击歼灭恐怖分子，而不是等到灾难真的发生了才仓促应对。

这个就符合“未发之中”了，即在事件没有真正发生时就下力气，弭祸患于未发。回归到自我心体修养，“事上磨”很难，“未发之中”同样不易。这实际上已经牵涉到“慎独”这个儒家学说的十分重要的概念了，展开来谈又是一篇大文章，这里不过多枝蔓。

总的来说，“未发之中”讲求的就是在宁静无事之时，能反观自心，将宁静中内心萌发的“不正”念头扼杀于萌芽状态，用中医的理论来讲，这叫作“治未病”；用兵法的思想来说，是将力量用在战场之外，追求“不战而屈人之兵”，之所以说“不战”，是因为你在事理没有发见时已经将内心廓清为明镜状态，当然就可以事来能应，可以“不战而胜”了。但并不是真的不战，而是你把战线前移了，在宁静存心之时已经“战斗”过了，等于美国的“先发制人”，不再等到“拉登们”把美国的大厦用飞机撞毁，就提前把他们的肉体和精神消灭掉。

“未发之中”正好和上面讲过的“事上磨”相对照来学习，“事上磨”重点在事理发见处用功，侧重于外用；“未发之中”是于事理没有显现时用功，侧重于内明，这样说，只是为了大家学习的方便，如果按照阳明先生的本意，外用也好，内明也好，唯一的原则都是遵循天理，所以它们何尝不是一件事呢？

君子不器

原文

问："'孔门言志，由、求①任政事，公西赤②任礼乐，多少实用。及曾皙说来，却似耍的事，圣人却许他，是意如何?"

曰："三子是有'意必③'，有意必便偏著一边，能此未必能彼。曾点之意思却无意必，便是'素其位④而行，不愿乎其外。素夷狄，行乎夷狄，素患难，行乎患难。无入而不自得矣。'三子所谓'汝器也'，曾点便有'不器'意。然三子之才各卓然成章，非若世之空言无实者，故夫子亦皆许之。"(《传习录（上卷）·陆澄录》)

注释

①由、求：由指子路。求指冉求（前522—前489年）春秋末鲁国人，字子有，孔子学生。

②公西赤：(前509—?）春秋末鲁国人，字子华，孔子学生。

③意必：《论语·子罕》中有"子绝四：毋意，毋必，毋固，毋我。"

④"素其位"句：出自《中庸》。

译文

陆澄问："孔子的门人在一起畅谈志向。子路、冉求志在主持政事，公西赤志在主管礼乐，不管怎么说都有实际用处。而曾皙所说的，似乎是玩耍之类的事，却得到孔圣人的称许，这是怎么回事?"

阳明先生说："前面那三位自以为是的意思太浓了，有了这种倾向，就会偏执于一边，顾此未必能顾到彼。曾皙却没有自以为是的意思，正合

《中庸》中所说的‘素其位而行，不愿乎其外。素夷狄，行乎夷狄。素患难，行乎患难。无入而不自得矣。’前三个人是‘汝器也’的有用之才，而曾皙是‘君子不器’的通达之人。但是前三个人的才干各自卓然有成，并不是世上那些只会空谈却华而不实的人，所以孔子也赞扬了他们。”

解　析

此处讲的孔门言志，是《论语》中一个字数最长的桥段。具体场景是这样的，孔子让四个弟子谈谈自己的人生理想，这四个弟子分别是子路、冉求、公西华、曾皙。

子路同学是心直口快性子急的主儿，这次他又抢答了。他说给他三年时间，就可以让一个像利比亚这样的夹在美国和欧洲之间受夹板气的蕞尔小国得到治理，可以让国内人民骁勇善战，而且懂得礼仪。

孔子听了，微微一笑。示意慷慨陈词的子路同学坐下，不用这么激动地站起来讲，坐着谈就行，接着他让冉求讲。

冉求说，国土有六七十里或五六十里见方的国家，让我去治理，三年以后，就可以使百姓饱暖。至于这个国家的礼乐教化，就要等君子来施行了。冉求的这个态度就谦虚多了。

公西华说，我不敢说能做到，但是愿意学习。在宗庙祭祀的活动中，或者在同别国的盟会中，我愿意穿着礼服，戴着礼帽，做一个小小的司仪。

轮到主角曾皙发言了，这位同学在其他同窗发言的时候，正在弹瑟抒情，到其他人都讲完了，弹瑟的声音逐渐放缓，接着“铿”的一声，结束了抒情，曾皙离开瑟站起来，说，我的理想和他们三个都不一样。

孔子鼓励他讲下去。

曾皙说，暮春三月，换上春天的夹衣，带着五六位成年人，六七个小弟，去沂水边洗洗澡，在舞雩台上吹吹风，然后再一路唱着卡拉 OK 回来。

估计他的另外三个师兄弟听后马上晕倒。但是，孔子唯独对曾皙的话评价最高。

陆澄在这里问的，也正是今天大多数人的疑问，其他三个弟子说的无论是做什么，其理想还有些实际的用处，曾皙的话，说的完全是耍的玩的，孔圣人为何偏偏对他青眼有加？

阳明解释说，那是因为其他三个人是有“意必”。这里解释一下“意必”，在本该如此的天理上添了哪怕一丁点儿个人的主观意思，就叫作“意必”。最高的道德修养，是人在什么环境和位置就做那个环境和位置上应该做的事情，一切言行都顺应本应如此的“理”。

做到这一层次，称之为“君子不器”，“器”这个字，依据《系辞传》的“形而上者谓之道，形而下者谓之器”来阐释，具体的行业技艺称之为“器”，这个“君子不器”，有些人理解为孔子要求君子要成为通才，而不是专才。我不同意这种解释，古时就有三百六十行之说，现代社会分工更细，可能三万六千行都有了。让人成为行行精通的通才，哪来那么多精力？

这里的“不器”，还是指就人的内心修养上，不要被具体的行业技艺所禁锢。你可以成为某一方面的专才，这没有问题，社会分工也需要专才，但是不能一脱离你的本行，就不会做人处事了。比如一个医生，医术精湛，但是就是不善于和病人沟通，病人来了，脸难看，话难听，也许本来是好意，但是也会被病人误解为是麻木不仁，甚至会酿成一些医患冲突的悲剧。医术在中华文化的传统观念中本来就被称为仁术，而现代的我们将“医术”狭隘地定义为一种孤零零、冷冰冰的纯粹的技术，将做人和行医割裂为两个完全不相干的事情，也难怪医患关系会如此紧张。

所以说，才可以专，而且大多情况下我们必须专，因为我们要安身立命，但是心体却必须要“不器”，那是因为生命本身除了安身立命的谋生活动，还有其他更广泛的多层次的对世界的参与历程，而且你的专业并不会是一个处在真空中的与世隔绝的独立系统，它必然会和这个世界的其他方面有斩不断割不绝的千丝万缕的联系。曾皙没有说自己具体要做什么，但是他那种悠然自得的态度，所透露出来的就是那种战场能扛枪，打鱼能撒网，登台能歌唱的“不器”。这种随时随地能遵循天理的悠游无碍才是孔子赞许他的原因。

只问耕耘，不问收获

原文

问："知识不长进，如何？"

先生曰："为学须有本原，须从本原用力，渐渐'盈科而进[①]'。仙家说婴儿[②]，亦善譬。婴儿在母腹时，只是纯气，有何知识？出胎后，方始能啼，既而后能笑，又既而能识认其父母兄弟，又既而后能立、能行、能持、能负，卒乃天下事无不可能。皆是精气日足，则筋力日强，聪明日开。不是出胎日便讲求推寻得来。故须有个本原。圣人到'位天地、育万物'，也只从'喜怒哀乐未发之中'上养来。[③]后儒不明格物之说，见圣人无不知、无不能，便欲于初下手时讲求得尽，岂有此理？"

又曰："立志用功，如种树然。方其根芽，犹未有干；及其有干，尚未有枝。枝而后叶，叶而后花、实。初种根时，只管栽培灌溉，勿作枝想，勿作叶想，勿作花想，勿作实想。悬想何益？但不忘栽培之功，怕没有枝叶花实？"（《传习录（上卷）·陆澄录》）

注释

①盈科而进：出自《孟子·离娄下》："源泉混混，不舍昼夜；盈科而后进，放手四海。"盈，满；科，坎。

②婴儿：《道德经》十章中有"专气致柔，能如婴儿乎？"又见《道德经》二十章，"沌沌兮，如婴儿之未孩。"

③"圣人"三句：见《中庸》中"喜怒哀乐之未发，谓之中。发而皆中节，谓之和。中也者，天下之大本也；和也者，天下之达道也。致中和，天地位焉。"

译文

陆澄问："知识没有长进，怎么办？"

阳明先生说："为学要有本原，必须从本原用力，渐渐地就'盈科而进'了。道家用婴儿打比方，是个好比喻。婴儿在母亲肚子里还没有成形时，只是纯然的气，有什么知识呢？出生后，才开始能哭，然后能笑，又然后能认识他的父母兄弟，又然后能站、能走、能抓、能举，最后天下的事无所不能。这都是因为他的精气一天天充足，接着筋力日益强健，聪明日益增长。不是刚出娘胎之日就可以做到这些，所以必须有个本原。圣人能立于天地之间，化育万物，也只是从喜怒哀乐还没有发生之中逐渐涵养而得来。后来的儒者们不懂格物的学说，见圣人无所不知、无所不能，就打算在刚着手时把一切都琢磨个透，哪里有这个道理呢？"

阳明先生又说："立志用功，就像种树，一开始只有根和芽，还没有树干；等到有了树干，还没有树枝。有了树枝跟着就有叶，有了叶然后又有花、果实。刚种下树根时，只管栽培灌溉，不要去想枝的事情，不要去想叶的事情，不要去想花的事情，不要去想果实的事情。空想又有什么用？只要不忘记栽培的功夫，还怕没有树枝树叶以及花和果实？"

解　析

此节谈论的主旨是为学要"循序渐进"。意思很容易理解，其中的"悬想何益"句，是针对人的急于事功的通病说的，克服这种毛病的途径是要有一种"只问耕耘，莫问收获"的坚毅与达观。

就我们当下的社会来说，来到书店，会发现琳琅满目的图书中，摆在最显眼位置的是那些讲成功学、如何升职一类的书籍。尤其一些打着什么"速成"标题的书籍，往往最受欢迎。但我可以很遗憾地告诉你，很少有人是通过看这些书取得成功的。

有人说"成功学"是当代社会的一大毒药，虽然有以偏概全之嫌，但是其中的道理值得我们深思。"成功学"之毒是毒在"急于求成"而流于浮躁这一点上。延宕开来谈，心学的目的是什么？诸位对心学感兴趣的原因是什么？本来这个问题应该在本书开始就来谈，但是结合此节文义来谈更合适。

可能在有些人的心中，也把心学看成是中国古代的成功学。从某种意义上讲，这样说也有点道理，但是把心学仅仅说成是成功学，是贬低了这门学说。心学的终极目标是化俗为圣，《传习录》可以说是培养圣人的教科书，这样说，估计要吓走不少心学的热心粉丝，但事实就是这样，心学追求的是变化人的气质，其终极目的是造就一个顶天立地的大写的人。

为天地立心，为生民立命，为往圣继绝学，为万世开太平。这是理想的儒家人格要求，心学和这种要求是一脉相承的。心学不是宗教，但是心学对完美人格的追求，却有一种宗教感情般的执着，这种执着在儒学中被表述为诚敬之心，这个心，可以说是心学基石中的基石，这种心也就是阳明本节所说的那个“本原”。对于那些只想拿心学当成功学的人，我只能说你这个要求在心学面前太卑微了，因为我们现代人所认为的成功，在心学那里充其量只是一个人人格完善后所收获的赠品。

王阳明先生，按照当代西方某些人的观点来看，他可以被称为一个偏执狂，他的偏执表现在对生命完美存在的永不妥协的追求上。他的这种个人特质使他的生命过程具备这样一个特点：不完美，毋宁死。而阳明所追求的完美就是“致良知”，通过致良知的方式将生命存在的分分秒秒赋予神圣而庄严的意义。

回到原文，阳明说的那个本原，可以有多种表达方式，可以称之为“诚敬”，但最通俗的说法是“立志”，立志，是志在此心时时处处顺应天理之志。在立定这个志之后，在对待陆澄问的：“知识不长进，如何?”这个问题上，我们自然能找到最端正的态度，那就是看一下你的当下，该播种的就播种，该发芽的就发芽，该浇灌的就浇灌，你现在还没有办法当一世的圣人，甚至没有可能做一个二十四小时的圣人。那你就做当下的圣人，不要去想收获，顺理而行，此心安处即吾乡，只要那颗诚敬之心够坚定，坚持对心的砥砺的时日够漫长，终归有一天，你会发现，现代社会所谓的成功，无非是心学修炼至人格完善后的一个副产品。

除却人情更无事

原文

澄尝问象山[①]在人情事变[②]上做工夫之说。

先生曰："除了人情事变，则无事矣。喜怒哀乐，非人情乎？自视、听、言、动以至富贵、贫贱、患难、死生，皆事变也。事变亦只在人情里，其要只在'致中和'，'致中和'只在'谨独'。"（《传习录（上卷）·陆澄录》）

注释

①象山：陆九渊（1139—1193 年），字子静，世称象山先生。南宋大儒，抚州金溪（今属江西）人。其学说与王阳明的学说并称陆王学派。

②人情事变：出自《象山全集》。

译文

陆澄曾经就陆九渊关于在人情事变上下功夫的观点请教阳明先生。

阳明先生说："除了人情事变，再没有其他的事情。喜怒哀乐，难道不是人情吗？从视、听、言、动到富贵、贫贱、患难、生死，都是事变。事变也只是包含在人情中，其关键只在于'致中和'，'致中和'又只在于'谨独'。"

解　析

阳明先生在这里开创性地提出了"除了人情事变则无事矣"的观点，接着他又说"事变亦只在人情里"，那么其实也就等于说"除了人情则无事矣”。反驳者会说，像大自然中的“海啸、地震、台风”这些东西，不也是事物吗？它们又和“人情”有什么关系？回答这个问题，还要从阳明的“以人心为中心”这个一脉相承的立脚点来论述。

自然界的天灾，在人提到它的时候，人心已经参与到其中。直接经历“海啸、地震、台风”的当事者，他们所感受到的“惊恐、悲伤、疼痛”是不外乎他们一心之情的，而那些通过现代传媒技术从异地他乡感受到“海啸、地震、台风”的人，他们心中或有戒惧，或有对遇灾人们的怜悯，或者哪怕是无关痛痒的麻木不仁，依然是以一种心体的感受形态浮现于人心。

那么同理，世界其他事物都可以用相同的思路解释为不外乎“人情”，阳明化繁为简，将人在世界上所接触到的一切事物归结为“人情”这一个东西，最终目的依然要落在他的“致良知”这一中心点上。

作为万事万物映射于人心的人之情，是无所谓善恶的，但一旦人情浮现于心体，心体不免会有偏失，在“人情”上做功夫，依然是将“觉到此心不正时”的心给扭正，所以阳明说“其要只在致中和”，“致中和”就是将任何的“偏执、尖锐、游移”的心体扶正为“中理、圆通、适宜”的状态。但接着就是一句“致中和”只在“谨独”，这个“谨独”，和“慎独”其实是同一个东西，条条大路通罗马，说千道万，还是归结到这个集万千宠爱于一身的“谨独”上。“谨独”到底是个什么东西呢？我们后面再谈。

阳明教你修心法

原文

一日，论为学工夫。先生曰："教人为学，不可执一偏。初学时心猿意马，拴缚不定，其所思虑，多是人欲一边。故且教之静坐，息思虑。久之，俟其心意稍定。只悬空静守，如槁木死灰，亦无用。须教他省察克治，省察克治之功则无时而可间，如去盗贼，须有个扫除廓清之意。无事时，将好色、好货、好名等私欲逐一追究搜寻出来，定要拔去病根，永不复起，方始为快。常如猫之捕鼠，一眼看着，一耳听着。才有一念萌动，即与克去。斩钉截铁，不可姑容与他方便。不可窝藏，不可放他出路，方是真实用功。方能扫除廓清，到得无私可克，自有端拱时在。虽曰'何思何虑[①]'，非初学时事。初学必须思省察克治，即是思诚，只思一个天理，到得天理纯全，便是'何思何虑'矣。"(《传习录（上卷）·陆澄录》)

注释

①何思何虑：出自《易经·系辞下》，原文"天下何思何虑？天下同归而殊途，一致而百虑。"

译文

一天，师生在一起探讨做学问的功夫。阳明先生说："教人治学，不可偏执一端。初学时心猿意马，心神不宁，所考虑的大多是私欲方面的事。因此，应该教他静坐，平息思绪。时间一长，等他们心意稍微平定下去。但若一味悬空守静，槁木死灰一般，也没有用。此时必须教他做省察克治的功夫。省察克治的功夫就没有间断的时候，好比铲除盗贼，要有一个扫除廓清的决心。无事时，将好色、贪财、好名等私欲统统搜寻出来，一定要将病根拔去，使它永不复发，方算痛快，好比猫逮鼠，眼睛盯着，耳朵听着，稍有一念萌动，马上克治下去，斩钉截铁，不能姑息包容，不能窝藏，不能放它一条生路，这才是真实地用功。如此才能扫尽心中的私欲，到了心中无私可克的地步，自然能做到端身拱手的风度。尽管有'何思何虑'的说法，但并不是初学阶段的事。初学阶段必须专注于省察克治的功夫，亦即思诚，只想一个天理，等到天理（在心中）完全纯正时，也就是'何思何虑'了。"

解　析

《传习录》大多是在讲道理，而这一节是方法论。阳明在这里给我们指出了修心的次序和方法。

平常人的心，是很难拴缚住的，对心的形容，有这样一句话，"心如平原走马，易放难收。"平原走马，对于现在成长于城市中的人来说，可能没有具体概念，但是我小时候在豫东平原的农村生活，是亲历过平原走马的。

当时的农村，几乎家家户户都会养牲口，少的一头，多的两三头，当时的牲口，是主要的生产工具，也是家庭财产的重要组成部分。这些牲口在大多时候是老实本分并能踏实干活的，但是终日被人类拘缚着过着从田间到槽头两点一线的单调生活，它们也有感到枯燥的时候，在每头牲口的心底，都埋藏着一个在自由世界"潇洒跑一回"的"人生追求"。一旦获得主人疏忽的机会，它们就会挣脱缰绳，以无比奔放的姿态冲向田野。而此时，对于牲口的主人来说，那就意味着麻烦来了，要知道，在平旷的平原地带擒获一头脱缰的牲口，是一件费老力的事情，这种时候，往往全家的男劳力都要上阵擒拿，有时本家人不够，还要叫上左邻右舍来帮忙，往往要绕着村子的沟林田坎折返无数个来回，大多数时候还必须借助绊马绳这种辅助工具，并且要等脱缰的牲口将长久以来压抑的激情消磨掉后，才能最终将它拿住。

这就是平原走马的情形，我们的心，很多时候就是那个在平原撒欢的马，静下心来回忆一下在这一天中，我们心中曾经萌发过多少个念头，这无数的念头中，又有多少是那些游离了“理”的妄念。所以阳明说初始时，我们“心猿意马，拴缚不定，其所思虑，多是人欲一边”。那么心学的入门功夫，就是“静坐，息思虑。”关于这个“静”字，我发现，无论是道家，还是佛家，或者我们现在正在讲的儒家，都是无比推崇，从这里我们也可以看到万道同源的道理。“静坐息心”虽然是入门的功夫，却是非常非常非常重要的东西。这里为了强调，我用了三个“非常”，如果你还是不重视，可别怪我没有强调。

但是，说“静坐”，你也不要傻傻的认为非要端坐到那里，其实你舒舒服服地躺到席梦思上也未尝不可，关键在一个“静”字，在静中排除掉思虑中的杂念。求静的原理，和阳明前面讲的“人心如镜，物来能照”的情形很像。我们在阳春三月来到公园湖边，会发现只有在风平浪静，湖面平整如镜的情况下，才能看到湖面映照出的碧空蓝天以及湖边的垂柳，但是，哪怕我们将一颗细小的石子投进湖中，湖水一旦产生涟漪，那湖中的影像就会扭曲。我们的心和湖水是一样的，而求静，正是求此心平如镜湖水，求物来能照的功用。

阳明接着用了“久之”两个字，此“久之”虽有且仅有两个字，却深刻地表达了阳明对“静坐息虑”功夫的深深的重视与刻骨的情感，可谓言简意赅，一字千金，实是重要！

等我们可以做到心的宁静后，虽然已经在心学的征程中迈出了重要一步，但是这还不够，后面的路更为艰辛，“只悬空静守，如槁木死灰，亦无用。”是的，坐在那里守着一个“空”，田也不种，工也不做，书也不读，确实没有什么用，所以第二阶段的功夫就是“省察克治”。

这个功夫就是“无时而可间”，意思就是一刻也丢不掉，吃饭、睡觉、上厕所都得记着省察克治，无论大庭广众还是暗室漏屋也总得省察克治，总之一天一夜 24 小时，时时刻刻都得抓住“省察克治”这个功夫。累不累啊？累！开始肯定累，但是看看“累”字是怎么写的，“系”字头上一个“田”字，头上有田，方为累也，你是有所追求，有所担当的，所以必定会累，在这里，你的“田”就是你对心的“时时中理”的完美追求，看通了这一层，相信你会“累并快乐着”。

对省察克治功夫的描述，阳明说“无事时，将好色好货好名等私欲逐一追究搜寻出来，定要拔去病根，永不复起，方始为快。常如猫之捕鼠，一眼看着，一耳听着。才有一念萌动，即与克去。斩钉截铁，不可姑容与他方便。不可窝藏，不可放他出路，方是真实用功。方能扫除廓清，到得无私可克，自有端拱时在。”这些话相当明晓畅达，也是非常精彩，无须我多言。

但是我认为这里有一点阳明没有说得太详细，需要补充一下。从阳明的以上论述中，我们看到，心学功夫就是“静坐息心”和“省察克治”这两段，“静坐”求的是本体的“知”要明，“省察克治”求的是把本然的“知”变为个人主体意识把握的“知”。看起来非常简单，但是我们不要小看这两种功夫，在兵法中，用兵不过就是一“正”一“奇”，但是正奇之变化，可以至于无穷，自然界无非是一阴一阳，但是阴阳之变化，可以化育万物。所以心学这两种功夫，非要概括为两个字，那就是一“动”一“静”，但是这动静之间，用起功夫来也是可以做到无时而间而至于无穷。

阳明为了清晰地表达，将功夫分为两截来谈，但是，这两截功夫的次序，并不是一成不变的，这里我引用《菜根谭》中的一句话来说明：忙处事为，常向闲中先检点，过举自稀；动时念想，预从静里密操持，非心自息。意思是在忙中做的事情，要先在闲的时候多多预先思虑安排到。这样，犯的过错自然就少了，在动中的思想念头，要先在静中精细地设想到，这样，在忙动的时候，那些偏移了“理”的“非心”自然就平息了。

所以，“静坐”与“省察克治”的功夫是可以交替使用的，当你感到遭际过于忙乱时，就要让自己静一下；但是假如你发现自己太执着于“空”的时候，又要走出去，让自己动起来，这也是因病而药的运用原理。另外还有一点，“静坐”的功夫严格来讲也可以认为是包含在“省察克治”这个功夫中的，因为“静坐”时，息那些杂心时，其实是用到了“克治”这层功夫。

集得义来鬼见愁

原文

澄问："有人夜怕鬼者，奈何？"

先生曰："只是平日不能'集义[①]'，而必有所慊，故怕。若素行合于神明，何怕之有？"

子莘[②]曰："正直之鬼不须怕，恐邪鬼不管人善恶，故未免怕。"

先生曰："岂有邪鬼能迷正人乎？只此一怕，即是心邪，故有迷之者。非鬼迷也，心自迷耳。如人好色，即是色鬼迷；好货，即是货鬼迷；怒所不当怒，是怒鬼迷；惧所不当惧，是惧鬼迷也。"（《传习录（上卷）·陆澄录》）

注释

①集义：出自《孟子·公孙丑上》，朱熹的《孟子集注》这样注解："集义，犹言积善。盖欲事事皆合于义也。"

②子莘：马明衡，字子莘，福建莆田人，官至御史。嘉靖三年（1524年）以上谏得罪下狱削籍归。

译文

陆澄问："有人夜里怕鬼，怎么办？"

阳明先生说："只是因为平日里不能'集义'，而心有所亏欠，所以才怕。要是平日的行为合乎神明，又有什么害怕的？"

子莘说："正直的鬼不必怕，怕那些邪恶的鬼不管人的善恶（上来就害我），所以不免要害怕。"

阳明先生说："哪里有邪恶之鬼能迷正直之人的？只这一怕，就是心邪了，所以有在这上面犯迷的，不是鬼迷了他，是他的心自己迷了。比如有人好色，就是色鬼迷了；贪财，就是财鬼迷了；为不应当发怒的事情发怒，就是怒鬼迷了；惧怕不该惧怕的东西，就是被惧鬼迷了。"

解　析

这节出现了一个重要名词——集义。"义"者，"宜"也，合适，适宜称为义，朱熹说："集义，犹言积善，盖欲事事皆合於义也。""集义"就是事事都合适，适宜。朱熹说是"积善"的意思，其实也对，但是考虑到古今文字在字义上的差异，我还想说明一点，这里的"积善"不能理解为我们现在说的善男信女们"积德行善"中那个"积善"的意思，现在说的"积善"，有一种纯粹道德上的倾向，还是回归到"义者宜也"这个最初的定义上来理解"积善"，才最切合这里要表达的意思，"积善"其实也就是"做合适的事情"。

陆澄在这里问了一个在今天看来比较搞笑的问题，"有人（估计就是陆澄自己）夜里怕鬼啊！老师，你看咋办？"

阳明回答："只是平日不能'集义'，而必有所慊，故怕。若素行合于神明，何怕之有？"

不能"集义"导致了"必有所慊"，这个前后关系还是要理一理，"慊"是不满足、不满意的意思，那"必有所慊"就是必然有所不足，有所亏欠的意思。不能"集义"，就是平日坐止语默、言行举动，还是有不到位的地方，也许在大部分事情上所行是适宜的，但是哪怕有一件事情违背了"天理"，就不能称为"集义"了，"义"既然是"集"的，就要时时刻刻，事事物物都要处之得宜，滴水不漏才行。

还是拿《菜根谭》中的一句放在这里，可作为阳明要表达意思的最好注脚——"一念错，便觉百行皆非，防之当如渡海浮囊，勿容一针之罅漏；万善全，始得一生无愧。修之当如凌云宝树，须假众木以撑持。"

感觉《菜根谭》这句话比阳明讲的更形象，"渡海浮囊"也就是古人说的游泳圈，当然这里也是比喻。我们知道，如果在海中游泳，你说这个游泳圈 99.99% 的地方都是完好的，就是有一个针眼大的洞，不碍事，拿去用吧，那就完蛋了，只要你在海上游的时间足够长，这个针眼大小的洞足以把游泳圈中的气体泄完，在海上撑不了多久就会沉到海底去。

阳明的论述逻辑就是这样的，不能“集义”导致“必有所慊”，心中有了亏欠，导致怕鬼，这种情形就像我们借了张三200元钱，一时手头紧还不上，总怕出门遇到张三，即便人家不催债也心中发虚。阳明的意思就是努力打工不要偷懒，赚上200元钱还给张三，这样你出门就算碰到他也可以抬头挺胸了。就是这么个意思。

在场的另一个弟子子莘问了：“正直之鬼不须怕，恐邪鬼不管人善恶，故未免怕？”

阳明回答说：“岂有邪鬼能迷正人乎？只此一怕，即是心邪，故有迷之者。非鬼迷也，心自迷耳。如人好色，即是色鬼迷；好货，即是货鬼迷；怒所不当怒，是怒鬼迷；惧所不当惧，是惧鬼迷也。”

阳明阐释得已经非常明白了，人凡是有所愤懥、好乐、忧思、恐惧等情绪，均不可留于心中，必须中空无物，才能处处应事得宜。

七情中和为至情

原文

澄在鸿胪寺[①]仓居，忽家信至，言儿病危，澄心甚忧闷，不能堪。

先生曰："此时正宜用功，若此时放过，闲时讲学何用？人正要在此等时磨练。父之爱子，自是至情，然天理亦自有个中和处，过即是私意。人于此处多认做天理当优，则一向忧苦，不知已是'有所忧患不得其正[②]'。大抵七情所感，多只是过，少不及者。才过，便非心之本体，必须调停适中始得。就如父母之丧，人子岂不欲一哭便死，方快于心？然却曰'毁不灭性[③]'。非圣人强制之也，天理本体自有分限，不可过也。人但要识得心体，自然增减分毫不得。"（《传习录（上卷）·陆澄录》）

注释

①鸿胪寺：明政府机构之一，掌管朝贺庆吊之事。

②"有所"句：语出《大学》。

③毁不灭性：语出《孝经》。

译文

陆澄在鸿胪寺暂住，忽收家信一封，说儿子病危，他心里十分忧愁，情不能堪。

阳明先生说："这时正好用功，如果这个时刻放过，闲时讲学又有什么用处？人就是要在这时候磨炼此心。父亲爱儿子，本来是人间最真切的感情，但天理也有个中和处，过分了就是私心。人们在这个地方往往认为按天理应该烦愁，就去一味忧苦而不能自拔，不知道这已经是'有所忧患不得其正’了。一般说来，七情的表露，过分的多，不及的少。稍有过分，就不是心的本体，必须调停适中才行。比如父母双亲去世，做儿女的哪有不想一下子哭死心里才痛快呢？但《孝经》中说‘毁不灭性’。并非圣人强行要求世人抑制情感，而是因为天理本身自有限度，不能过分。人只要认识了心体，自然分毫都不能增减。”

解　析

《传习录》中又一个经典的情景教学案例。原文晓畅易懂，在今天读来仍没有理解上的障碍。有两层意思要掰扯掰扯，其一，“事上磨”的思想，也是这一节要表达的中心意思。在前面，阳明已经提到过“事上磨”的重要性。之前的内容，阳明说过“人须在事上磨，方立得住”的话，只是当时阳明是从纯理论的角度说的，而在这里，利用陆澄忧心儿子生病这个时机，因事讲学，说明此时正是体现你平时所学东西价值的时机，此时不用，平时讲学何用？所以说，心学的普适性，使得人在坐卧止息的所有时刻都可以观照此心，而尤以在有“事”时，更是检验心学功夫是否纯熟的试金石。普通人往往放过这个时刻，认为我现在方寸已乱，等我平静时再来学心学吧。如果这样认为，那你其实已经错过了心学最好的实践课程，因为心学的对象就是你那个已经乱了的方寸之心啊。

其二，至情过了即是私意，在一本古代小说《好逑传》中，看到过这样一句话：学莫尊乎圣贤，而圣贤不外乎至性。这里说的“至性”和“至情”其实是同一个意思。“至性”是什么？这里的“至”字，不能理解为极致的意思，应该理解为“到，恰好，中”的意思，人们往往很喜欢那些“性情中人”，这些人感情淳朴天成，哭时就放声痛哭，笑时就仰天大笑，对朋友义薄云天，对不平之事嫉恶如仇。我相信，如果将这其中的感情都做到恰到好处的“至”的境界，那离圣人也就不远了。但是，像阳明所说的那样，人“大抵七情所感，多只是过，少不及者”，一般人很难在此处将“度”把握得恰恰好。

无论是儒家、道家还是佛家，在个人的修养方面，都有“清心寡欲”的倾向，之所以如此，还是根源于“大抵七情所感，多只是过，少不及者”这个论断之上。在一些娱乐场所，常常会看到“禁止黄赌毒”的宣传标语，“黄赌毒”这三样东西，本质上代表的是人对自己无节制欲望的放纵，这三样是比较容易辨识的“恶”的东西。但是像父亲对儿子的爱，子女对父母的爱，这些属于“善”的东西呢？没错，即便是“善”的方面，也有一个“止”的境地，父母对儿女的爱，如没有“止”，会流入溺爱。子女对父母的爱，缺少原则，会流入“愚孝”。

在我国古代的《二十四孝图》上，有一个“埋儿奉母”的故事，大意是晋代一个叫郭巨的人，家境贫困，妻子生下一个男孩，郭巨担心养这个孩子影响奉养母亲，就和妻子商量：“儿子可以再生，母亲死了不能复活，不如埋掉儿子，节省粮食好供养母亲。”夫妻遂把儿子抱出，挖坑要埋。幸好挖出一坛金子来，才免了儿子一死。

这个故事，即便在我们所认为的“封建礼教吃人”的“万恶”的古代社会，对其表示反对的也是大有人在，即便拿出《孝经》中的主旨，也是和这个故事所表达的思想相矛盾的，“父母生之，续莫大焉，君亲临之，厚莫重焉，故不爱其亲，谓之悖德。”其埋儿养母，首先违背了老母的爱孙之心，其次陷老母于不仁，若知道孙子是因为自己而死，老母岂能再独活于世？老母因此弃世，到了那时，你郭巨到底是孝，还是大不孝呢？

其实这个“埋儿奉母”的故事，十有八九是作者杜撰出来的，这种故事本来不值得一驳，特别是这个故事的结尾，充满了浪漫主义的喜剧色彩，挖出了一坛金子。作者的思路应该是这样的：郭巨夫妻的孝心感动了上天，玉皇大帝送给了他一坛金子。儿子不用死了，老母也可以奉养了，竟然是一个“从此，他们过着幸福生活”的童话般结局。作者的这种构思实在不敢恭维，但是我们还是拿这个故事来讲道理，来说明所谓的“止于至善”指的是“恰恰中理”这个意思。否则，打着“善”的旗号，哪怕往前多走了一步，即使是一小步，也将滑向“恶”。

操舍皆在我心田

原文

澄问“操存舍亡[①]”章。

曰：“‘出入无时，莫知其乡’，此虽就常人心说，学者亦须是知得心之本体亦元是如此，则操存功夫始没病痛。不可便谓出为亡，入为存。若论本体，元是无出无入的。若论出入，则其思虑运用是出，然主宰常昭昭在此，何出之有？既无所出，何入之有？程子所谓‘腔子[②]’，亦只是天理而已。虽终日应酬而不出天理，即是在腔子里。若出天理，斯谓之放，斯谓之亡。”

又曰：“出入亦只是动静，动静无端，岂有乡[③]邪？”（《传习录（上卷）·陆澄录》）

注释

①操存舍亡：语出《孟子·告子上》：“孔子曰：‘操则存，舍则亡，出入无时，莫知其乡，惟心之谓舆?”

②腔子：出自《二程遗书》卷七。原文是“心要在腔子里”。

③乡：通“向”，方向意。

译文

陆澄就《孟子·告子上》的“操存舍亡”章请教阳明先生。

阳明先生说：“‘出入无时，莫知其乡。’这句虽然是就平常人的心体来说的，但是求学的人也须要知道心的本体原本就是这样，如此，操存的功夫才没有毛病。不能说‘出’就是亡，‘入’就是存，如果从本体而论，原本是无所谓出入的。要是非要说起来出入，那么运用思虑就是出，但是心体的主宰常昭昭在此，又出个什么啊？既然没有出，又怎么会有入？程颐所说的‘腔子’，也就是天理罢了。就算是终日应酬忙碌但是不出天理的范围，就是在腔子里了。要是超出了天理，就称之为‘放’，这就是‘亡’了。”

阳明又说：“出入也就是动静，动静无常规，又怎能有方向呢？”

解 析

这一节是非常难懂的。这里谈的“出”和“入”，即便译为现代文，读后明白的还是明白，不明白的还是不明白。因为这些文字后面的东西没有被挖掘出来，放在当代人所能理解的语境下。对于古代典籍，我们不能仅仅止步于翻译成通顺的现代文，其中的含意才是我们真正想要的东西。下面我对这节的解读，是参照了同道们不同的注解后，而审慎选择的一种，不敢说绝对正确，仅供大家参考，如有更佳见解，欢迎指正。

“操存舍亡”章，出自《孟子·告子上》，原文较长，这里不再引用，直接说其要表达的意思。原文中，孟子用山上的树木如果经常被砍伐就不能茂盛作比喻，来说明人的良知如果放任其失去，就像是用斧头天天去砍伐树木一样，无法保持旺盛。得出的结论就是如果用心维护，良知就像树木一样可以成长壮大。同样的，经常砍伐（放任良知失去），良知就消亡了。然后就是孔子说的：“操则存，舍则亡；出入无时，莫知其乡。惟心之谓与？”意思是：“（人的心体）把握住就存在，放弃就失去；进出（心体无时无刻在把握和放弃中得失之易，摇摆不定就像人在一个屋子里进进出出一样）没有一定的时候，也不知道它去向何方。这就是指人心而言的吧？”概括来说，孟子认为，人本心都具有良知（这个“良知”指下文所说的“阳明良知”），但是常人往往自暴自弃，致使良知（这个“良知”指下文所说的“孟子良知”）失去。

阳明在这里首先肯定了孟子的观点，认为人的心体加以把握或者放弃都是可以操之在我，这种可操可舍的能力是“天之与我”的功能，同样的观点在清人彭端淑的《为学》一文中有类似的表述，“人之为学有难易乎，学之，则难者亦易矣，不学，则易者亦难矣！”

孟子的观点也可以这样说：人的良知如果致力去存养，则生长壮大；放弃培养，则自动消亡。但是阳明在孟子的观点上更进了一步：心体的主宰常常昭昭在此，无所谓出入的。阳明这里说的心体的主宰，和孟子所表述的良知是有区别的。孟子所表达的良知，更像是我们现在所说的“良心”、“正气”，是可以通过主观的努力加以培养和维护的，所以有所谓“存”与“亡”。

而阳明所说的那个具有不死之身性质的“心体的主宰”，更像是人的自我觉察之心，如果将孟子的良知比喻为具有执行权的机构，那么阳明这里的“心体的主宰”则是具有监察权的机构，无论心体在做什么，这个具有监察权的“心体的主宰”都是可以觉察到是否符合天理的。但是具有监察权的这个“心体的主宰”，权力也仅仅止于监察，他可以对“对与错”做出判断，但是，“纠正错，回归对”还是要依靠孟子的那个具有执行权的良知。

具有监察权的“心体的主宰”我们姑且叫他“阳明良知”吧，孟子所说的那个“操则存，舍则亡”的东西我们姑且叫他“孟子良知”吧。虽然“阳明良知”看似没有“孟子良知”有力量，但是“阳明良知”确实是高于“孟子良知”的，为何？

“孟子良知”有存有亡，存时当然不必再说，但是，亡的时候，只有在“阳明良知”具有监察能力的觉知前提下，才有可能回归到“孟子良知”，此时唯一的好消息是“阳明良知”是全年无休的（昭昭常在），而不像“孟子良知”那样会消极怠工。但是那个回归到“孟子良知”的所谓的自我能动性，是一个说无可说的原始概念，但是，它又是一个最最核心的概念，这个能动性就是孟子说的那个“操”的力量，而所谓的“舍”就是指你放弃了“操”的力量。这里举一个例子说明，现在请你举起你的右手，相信你可以很容易做到，那么这个能做到举起右手的指令之所以能发布并实现，就是那个千金难买的现在被我们称之为“主观能动性”的“能”字，也就是彭端淑文章中所说的那个“为之”所能发起的中枢指令区。

后面阳明说的程颐的“腔子”即是天理，他说的这个腔子其实还是“孟子良知”。人在腔子里，是存有良知（孟子良知），人离开了腔子，是失去了良知（孟子良知），但是，判断其是否在腔子里的东西又是“阳明良知”。那么在阳明先生的学说概念中，有没有可以和“孟子良知”搭上关系的叫法呢？有，那就是“致良知”。在阳明的学说体系内，仅仅说良知，可以认为是“阳明良知”，人人具有。当说到“致良知”时，就是将“阳明良知”所监察到的东西按照顺应天理的途径去实现之，“致良知”就可以和“孟子良知”画上等号了。

大中至正一贯穿

原文

王嘉秀[①]问："佛以出离生死诱人入道，仙以长生久视诱人入道，其心亦不是要人做不好，穷其极至，亦是见得圣人一截[②]。然非入道正路。如今仕者，有由科，有由贡，有由传奉[③]，一般做到大官，毕竟非入仕正路，君子不由也。仙、佛到极处，与儒者略同。后世儒者，又只得圣人下一截，分裂失真，流而为记诵、词章、功利、训诂，亦卒不免为异端。是四家者，终身劳苦，于身心无分毫益。视彼仙、佛之徒，清心寡欲，超然于世累之外者，反若有所不及矣。今学者不必先排仙、佛，且当笃志为圣人之学。圣人之学明，则仙、佛自泯。不然，则此之所学，恐彼或有不屑。而反欲其俯就，不亦难乎？鄙见如此。先生以为何如?"

先生曰："所论大略亦是。但谓上一截、下一截，亦是人见偏了如此。若论圣人大中至正之道，彻上彻下，只是一贯，更有甚上一截、下一截？'一阴一阳之谓道'，但'仁者见之便谓之仁，知者见之便谓之智，百姓又日用而不知，故君子之道鲜矣。'[④]仁、智岂可不谓之道，但见得偏了，便有弊病。"(《传习录（上卷）·陆澄录》)

注释

①王嘉秀：字实夫，好谈仙佛，余不详。

②一截：《论语·宪问》中有"下学而上达"语。下文"上一截"指"上达"，"下一截"指"下学"。

③科：由分科考试以入官；贡，由乡党推荐为官；传奉，由内官之安排做官。

④“仁者”句：语出《易·系辞上》。

译文

王嘉秀说：“佛门用超离生死来诱导人入道，道家用长生不老诱导人入道。其本心也不是把人往坏处带，归根结底，也是体现出了圣人（之道）的上一截，然而却不是入圣道的正路。当今做官的，（一般是）通过科举，（但是）也有的通过乡党推荐，也有的通过内官安排，同样能做到大官，（后两种途径）毕竟不是做官的正路，君子是不愿意这样做的。道家和佛家到了极处，和儒家大体上是相同的，但他们有了（儒家圣人之道的）上一截，遗失了下一截，终归不像圣人之道那样完整；然而那上一截相同的，也不能污蔑人家主张的不对。后世的儒生，又只是得到了圣人（之道）的下一截，分割了圣道的整体，失去了圣道的真义，流于记诵、词章、功利、训诂，也最终不免落于异端的下场。有上述四种（流弊）的人终身劳苦，对于身心并没有分毫益处。反观那些道家、佛家中人，清心寡欲，超然于世累之外者，反而有所不及。今天学习（儒道）的人不必先排斥道家和佛家，且先坚定学习圣人之学的志向。圣人之学学通透了，则道家和佛家（那些不合理的意义）自然不攻自破了。不然，那些书呆子们所学的，恐怕还被道家和佛家中人所鄙视，这样反而想让佛家道家中人在儒家面前服气，不是太难了吗？鄙见如此，先生以为如何？”

阳明先生说：“你所说的大体上也对。但是说成‘上一截’和‘下一截’，也是人们看偏了才这样说。如果说起圣人的大中至正之道，彻头彻尾，只是一而贯之，哪里有‘上一截’和‘下一截’的分别？正如《易·系辞》上所说的‘一阴一阳之谓道’，但是仁者见仁，智者见智，普通人日常在用却不了解，故此（能通晓）君子之道的人很少啊。‘仁’和‘智’难道不是道吗？但是看偏了，就有毛病了。”

解　析

王嘉秀是阳明的弟子，虽然跟着阳明学习心学，却也是佛家和道家的热心票友，好谈佛道。他在这里其实是发表了一篇拿佛、道和儒家进行 PK 的议论。

如果不看阳明后面的点评，只看王嘉秀的这篇议论，确实也是无懈可击，文理斐然。但是喜欢鸡蛋里挑骨头的阳明还是挑出了骨头。

阳明首先肯定了这番议论“大略也是”，定好基调之后，随即指出这番议论的毛病还是不能将‘道’一以贯之来讲。通过学习《传习录》前面的相关内容，对阳明的这种观点我们其实是比较熟悉的了，凡是有人把道理掰碎了摊开了放到他面前，阳明先生必定马上捋起袖子，洒上面粉，浇上水，施展“太极和面功”，立马将其揉成一个整体，并且会边揉边说：“要注意团结啊，注意整体啊，不要搞分裂!”给人的感觉阳明像是一个“整体偏执症”患者。

嘉秀的议论，所用的方法其实就是我们现在常常用到的分析法，将事物的方方面面细细分割，然后再逐一比较，这种方法在现代的科技领域用得最多，是当代非常受欢迎的一种思维方法。“整体偏执症”患者阳明当然用的就是千年一调的综合法了，现在我们来尝试着打开阳明先生的心扉，看看他为何如此偏执于“一以贯之”的整体论。其实“一以贯之”是孔子原创的，阳明在这里依然是借用了孔子的说法。凡人的平凡之处是各不相同的，但是圣人的圣明之处是相似的，阳明和孔子不约而同赞成“道”要“一以贯之”，为什么？

仅就王嘉秀的议论来说，阳明认为，无论是佛家和道家的出世而自修，还是儒家的积极用世，这个“理”是唯一的，自修之中含着用世，用世之中含着自修，是不能分割的。为何说自修之中含着用世？自修之道，看起来是遗弃其他不管，只管自己，但是在儒家看来，“民胞物与一也”，意思是人与天地万物的来源是同一的，我们大多只看到了这句中强调的是其他万物和我自身同为一源，却忽视了这句的意思其实也涵盖了“人本身也是世界万物的一部分而已”这层意思。

在佛家和道家那里，他们好像是遗弃了世界，只局限在自我观照的一个狭小圈子里，但是既然你自己也是世界的一部分，那么在儒家看来，佛家和道家在“只观照自己”的同时，其实也是在观照着这个世界的一部分。那么，在儒家这儿的体系里，观照自己的个人修养也好，观照家国天下的兴亡也好，他们观照的都是同一个东西——物。从这个意义上，“道”必然是“一以贯之的”。同样的，“用世之中也含着自修”这句不用讲，相信大家参照前面讲的“事上磨”，也就可以明白了。

修佛与修道之人，人生志趣看似与儒家迥异，但是从细处看，佛家中人和道家中人不是也要吃饭、穿衣、住宿吗？从衣食住行这些最切近人身的方面考察，佛道中人与芸芸众生并无二致。人是动物的一种，修佛修道者也不能外此，动物的特点又在于其必须和本身之外的世界产生联系才能存活，就人而言，除去衣食住行不谈，你每时每刻必定要呼吸吧，在这一呼一吸之间，你已经在和周围的世界产生联系了，所以，修佛修道者从微观角度观察，并不能完全“遗世”。

下面再说人与天地万物的关系，一般而言，世人所最爱惜的东西，没有过于自己的身体的，那我们就从人的身体说起。人的身体受到伤害性刺激，必然会产生逃避和抵抗，比如手被开水烫，目被烟火熏等，人的第一反应必然是逃避和躲闪，人的肌肤是人的第一道躯体。那么，人的家室财产以及亲人朋友，就是人的第二道躯体，小偷窃取你的财物，别人强拆你的房子，亲人受到伤害，肯定会遇到你的激烈抵抗，为何？家室财产和亲人朋友是维护主体生命存续和发展的第二道躯体，其重要性在个体看来，几乎和第一道躯体——个人的身体——是同等重要的。

最后范围最大的是第三道躯体，包括社会环境和自然环境，仅举一例，最近媒体在谈到大气环境问题时，反复提到一个大气质量标准 PM2.5 的名词。空气是每个人都要呼吸的，行走在同一条大街上，无论你是比尔·盖茨还是“屌利哥”，你们呼吸到的是同一种空气。空气就是人的躯体的延伸。马克思说过，“自然界是人的非有机的躯体”，从这里就能得到最好的佐证。因为空气质量差了，直接影响到人的身体健康，破坏大气质量的本质也就是破坏了人躯体的健康。

那么同理，世间其他万物的变化，也必然直接或间接地影响到每一个个体。这种联动效应被西方学者称为“蝴蝶效应”。其实也就是中国古人常挂在嘴边的“天人合一”。人自身和天地万物在本源上是一体的，这就是中国古人的世界观。了解了这一点，我们也就洞悉了阳明总要说“一而贯之”的原因了，他是在反复叮嘱我们，看大象要看到全体，不要总在那里拽着大象的尾巴就狂呼着我看到大象了。

因时制宜

原文

问孟子言“执中无权犹执一[①]”。

先生曰：“中只是天理，只是易，随时变易，如何执得？须是因时制宜，难预先定一个规矩在。如后世儒者要将道理一一说得无罅漏，立定个格式，此正是执一。”（《传习录（上卷）·陆澄录》）

注释

①“执中”句：语出《孟子·尽心上》，中，中道，不偏不倚，即中庸之道。权，变通。执一，偏执一端。

译文

陆澄就孟子说的“执中无权犹执一”这句话请教阳明先生。

阳明先生说：“‘中’就是天理，就是‘易’，随时变易，怎么能‘执’呢？必须因时制宜，很难预先定一个规矩。就像后代的一些儒生，一定要将道理一一说得没有漏洞，要立一个固定的格式，这正是所谓的‘执一’。”

解　析

这节的中心点在于阳明提出了“天理”的一大特点，那就是“随时变易”。学过唯物辩证法的我们看到这里是不是有点熟悉，唯物辩证法的总特征就是“联系和发展”，其中所谓的“发展”用中国古人习惯的表述就是“变易不居”。中国古人没有刻意提出“联系”这个说法，但是在表述

“随时变易”这个观点时，其中也涵盖了“联系”的意思。

为什么这样说呢？在唯物辩证法学说里，说“联系”是从不同事物在空间上的相互关系谈的，说“发展”是从同一事物在时间先后上的不同表现形式谈的。那么，阳明的心学是以人为中心的学说，也就是说是以人为中心点立论的，或者更确切地说，是以人心为立足点立论的，考察人和人心，会发现人心的一个特征是具有瞬时性和唯一性，意思是，在同一个时刻，也就是在当下这个时间点上，人心只能是在一个“物”上，人永远无法同时生活在两个不同的时刻。

尽管同一时刻共同存在的事物是有其联系性的，但是，即使是在处理大体看似同一时间的不同事物时，人也是以一种有先有后的顺序在处理。而人是永远活在当下的，没有人可以活在过去和未来，哪怕是过去的一秒和未来的一秒也不行。这样一来，所谓的“事物间的联系”投射到人心，依然可以认为是“变易”，对于人心的体验来说，从一个物转移到另一个物，不是变易又是什么呢？

既然天理是永远变易的，那就很自然地引出了下面的结论“须是因时制宜，难预先定一个规矩在”，阳明没有说是“因地制宜”或者是“因物制宜”，而只是说“因时制宜”，如我们上面所说，“地”和“物”的转换其实可以用“时易”来涵盖，只说“因时制宜”，已经涵盖了“因地制宜”和“因物制宜”。

“天理”是随时变动的，“规矩”当然也不可能预先立定，所以，“后世儒者要将道理一一说得无罅漏，立定个格式，此正是执一”，这里说的“后世儒者”是一个泛称，我们可以理解为是那些没有弄清楚儒学真义的半吊子学儒的人。

谈到这里，我觉得已经基本将这节的意思阐释明白了，可是我在另一本古书《太公兵法》中看过一段，和这节的旨趣异曲同工，如果放在这里谈，可以相映成趣，互相对照，也可以看到世间的基本道理其实是有限的。而不同时代不同国度的牛人往往会不谋而合地心往一处想，劲往一处使。《太公兵法》据说是姜太公姜子牙所写，但据“有关人士”考证，十有八九是一部后人假托的伪书。伪书归伪书，只要言之有物，我们还是可以一看的。

《太公兵法》原文：柔有所设，刚有所施，弱有所用，强有所加，兼此四者，而制其宜。端末未见，人莫能知，天地神明，与物推移。变动无常，因敌转化，不为事先，动而辄随。故能图治无疆，扶成天威，康正八极，密定九夷。如此谋者，为帝王师。

这段中开始说的“柔刚弱强”是作为主体的人在“时易”时所能采取的行动和态度，“而制其宜”四个字，是让人在审时度势的基础上，发挥主观能动性，具体问题具体分析，该柔就柔，该刚就刚，该弱就弱，该强就强，这不正是一个“无法预先立定一个规矩”的体现吗？

“端末未见，人莫能知，天地神明，与物推移”这几句，是描述外部世界形势的特征，事情的征兆没有显现之时，圣人也不知道后面该如何应对，天地之间的前途形势是上帝的秘密，不是人所能够预测到的。但是，时间的脚步会让开始晦涩不明的局面逐渐清晰，这就是“与物推移”的过程。

此段中最精彩的见解在于“变动无常，因敌转化，不为事先，动而辄随。”现实世界是一个动态变化的客观存在（从马克思哲学的角度），古人说的“一日二日万几”大约包含了这个意思。在很多情况下，在变动不居的世界上，人对事物的应对不可能是在信息完全掌握的情况下做出的，这样看来，每时每刻人所做出的决定和选择都不可能是完美的。因为在不完美的状况下企图做出完美的抉择，是不可能的，但是，从人心如明镜般扎实的心学修为出发，是可能的。

在不能全然揭开未来面纱的世界上安身立命，最可贵的品质就是在事物逐渐变化的过程中随时修正预先的计划，即文中所谓“动而辄随”，这四个字极为传神，但是要知道，这种“辄随”是建立在对已知情况最不掺杂主观偏见的情况下做出的，应对紧紧把握了现实世界的“端末未见，人莫能知”的特征。在天人应对的关系中充分发挥了人的主动适应性，可谓是一语道出了天人之学的精髓，也揭示了心学为何被如此众多粉丝所追捧的价值所在。

这种思维方法是把现实世界看作一个相互联系并不断发展变化的过程，并且主动承认了人这一主体在天地万物之间的柔弱与渺小。但是在承认这一前提的同时，也肯定了人的如水般的智慧应对价值（其实也就是你那颗晶莹剔透的心所发出的价值)。天地万物神妙莫测，瞬息之间事变万端，在这种境况下，人没有甘于随波逐流的被动命运，而是要紧握“因敌转化”这个科学、适宜的四字真言，在纷繁复杂的世界中去积极适应，主动应对，以完成参赞天地之化育的伟大功德！

守得云开见月明

原文

唐诩[①]问："立志是常存个善念，要为善去恶否？"

曰："善念存时，即是天理。此念即善，更思何善？此念非恶，更去何恶？此念如树之根芽，立志者，长立此善念而已。'从心所欲，不逾矩'，只是志到熟处。"

"精神道德言动，大率收敛为主，发散是不得已。天地人物皆然。"(《传习录（上卷）·陆澄录》)

注释

①唐诩：江西新淦人，生平不详。

译文

唐诩问："立志就是要时常心存善念，就是要为善去恶吗？"

阳明回答："心中存有善念时，就是天理，这个意念是善的话，还用得着（刻意）去思什么善呢？这个意念不是恶的，还用得着（刻意）去除什么恶呢？这个意念就像树木的根芽，立志的人只是常常持守这个善念而已。孔子的'从心所欲，不逾矩'的境界，只是立志到熟处而已。"

"精神、道德、言行举动，大多以收敛为主，（适当权变的）发散是（情势所在时的）不得已。天地间的人和万物都是这样的。"

解　析

这节的关键词是"立志"和"善念"。喜欢万法归一的阳明在这里列了这样一个等式：善念存 = 天理（存） = 立志，这个等式中，“存”和“立”可以认为是同一个意思，都是为了表明人的主观能动性的存在。那么按照数学中删除同类项的简化法，我们可以得到这样的等式：善念 = 天理 = 志，这个等式和简化前的等式在意思上是没有区别的，因为“善念、天理、志”这些东西都脱离不了人心，说到这些东西时，即使没有刻意提出要“存”，要“立”，但是我们也要知道，“存”和“立”这些人的能动性已经自然而然地蕴含在其中了。

再简单说一下中国古代的阴阳观，阴阳观认为世间万事万物都有相互对立且统一的两极，像太阳和月亮，男人和女人，白天和黑夜等，抽象一点的像大与小，强与弱，高与低，远与近等。总之，类似的事物和现象在自然界和人类社会中是不胜枚举的。提一个看似弱智的问题：王守仁先生为什么给自己讲学的地方取名叫作阳明洞，以致后人称他为阳明先生，如果他将自己讲学的地方叫作阴暗洞，那么我们今天记住的将是一个叫“王阴暗”的人。这是一个看似简单其实大有深意的问题，就像当年牛顿问苹果为什么往地上掉而不往天上掉一样，简单的问题背后大有文章在。

这里我不想卷入那个万年也纠缠不清的人性本善还是本恶这个人类文化上的终极辩论命题。事实上在我看来凡是在这个问题上纠缠不清的人也都是那些吃饱没事儿干的人，因为人性的善和恶就像天气有时会艳阳高照有时会急风暴雨一样，这两种形态都是天气的表现形式。所以抽象地谈人性善恶没有任何意义。

回到阳明的“人性本善”立论上来，在阳明看来，之所以认为人性本善，是因为从生命本身所固有的性质上来说，或者从阴阳观上说，凡是生的、活动的、阳光的都可以归为“阳”这一类。相反的，凡是死的、静止的、阴暗的，都归为“阴”这一类。人是动物之一种，为何叫“动物”而不叫“静物”呢？因为生命本身的特征就是生气勃勃，日新又新，生生不息。这才是一切天理、善念、立志等产生的根源，生命不要求积极向上，日新又新，和路边的碎石烂瓦又有何区别？所以，从生命本身的特征来说，求善求上进才是王道，其他任何对生命本质的诠释只能流于旁道支流。因此，王守仁先生讲学的地方就叫阳明洞，多阳光，多积极向上啊，又是多么能代表生命本身在天地之间那种勇往直前的追求姿态啊！

那么在阳明看来，人性中的恶又是怎么回事儿呢？阳明的回答看似很滑头，其实很天才，他认为人心被私欲遮蔽，良善之心被遮蔽了，才产生了恶。为什么说这个回答很天才，那是因为阳明是站在人性本善的立场上来谈的，而人性本善的立场，从前面所谈可以看出是最能体现生命本质特征的大中至正之道。

引用从前农村盖新房时喜欢立的一个牌位上的话“姜太公在此，诸神退位”来比喻。在中国古代神话世界中，所有的神都是姜子牙封的，他是所有神仙的总司令，玉皇大帝见了他，也要矮三分。那么也可以说，在人性的“善”面前，其他的都要矮其三分，就像有人死了，但是大家又忌讳说“死”字，会说“不在了”或者“过世了”，那么这里阳明说人的恶时，表述的方式就是“良善之心”被遮蔽了，这种说法的积极意义和“科学意义”在于，人在“恶”的状态下还能依稀看到“善”的影子，生命不管处于何种阴暗崎岖的境地，都能感受到云遮雾掩背后那一丝“良善之光”在向你招手，你的主观克制力可以在瞬间引导良知重现，而不是在阴霾之中越陷越深。我之所以说“科学意义”，是因为阳明的这种说法从学术的逻辑上来讲也完全成立，没有任何问题。

好了，我们回到原文，上面说了这么多，再来理解原文阳明的回答就没有什么障碍了，人心存有善念之时，才是最能体现生命本质特征之时，所以善念对于人心而言本该是常态，所以没有必要“刻意”存善念，所谓的“立志”并不是要人心去开疆拓土，去创建善念，而是持守此天理不失的“守成”之道，但是，“守成”就真的比“创建”容易吗？未必。创业难，守成不易，能时刻坚守善念不失，连孔子这样的圣人都要到晚年才敢说：“从心所欲，不逾矩”。

“精神道德言动，大率收敛为主，发散是不得已。天地人物皆然。”这句是说生命的本性是阳性的，是积极向上的，所以存此良善之心是阳明心学的核心命题。但是存良善之心所用的功夫却是“守”，这个“守”字看似缺乏进取心，略有消极之意，但是，最阳刚至正的东西，恰恰需要这个看似属于“阴”的范畴的“守”字来呵护。

所以，在修持此心时，收敛却是主要的持心之道，其表现形式很难用言语讲透彻，我说个大概吧：谦虚、谨慎、不抛弃不放弃、不好高骛远等都可以称为收敛。相对应的，发散就是指那些比较激进的、雄壮的、步子迈得大的等表现形式，就像电影《让子弹飞》中那句台词，“步子迈得大了，就会扯着蛋”，话粗理不粗，迈过大的步子就是发散。

阳明这里要表达的意思说白了就是，持守“善念”要不捐细流，勿以善小而不为，类似的表达意思在《道德经》中就是“为大于其细，图难于其易，天下大事，必作于细，天下难事，必作于易”，都是教人要不骄不躁，夹着尾巴修持的意思。

那“道”却在灯火阑珊处

原文

问道之精粗。

先生曰：“道无精粗，人之所见有精粗。如这一间房，人初进来，只见一个大规模如此。处久，便柱壁之类，一一看得明白。再久，如柱上有些文藻，细细都看得出来。然只是一间房。”（《传习录（上卷）·陆澄录》）

译文

有人问“道”的精粗问题。

阳明先生说：“‘道‘没有精粗（之分），人的见解有精粗。比如这一间房子，人刚进来，只看到一个大的模样是这样。住的久了，就会连柱子、墙壁之类，一一都看明白了。再住的久些，比如柱子上有些纹理，都能细细地看得出来。然而仍旧只是这一间房子而已。”

解　析

此节的关键词是“道”字，这个字正是心学思想和唯物主义产生交集而发生碰撞的一个例证。“道”字在这一节里的含义可以解释为事物的本质和规律，也和唯物论中对“物质”所下的定义类似，即强调“不依赖于意识的客观实在”。因为阳明说了“道无精粗，人之所见有精粗”，在这里很明确地把“道”和“人之所见”分为两个不同的范畴来谈，喜欢玩“综合法”的阳明终于给我们来了一个应用“分析法”的惊喜。

将“道”和“人之所见”分开谈，也就是承认了“道”独立于人的意识的客观实在性。撇开《传习录》其他节内容不谈，仅就这一节来说，阳明先生俨然是一个坚定的唯物主义论者。此刻的阳明仿佛被唯物主义思想给“招安”了。

阳明用房间作比喻，得出的结论是房子依然是那间房，不过人对房间的认识有一个粗浅之分。阳明整段话看似都是在说房子的“能被意识反映而又不依赖于意识而存在的客观实在性”，但是如果联系《传习录》中其他内容中体现出的阳明先生的一贯主张，仔细揣摩其用意，他强调的重点还是在于“人之所见有精粗”这种人的内心对外在世界的能动反映性上。这种情况犹如家长在批评自己那调皮捣蛋考试又没有及格的孩子，总喜欢说你看邻居阿猫阿狗怎么怎么听话，学习成绩怎么怎么好一样。听起来好像都是在表扬阿猫阿狗，其实心里压根不是在关心阿猫阿狗，重点还是在于把自己的孩子调教好。

这一节给我们的启示在于：阳明也懂得从唯物主义的角度来看待这个世界，但是他自己不欣赏这种看待世界的视角。阳明对类似唯物主义的概念只是投去一瞥而已，连一点深情的成分都没有，只是一种不得已而为之的一瞥。

当代中国主流的思想指导领域对戴着“唯心主义帽子”的阳明学说进行挤兑。我们再举那个著名的“岩中花树”的例子，这个例子曾经作为批判唯心主义的样板出现在政治教科书中。“岩中花树”的内容本来出现在《传习录》的后文，现在既然谈到，我们就摆出来分析一下，顺便为阳明先生平一下反。

原文是：先生游南镇，一友指岩中花树问曰：“天下无心外之物。如此花树，在深山中自开自落，于我心亦何相关?”先生曰：“你未看此花时，此花与汝心同归于寂。你来看此花时，则此花颜色一时明白起来。便知此花不在你的心外。”

其实，这一节那个友人的提问本身就有问题，他问的是“天下无心外之物”，那么我们通过联系前面的内容可以知道，在阳明的思想体系里，“物”的定义是“意之所在便是物”，如果按照这个定义，这个友人的提问就像是指着猴子问是不是猴子一样，得到的回答肯定是猴子。按照阳明的定义，“天下无心外之物”是绝对成立的，如果联系我们正在谈的这一节，我们可以假设着这样问阳明：“先生，天下有心外之‘道’吗?”相信我们得到的将是另一种回答。将“山中花树”纳入“物”的范畴，那肯定是“天下无心外之物”，如果将“花树”纳入“道”的范畴呢？按照我们正在谈的这一节的语气，我们可以模拟出这样一个回答：“花树无所谓精粗，人之所见有精粗，如这一株花树，人初看到，只见一个大规模如此，看得细了，便枝叶之类，一一看得明白。再细看，连花瓣上的细纹，一一都看得出来，然只是这一株花树。”

能明白不同的提问有不同的回答，才能完整地理解阳明的思想学说。阳明知道有一个“唯物论”的角度来看待山中的花树，但是他认为这种角度于人并没有任何意义，所以对其采取了一种“存而不论”的态度。但是他要在自己学说的范畴内来看待花树，说“心外无物”，我们也找不到充分的证据证明他说的是错的。

编写教科书的人，我质疑他们是否用心通读了《传习录》全文，而只是断章取义，抓住一点，不及其余，就乱给人扣帽子，太不公道了！阳明的思想是一个完整体系，那些站在唯物主义立场的编者们至少在这个例子上，犯了没有能用“全面的”、“联系的”方式看待阳明思想的错误，而“联系的”和“全面的”方式正是唯物辩证法的方法论。反讽的是，宣扬唯物辩证法的人用一种违反了唯物辩证法的方式“驳倒”了阳明的学说，这本身就是滑天下之大稽。

将唯物论和阳明心学做一个比较，很像西洋画和中国传统画的比较，一个求形似，一个求神似。求形似的讲求“客观、中立，不掺杂一点人的主观意识”。求神似的讲求“万物皆备于我”，认为世界万物舍弃人的参与将毫无意义。求形似的特征是“科学、严谨、却流于博而寡要、劳而少功”。求神似的特征是“贴骨贴肉，动关身心，一步一个坑，一掴一掌血，时时处处力量有处使，主意有处用，看似不严谨实则滴水不漏”，缺点是学说本身难以用语言文字明确描述，注重身心的实践，导致其传播困难。以上是我对这两种思想的比较，管窥之见，难免挂一漏万，但两种思想观点孰优孰劣，我并不妄下论断，需要大家用心玩味，自行取舍。

时时勤拂拭，勿使惹尘埃

原文

先生曰；“诸公近见时少疑问，何也？人不用功，莫不自以为已知为学，只循而行之是矣。殊不知私欲日生，如地上尘，一日不扫，便又有一层。着实用功，便见道无终穷，愈探愈深，必使精白无一毫不彻方可。”（《传习录（上卷）·陆澄录》）

译文

阳明先生说：“诸位近来相见时，很少提问，为什么呢？人如果不用功，没有不自以为已经知道如何治学了的，认为只要遵循所知道的做就行了。却不知道私欲天天都在生长，就像地上的灰尘，一天不扫就又有一层。而实实在在用功，就会发现（持心之）道无穷无尽，愈探索愈深，必使此心精粹纯洁没有一丝夹杂的私欲才行。”

—解　析—

《传习录》中的内容，以别人提问，阳明作答的居绝大多数，这节却是阳明见诸生少疑问，主动“开示”，先生诲人不倦之情跃然纸上。

应该是这样一个场景，平时总被弟子们围着问这问那的阳明觉察最近几日没人向自己提问了。倍感失落的阳明决定主动出击，敲打一下这些“闷葫芦”。

在反问过弟子们为何连问题都没有后，没有等人回答，阳明就开始了训诫，“人不用功”这句中的“用功”当然是指克治心中不正念头的克治之功。人没有在这上面用功，也只能生活在一种日久成习的习惯当中，此时所谓的循而行之，也只是行那些习惯之行，而不是依照良知而行。

由于人性固有的惰性，人很容易溺于旧习，犹如地上的尘土，一日不扫，便有一日的积累，日日不扫，月月不扫，长年累月下来，终归有一天你会懒得连笤帚也不想拿了。世界上大多数人的一生，就是这样被荒弃的。但人若诚心诚意用功，就会觉得心学的大道，越探越深，一定要将功夫练到精纯方可。

南北朝时，惠能禅师和神秀禅师的一段公案，放在这里谈一下可以作为这节的旁解。当年，佛教禅宗主持弘忍大师打算从弟子中挑选一个继承衣钵的人。在其最有才干的两个徒弟的 PK 中，有两首相映成趣的禅诗流传下来。这两位高徒一个叫神秀，一个叫惠能。我们先来看一下获胜方惠能禅师的诗：

菩提本无树，明镜亦非台。本来无一物，何处惹尘埃？

这是一首超凡脱俗的禅诗，意境相当高远，历来被文人骚客们所津津乐道，几乎成了禅诗的一个样板。再请看亚军神秀禅师的诗：

身是菩提树，心为明镜台。时时勤拂拭，勿使惹尘埃。

通常的看法，都认为惠能的诗要比神秀的诗好，当年弘忍禅师也是这样认为，所以最终将衣钵传于惠能。但问题是，达到那种“本来无一物，何处惹尘埃”境界的，世间又有几人呢？在前面，阳明曾经将人分为圣人、贤人、凡人三类，惠能的诗，适用的也只能是圣人这一类。至于世界上绝大多数人的修心过程，则要适用神秀的诗了，而这首诗的意思，也正好和阳明这节表达的意思相吻合。

“身是菩提树”这句中的“菩提”是“烦恼”的意思，人有此身，即是一切烦恼的根源。“心是明镜台”和阳明常挂在嘴边的那个人心似镜的比喻是完全一样的。“时时勤拂拭，勿使惹尘埃。”其中的“拂拭”正是阳明说的“用功”，“尘埃”正是那些偏移了良知的私心杂念。

镜要勤勤拂拭，保持常明可以朗照。这就是神秀的境界，也是绝大多数修习心学的人应该效仿的方式。而惠能的境界更像是直接把镜放在了

“无尘真空”的外太空去，超凡脱俗是肯定的了，但其境界非我等血肉凡夫所能望其项背。我们还是老老实实地拿着抹布擦镜子吧。

所以，在我看来，这两首诗适用的对象不同，惠能说的更像是修心的一个目标，而神秀说的更像是修心的一个功夫。

移步景自现，何须问前程

原文

问："知至然后可以言诚意。今天理人欲知之未尽，如何用得克己功夫？"

先生曰："人若真实切己用功不已，则于此心天理之精微，日见一日，私欲之细微，亦日见一日。若不用克己功夫，终日只是说话而已，天理终不自见，私欲亦终不自见。如人走路一般，走得一段方认得一段，走到歧路时，有疑便问，问了又走，方渐能到得欲到之处。今人于已知之天理不肯存，已知之人欲不肯去，且只管愁不能尽知，只管闲讲，何益之有？且待克得自己无私可克，方愁不能尽知，亦未迟在。"（《传习录（上卷）·陆澄录》）

译文

有人问："《大学》说'知至而后意诚'。现在天理、人欲还没能尽知，如何用克己功夫呢？"

阳明先生回答说："人若能坚持真正地下克己功夫，则对于此心天理的精深微妙，就会一天比一天清楚，对于心中私欲的细微之处，也会一天比一天更明了。如果不用克己功夫，那就是成天讲废话罢了，天理终归不会自动显现出来，私欲也终归不会自动察觉出来。像人走路一样，走了一段才认得一段，走到岔路口时，有了疑惑就问，问清楚了又接着走，才能逐渐走到想要去的地方。现在的人对于已经知道的天理不肯切己践行，已经知道的私欲不肯果断革除，却只在那里发愁对于天理人欲不能尽知，只管闲讲，有什么用？只等到自己已经知晓的私欲克无可克，再来发愁不能尽知天理人欲，也并不迟。”

解　析

此节重点是强调人要“真实切己用功不已”，后面全是谈“真实切己用功不已”的步骤程序，事实上是“克己”功夫的方法论。

这种方法论所表达的思想就是“活在当下”，也就是阳明讲的“致良知”的实现方式。有人说“活在当下”的思想其实是来自禅宗，实际上，儒家思想的重要特征之一就是重视现实，重视当下，说是儒家的正宗家法也未尝不可。在此处，阳明也是为了让人克服忧虑而说这番话的，他的这番话是回答了怀有这种忧虑的一种人，即“我要克制私欲遵循天理，但天理和私欲还没能全部了解，如何克己?”

完全了解天理和私欲，也许只有圣人才可以做得到，心学的终极目的是将一个普通人改造为一个圣人，现在说让你从此时开始到生命终止都要按照圣人的行为准则为人处事，肯定会吓坏你；那你就当一年的圣人吧！还是太难；当一个月的？还是没信心；当一天的吧？我尽量吧！这就是普通人面对心学时所表露的最惯常的态度。

阳明说，你不需要当一生的圣人，不需要当一年的圣人，不需要当一个月的圣人，甚至也不需要当一天的圣人，你只需要做好一分钟的圣人，只需要一分钟，只需要一分钟，你还在犹豫什么？快点投入到当下的这一分钟去吧！

不要给自己太大压力，你只需要把自己当下这一刻的心拿捏好就行，没有人能一口吃成个胖子，也没有人能用一天的功夫就成为圣人。就在你当下力所能及的范围内做到最好的你，先从“当一分钟圣人”这个最微不足道的一小步开始。时间永是流逝，人的心体却难保永久太平，但是你能坚持一分钟不弃天理，相信你也能坚持五分钟，然后再慢慢延长，当一天的圣人，当一周的圣人，一月的圣人，一年的圣人……当你“拿捏”的时间足够长，“拿捏”有一天会成为你的本能，那时，你的心体修养也就日趋成熟了。

如果只需要当一分钟的圣人，你就只要把现在已存的不正之念扭转为端正即可，相信对大多数人而言都不是太难，别想太多，天理和人欲伴随着时间老人的脚步会一一登场，现在，你只需要照顾好心体上目前显现的天理和人欲即可。你不需要在眼下就洞彻一切，做你力所能及的最适宜的事情吧！做一个快乐轻松的心学践履者吧！除此之外，没有第二法门可以带你踏步在“致良知”之途。

磨刀不误砍柴工

原文

问："名物度数[①]，亦须先讲求否？"

先生曰："人只要成就自家心体，则用在其中。如养得心体，果有未发之中，自然有发而中节之和[②]，自然无施不可。苟无是心，虽预先讲得世上许多名物度数，与己原不相干，只是装缀临时，自行不去。亦不是将名物度数全然不理，只要'知所先后，则近道'。[③]。"

又曰："人要随才成就，才是其所能为。如夔之乐，稷[④]之种，是他资性合下便如此。成就之者，亦只是要他心体纯乎天理。其运用处皆从天理上发来，然后谓之'才'。到得纯乎天理处，亦能'不器'。使夔、稷易艺而为，当亦能之。"又曰："如'素富贵，行乎富贵。素患难，行乎患难'，[⑤]皆是'不器'[⑥]。此惟养得心体正者能之。"（《传习录（上卷）·陆澄录》）

注释

①名物度数："名物"一词，最早见于《周礼》等书，是指上古时代某些事类物品的名称。"度数"也称之为"制度"，指在一定历史条件下形成的法令、礼俗等规范。举例，鸟兽草木之物皆有名，可以称为名物，仪式礼节刑政等规范制度可以称之为度数。

②中节之和：《中庸》中有"喜怒哀乐之未发，谓之中。发而皆中节，谓之和"。

③"知所"句：出自《大学》，原文"物有本末，事有终始。知所先后，则近道矣。"

④夔（kuí）、稷：夔是古代音乐家，主理乐舞之事。稷即后稷，周的始祖，善于种植各种粮食作物，曾经被尧举为“农师”。

⑤“素富贵”四句：出自《礼记·中庸》里的“君子素其位而行，不愿乎其外，素富贵行乎富贵，素贫贱行乎贫贱。”

⑥不器：器作为一物，可以在某一方面适用，但不能通用，不器就是不偏于一用的意思。

译文

有人问：“名物度数，也需要先学习掌握吗？”

阳明先生回答说：“人只要修养好自家的心体，用也就在其中了。如果养好了心体，真的有一个未发在心中，自然就可以发而符合于中节之和，自然就可以无所不可为。但如果没有这种程度的心体修养，就算预先熟稔了世上众多的名物制度，也与自己没有切身的关系，只是临时装点一下，自己却做不来。但也不是说将名物制度全然不理会，只是要‘知所先后，则近道’。”阳明又说：“人要根据自己的天赋来造就自己，才能实现自己的生命价值。像夔对音乐，稷对于种植，都是由于天生的资质和兴趣爱好与所从之业相吻合而造就了他们，成就了他们，也是在于他们的心体纯乎天理。具体的运用也都是在顺应天理处而得来的，然后被称之为‘才’。达到纯乎天理之处，也就能做到‘不器’。如果让夔和稷互换一下职业，他们应该也能同样做到很出色。”阳明又说：“像‘素富贵，行乎富贵，素患难，行乎患难’，都是‘不器’的表现。这只有那些能把心体养得正的人方能做到。”

解　析

“名物度数”在古代已经很繁琐了，在如今这个社会分工日益精细的时代，“名物度数”更是日益月滋，各种稀奇古怪的器物和行当也雨后春笋般不断涌现。看一下大学里学科设置的精细程度，就知道现代人对知识的研究是多么精密、细致了。

不同的行业差异是很大的，俗话有“隔行如隔山”之说。对于世界上浩如烟海的专业知识，阳明是这样看的，“人只要成就自家心体，则用在其中”，他强调在自家心体上用功，说来说去还是“欲求物来能照，首先需要镜子明”那套东西，并没有什么新意，无非是换了一个探讨的角度。

要注意，“自家心体”和“讲求名物度数”在这里是被作为一个东西来认识的。但是阳明又说“知所先后，则近道”，仿佛又把“自家心体”放置到“讲求名物度数”之前，那岂不是又将其分为两个东西了？不得不说，这里又是一个很容易遭到现代人攻击的学术“漏洞”，讲明这个东西也确实很让我挠头。

现在我们用砍柴刀和柴来做比喻，将砍柴刀比喻为心体，“名物度数”比喻为柴，“讲求名物度数”也就是砍柴。当我们说到刀时，我们不说他是钢，是铁。而说是刀，“刀”这个名称的命名依据是根据它有“砍”的用途而来的，而“砍”的功能必须有赖于其有“砍”的对象而存在，现在我们简化一下，假如世界上没有可以用“刀”砍的东西——这里我们将其指称为“柴”，那么自然就没有“刀”这个名称。也就是说，当我们叫出“刀”这个名称时，虽然没有明确地提出刀所适用的对象——“柴”，但是我们知道世界上必定有“柴”。这里再将人类改造世界的活动简化为砍柴，那么“修养好自家心体”就是磨刀的功夫。磨刀不是为了磨刀而磨刀，是为了砍柴而磨刀，为了更好地砍柴，先要把刀磨好，也就是说，磨刀的功夫应该在砍柴之前，也就是阳明说的“知所先后”。磨刀虽然在砍柴之前，但是，刀的真正价值的实现却并不能在磨刀上实现，而是在“砍柴”时实现。所以阳明说“亦不是将名物度数全然不理”，全然不理会柴，刀又有何用？

有人反问了，你说来说去，好像还是将刀和砍柴分为两个东西谈？那不还是将“自家心体”和“讲求名物度数”一分为二吗？问的好，这里正是最大的玄奥所在，也正是心学中最大的难点所在。还用“刀”和“柴”来说明，一把刀静静地躺在这里，很锋利的一把刀。它现在躺在那里不动，如果永远不砍柴，我们可以说它是铁，因为它从来没有体现出过一个刀的存在价值，从“知行合一”的变体“名实合一”的角度看，刀在它的价值没有体现的时候并不能称其为“刀”，叫它什么呢？可以叫它是具有刀的特性的铁。但是，当这个刀在砍柴的时候，我们可以说刀就等同于“砍柴”，“刀”是名词，“砍柴”是动词，让人们相信一个名词和一个动词相等，确实有很大难度。只能这样理解，只有当刀在砍柴时，它才可以被称为是一把真正的刀，在砍柴这个动作没有反生时，“刀”其实不是刀，而是铁，那么我们就可以这样认为，“刀”这个东西和“砍柴”这个动作是共生共灭的，如影随形，同年同月同日同时生，同年同月同日同时死。这样一来，就可以说刀就等同于砍柴，砍柴也就等同于刀。也就像是说心体等同于“讲求名物度数”一样。

明白了这层意思，就可以理解阳明说的“使夔、稷易艺而为，当亦能之”的道理，如果两个人的刀（心体都纯然于天理）都很锋利，虽然开始时一个人砍的是松木，一个人砍的是槐木，但是两个人换一下来砍，依然没有问题的，也就是“良刀不择木”的道理，也就是“不器”的道理。至于说什么“患难、富贵”，也无非是把柴的对象换了一下，刀够好，都能一一应付。这里化用一个老套的广告词来作为结语：刀好，砍柴就好，砍啥啥开，心体倍棒！

问渠哪得清如许　为有源头活水来

原文

“与其为数顷无源之塘水，不若为数尺有源之井水，生意不穷。”时先生在塘边坐，旁有井，故以之喻学云。(《传习录（上卷）·陆澄录》)

译文

“与其成为数倾没有水源的池塘中的水，不如成为几尺见方的有源头的井水，因为井水有源源不断的活力。”说这些话时先生在池塘边坐着，恰好旁边也有口井，所以用此来比喻治学。

解　析

塘水虽多，却是死水，井水看似没有塘水广大，却常取常有，因为它有源头。阳明用这个比喻，说明人的心体如果没有主宰，就像池塘中的水一样，了无生意。

“数尺有源之井水”其中的“有源”正应了古人常挂在嘴边的“为学须有本源”的话头。“本源”指的是归依、宗旨。阳明指的本源自然还是“良知”，这里无非是又把“良知”比作了常取常有、生生不息的井水，将井水和塘水并举而谈，是要讲明人的为学不是只要向外求广博就行了，关键还是要依照“良知”准绳立身处世。

曾经看到这样的新闻，某个被誉为天之骄子的名校高才生，却因为一些琐事而走上杀人的犯罪道路。从大众的观点看，这些受了几十年教育的学生所掌握的知识不可谓不广博。但是广博的知识并没有教会他如何做人，这就犹如“数顷无源之塘水”，而另外有一些人，大字不识一个，但是无论做人还是做事，都合情得体，走到哪里都难以被人挑出一点儿错，这就犹如“有源之井水”。

有人说了，这只是极个别的例子，没有广泛的代表性，那我们再来说一个有代表性的例子——大学生就业。大学苦读四年，文凭到手，离开了校门，却连工作都找不到，就算找到了工作，也会发现辛辛苦苦学习了十几年，获得的待遇还抵不过初中文化的农民工兄弟。

当然就业难是个很复杂的问题，一直以来都是仁者见仁，智者见智。现在我们只从教育的角度来谈就业难。大学生们到底从学校中学到了什么？他们学到了知识，很厚的书本知识，可惜都是塘水，虽然多，却没有用。

现代中国的教育沿袭自西方，却并未获得真正的西方教育的精髓。反而连传统教育中重视对人的塑造的传统也丧失殆尽，整个教育处于一个四不像的境地。造成的后果是，在学术领域缺乏具有创新精神的人才，其最显而易见的例子是，大陆学人至今无一人获得过自然科学领域内的诺贝尔奖，反而是海外华人屡有斩获，而海外华人从人群的数量上与大陆华人相比，显然是一个少数群体。另一方面，传统教育精神的丧失又导致了人的道德水准的低下。教育界试图用来自西方的马克思主义理论为根基培养新的道德信仰，可惜这种尝试在中国又遭遇了水土不服，以至于整个社会弥漫了金钱至上、权力至上的颓风靡气。

水土不服的原因是，马克思主义理论只是一个“技术流”理论体系，而不是“思想流”的体系，如果将整个国家的全体民众比喻为一台台计算机，那么指导思想应该就是这些计算机的操作系统，能担当这个操作系统重任的，只能是“思想流”的体系，而“技术流”的体系只能作为操作系统上的应用软件来用。“思想流”的体系有什么特点呢？特点就是必然有一个道德观念总领其纲，阳明心学中，这个纲就是“良知”，为什么要强调这个“纲”的至上性呢？因为人，作为有血肉之躯的人，脆弱性决定了这种生物必须以一种“善”的观念作为族群的共同精神信仰，这种“善”的观念是用来稀释人的自私的兽性而存在的（这种兽性在阳明先生这里被描述为私欲），反之，失去了这种“善”性的指引，人这个族群和那些弱肉强食的非洲草原上的动物就没有什么区别。

再回到教育的问题上，从教育的角度看，那就是我们的教育者将教育看作了纯粹的知识灌输，而忽视了教育的真正目的——培养能正确运用自身力量的人。大学成了一个个灌输知识的生产线，无论你本人的具体情况如何，来到这里都会按照大学的那套标准的流程化生产线把你切割包装一下，至于你是否成才，大学不管，学费收到，将生产线的流程演示完毕，他们也就万事大吉。

千古在此一日

原文

问："世道日降，太古①时气象如何复见得？"先生曰："一日便是一元②。人平旦③时起坐，未与物接，此心清明景象，便如在伏羲④时游一般。"（《传习录（上卷）·陆澄录》）

注释

①太古：指神话中伏羲以前的时代。

②一元：一十二万九千六百年。指代天地从生成到毁灭的过程。据北宋邵雍《皇极经世》：天地的历史，以元、会、运、世计算。一世为三十年，一运为十二世，一会为三十运，一元为十二会。

③平旦：天刚明之时。

④伏羲：古代神话中三皇之一。伏羲画八卦，教人畜牧，被奉为"三皇之首"、"百王之先"，地位十分显赫。

译文

有人问："世道日下，太古时的好气象如何才能重现呢？"阳明先生回答说："一天就好像是一个天地轮回的过程一样。人清晨刚苏醒起床时，还没有和事物接触，自己心中的清明景象，就犹如在伏羲的时代畅游一般。"

解　析

"滴水藏海"，这节所要表达的意思用这四个字即可概括。提问者问的

“世道日降”这个现象，也是古今人们主观体验的通病，一些稍有点年纪的人碰到看不惯的现象往往会愤愤不平地说：“世道日下，人心不古”。从这节对话我们可以得知，“人心不古”不是一天两天了，从几百年前的明朝开始，人心已经开始“日降”了。那些坐在夕阳下怀念过去“好日子”的“遗老”们，所想象的“好日子”其实并不存在，因为他们所念想的那个时代的人们也是在恨恨地骂着“世道日下”中过日子，桃花源般的社会景象其实从来都没有在人间出现过。

不过不用灰心，阳明先生天才地提出了“一日便是一元”这个创造性论断，给予那些企图回到过去美好时代的人们以无限希冀。阳明告诉我们，一日就是一元，一天的时光就好似一个天地从生成到毁灭的轮回一样。现在请告诉我您打算生活在哪个年代吧！我都可以在24小时内为您找到对应的时间段，帮您圆了梦想。

到底是天才的创造还是诡辩？当年听讲的学生中有没有人产生这样的疑问我不知道，但是现在的读者看到《传习录》上的这节话，产生疑问的肯定大有人在。因为自明朝以后，世道已经“日降”好几百年，如果以一座100层高的楼房举例，明朝时代的人们已经坐着电梯从第100层降到了50层，人心早已经变得极不单纯了，想轻易弄个说法糊弄他们，难度太大。

阳明这句话，体现着佛家“一花一世界，一叶一如来”的思维套路，阳明早年钻研过佛家思想，所以在《传习录》中，总能嗅到某些佛门禅宗的气息，这毫不奇怪。

将一日的时间说成一元，用《格言联璧》中的一句话来注解一下：莫轻视此身，三才在此六尺；莫轻视此生，千古在此一日。请特别注意后半句中的“千古在此一日”俨然就是阳明这句话的翻版，无非换了一种更简洁明快的表达方式。

将一日说成是一元，阳明当然不仅仅是为了表达“浓缩的总是精华”这个道理。还是在强调心学的“即时性、当下性”，前面的段落我们已经反复谈到过，妨碍人心把握天理良知的最大障碍往往是两种：一种是过去，一种是未来。无论是深陷在过往岁月的美好回忆不能自拔，还是沉浸在幻想天堂盛世般的不远将来，都会让你的心智偏离于对真实当下的确切把握。这对于心学的修习者来说，不是一个小问题，而是一个大问题！

阳明煞费苦心，将一日描述成一元，从学理上，可以讲通，就像前面说的“滴水藏海”一样，大海虽然广袤无边，但是每一滴水从微观的角度观察，它就是一个大海。宇宙同样无边无际，但是每一个人身，也都可以认为是一个个独立运行的小宇宙，那么阳明说一日就是一元又有什么问题呢？

从对话的具体内容看，当阳明的学生劈头就说“世道日降”时，阳明已经敏锐地察觉到，这个学生的心已经开始向别处跑了，说“世道日降”这些话题，固然是寒暄聊天时的优良谈资，但是，有志于心学修养的人脑海中填满这些东西，确实没有多大意义，只能表明你的心已经跑远了。将一日当作一元来描述，用意是告诫人要用恭敬端正的态度对待今天，对待当下。每一天都是一个天地轮回的过程，都是独一无二的上苍恩赐，那么又有哪一天是可以玩忽度过，可以得过且过的呢？

这里通过对时空的压缩来凸显生命存在的庄严性，其良苦用心还在于儒家惇惇教诲的“诚”和“敬”这两个字上。中国人不谈上帝，不谈宗教，提倡恭敬端庄永远不脱离人心，不标榜宗教其实已经囊括了宗教的宗旨。西方人的恭敬思想来自宗教，不过宗教终归还是人的宗教，虽然自己贴了一个神秘化的“来自上帝的启示”的标签，但上帝也毕竟是人的上帝。而中国传统儒家直接在心体上做功夫，提倡“诚”、“敬”，比起西方的表述更为直接明快。

垂拱而治

原文

问："心要逐物，如何则可？"

先生曰："人君端拱[①]清穆，六卿[②]分职，天下乃治。心统五官[③]，亦要如此。今眼要视时，心便逐在色上。耳要听时，心便逐在声上，若人君要选官时，便自去坐在吏部。要调军时，便自去坐在兵部。如此，岂惟失却君体？六卿亦皆不得其职。"（《传习录（上卷）·陆澄录》）

注释

①端拱：端坐拱手。

②六卿：明时六部为吏部、户部、礼部、兵部、刑部、工部。每个部都设有尚书，称之为六卿。

③五官：耳目鼻口心。另外还有两种说法，一是两手及口耳目；一是视、听、嗅、味、触的五种功能官器。

译文

有人问："心要追求外物，该怎么办？"

阳明先生回答说："君主端身拱手，清静肃穆，六卿各司其职，天下才能大治。心统摄五官，也应该这样。如果眼睛要看东西，心就追求美色；耳朵要听时，心就追求美声。这就像是君主要选拔官员时，就自己去坐在吏部的位置上；要调动军队时，就自己去坐到兵部的位置上。这样的话，岂只是失却了君主的体统？连六卿也都不能顺利行使各自的职能了。"

解　析

先说“逐物”这两个字，心不能“逐物”，心只能以天理为主，而天理是寂然不动的。人的视听言动，坐止起息，无时无刻不是在动啊！心要守着一个静的东西来应付变动不居的世界，该如何理解呢？

举例子吧，大家常见的门，我指的是那种围绕一个轴为中心开合的门，门在起作用时，也就是在开开合合时，门是要动的，但是有一个地方几乎可以认为是不动的，而这个不动的地方，却是这个门动的时候所围绕的中心，不用我说大家也想到是什么了，是门轴。再也没有比这个例子能更形象地解释心的不动和应付变动不休的万事万物之间的关系了。门在开合时，越是靠近中心点的地方，越是静止不动，而门的其他部分还必须以这个不动的点为中心运动才行。

门的开合原理给予人的启示就是，“天理”这个东西，无论你是否顺应它，它都是静静地待在那里。这种表述是不是有点耳熟，是的，唯物主义的特征就是无论客观规律被人承认与否，它都是客观存在的。阳明只是在这里稍微加了一点东西，他认为客观存在的天理成为人心的主宰时，天理才发散出了璀璨夺目且生机勃勃的光辉，否则那一片客观存在的死寂于人而言没有任何意义。这一点，竟然成了一个亘古争论不休的两大哲学流派的分野，直至今日，两派的互相攻击和指摘犹没有停止，何必呢？本是同根生，相煎何太急？

人身五官和心的关系，就像门和门轴的关系，如果说一个门的开合要依靠门轴的移动才能实现。那只能说这个门已经坏了，因为他的轴心已经不牢固了。人心通过指挥五官来与世界进行交流和联系，这个主次关系就是心为君，五官为臣，而心的主宰是天理，只有在顺应天理时才是在致良知。如果人弄颠倒了这次序，昭昭之天罚不在眼前，就在将来，终归是逃不掉的。这不是在讲因果报应的迷信，而是道理本就如此。

诸恶莫作，诸善奉行

原文

善念发而知之，而充之；恶念发而知之，而遏之。知与充与遏者，志也，天聪明也！圣人只有此，学者当存此。（《传习录（上卷）·陆澄录》）

译文

善念在心中萌发，觉察到它，就扩充这种善念；恶念在心中萌发，觉察到它，就遏制这种恶念。知道、扩充、遏制，是人的心智（的作用表现），是上天赋予的聪察明觉的能力！圣人只拥有这一点，而求学的人也只应该存养这一点。

解　析

将“天聪明”这句翻译为“是上天赋予的聪察明觉的能力”，我并不满意，感觉这样只是表达了“知”的意思，却没有很好地表达“充”和“遏”的意思。但是以我目前的能力只能翻译到这个程度，这里姑且写下来，以待高人斧正。当然，在截止到现在我所接触的其他人的翻译中，还没有看到十分满意的。这也是古文翻译的一个老大难问题，许多文义一旦转换为现代文，不但神韵尽失，有时候连准确的意思也很难表达出来。

这句话又是修心功夫肯綮处的又一角度展示。这个角度我认为是最容易理解的，也是学者最容易掌握的，可行性非常好。“天聪明”这三个字，阳明的本意是指“觉知、扩充、遏制”这三种能力，可以认为是上天赋予人心的三大法宝，这三大法宝构成了一个严密完整的体系，分工不同，各司其职，“觉知”负责信息收集整理，并做出是善念还是恶念的定性判断。然后进入下一个处理环节。善念的进入“扩充”程序，恶念的进入“遏制”程序。

首先，“觉知”是这三者的基础，“扩充”和“遏制”都是在“觉知”后才进行的环节，“觉知”相对来说是容易的，对事物的感知，人人具有，关键在于对其善恶的判断上。被蒙蔽过久的心体，会产生误判，许多死刑犯临死之时都不承认自己的罪行，在执行死刑的那一刻依然认为自己是站在真理这一边，这就是被私欲蒙蔽过重的表现。在港剧《大时代》里，其中的反面角色丁蟹，就是这种蒙蔽过重患者的样本，他口口声声说忠孝仁义，说对爱人忠心不二，又孝敬老人，又疼爱孩子，在剧中，他也确实是一个孝子。但是他的行为却一而再、再而三地伤害方家的人，最后将自己心爱的女人也逼到了死路。丁蟹这个形象表现了人这种动物的复杂性，人在很多时候不能简单地分为好人和坏人，因为在大众视角下的坏人，往往会站在自己道德观的立场做出价值判断，至死都不会承认自己错了。

再比如欧洲在审判德国纳粹在第二次世界大战中屠杀犹太人的罪行时，许多纳粹分子就是在法庭上理直气壮地说，他们仅仅是在执行国家的命令，他们是军人，而服从命令又是军人的天职，何罪之有？在这种情况下，不得不说，阳明心学良知说的前提——对善恶的判断，确实也遭遇了重大的考验。那些纳粹军人在实施屠杀时其实被置于了两难的困境，不屠杀犹太人，他们违反了军纪，屠杀犹太人，犯了反人类罪，这种情况下，良知又该如何取舍呢，在“知觉”这个判断的程序里，到底应该把这个命令的执行划分到“善”去扩充呢？还是划分到“恶”去遏制呢？

我们不要纸上谈兵，要设身处地地想：如果是我们自己处于那个境地，我们的心又会作何取舍？我可以比较肯定地说，百分之八九十的人都会选择服从军令。谈反人类，谈博爱，对当时的德军是多么迂阔，不执行军令，你的上司马上就可以把你拉出去毙了，两害相权取其轻，这才是真实的人性选择。而人的渺小和无力感在这种情形下又表现得多么淋漓尽致，也难怪很多文艺作品都热衷于描述人在两难境地中所展现出的煎熬，这里确实大有“看点”。至此，阳明心学的善恶观看似已经被现实的利害关系击打得支离破碎，面目全非。

事理果真如此吗？当然不是。在两个同样看起来都“合理”且互相冲突的抉择面前，总有一个大的“理”可以压过小的“理”，在人类的生存权都要被剥夺的情况下，囿于一国私利的军法也只是“小理”，它不能凌驾在“大理”之上。在屠杀犹太人这个罪行上，负主要责任的当然是那些命令的发布者，但是执行者在这件事上也要承担一部分责任，在“大理”和“小理”面前你选择了“小理”，你说你是被逼无奈的，我们用最善意的心揣测你，我们理解你，但是，你作为一个具有主体思考能力的人，在“大理”和“小理”面前做出了错误的选择，责任还是要承担的，就是说从法理上来说不能赦免你。况且，在具体执行命令时，那些执行者是否真的就只有机械执行命令这一条道路，这里也可以存疑。

其实，对善与恶的判断还有一个认识的层次问题，对于修习者，最初只要把自己已知的善与恶处理好，就已经是踏在自我完善的康庄大道上了。

在“扩充善”和“遏制恶”这两个不同的处理环节，需要注意两个方面的问题：

第一，执行力的问题。在“觉知”进行了正确的判断之后，将“善”扔到那里不去扩充，“恶”包庇在那里不去遏制，使得“觉知”的正确判断也变得毫无价值，这就是活在自己旧有的壳子里，不肯日新又新，积极向上做一个大写的“人”，其病在一个“懦”字，疗此病的药方是一个“勇”字。

第二，是一个过犹不及的问题。在《传习录》的后文还有这样一个有趣的情节，大意是说阳明在讲学时，天气很热，下面一个听课的学生汗流浃背，却不肯用扇子，阳明就笑着对他说，我的学说不是让你这么拘谨的。意思是，热了你就扇扇子，渴了你就大口喝水。我估计这位学生肯定是天天听阳明讲“去人欲，存天理”听得有点走火入魔了。如果这样学习心学，无疑是邯郸学步，最后搞得自己连路都走不好了。

致良知不是这样的，他是活泼泼的，不是要把人搞得形拘神苦，而是在顺应天理时，人的精神和身体在与天理融洽为一时的怡然自得。当然，说“怡然自得”也应该加上一个功夫纯熟时的限制语。在心兵相战的时刻还没能达到这个境界。但是请记住，求理太心切本身就是违背了天理。一个人犯了错误，痛下决心要改正，这是符合良知的好事，但是，如果又沉浸在懊恼之中自怨自艾，那就是又滑向了“恶”的一边去了。

这节后面说“圣人只有此，学者当存此。”圣人心体纯熟，当然可以说是“有”此，学者当“存”，这个“存”字就表明了还是有许多克制私欲的功夫在此，没有圣人那般轻松的。

斩草除根

原文

澄曰："好色、好利、好名等心，固是私欲，如闲思杂虑，如何亦谓之私欲？"

先生曰："毕竟从好色、好利、好名等根上起，自寻其根便见。如汝心中决知是无有做劫盗的思虑，何也？以汝元无是心也。汝若于货、色、名、利等心，一切皆如不做劫盗之心一般，都消灭了，光光只是心之本体，看有甚闲思虑？此便是'寂然不动'，便是'未发之中'，便是'廓然大公'。自然'感而遂通'，自然'发而中节'，自然'物来顺应'。"（《传习录（上卷）·陆澄录》）

译文

陆澄问："好色、好利、好名等心思，固然是私欲，像闲思杂虑，为什么也叫私欲呢？"

阳明先生说："闲思杂虑毕竟也是从好色、好利、好名等根上产生的，只要自己寻找它们的根源就可以发现。就像你心中肯定知道自己没有抢劫偷盗勾当的念头，为什么呢？因为你原本就没有这种念想。你要是对于货、色、名、利等念头，全部像不做抢劫偷盗勾当的决心一样坚定，都消灭了，只剩下清清静静心的本体，还有什么闲思杂虑？这就是所谓的'寂然不动'，就是'未发之中'，就是'廓然大公'。自然会'发而中节'，自然'物来顺应'。"

一·解 析·一

小时候，和家人一起去麦田里拔草。草是麦田里非麦类植物的统称，有好多种，其中那些外观和麦苗区别大的很容易辨认，是我比较喜欢拔的类型。但是有一种草长得和麦苗很相似，只有有经验的老农才能分辨清。当时自己也小，来地里干活的次数也不多，老是分不清到底是草还是麦苗，于是只敢捡那些容易辨认的草来拔。

这里陆澄说的“好色、好利、好名”等心，就是那些外观容易区分的草，闲思杂虑就是那些和麦苗长得相似的草。但再相似，也终归是草，它们只能结出草籽，而不会抽出麦穗。

陆澄这里的问题，是已经在心体修炼上达到一定境界后所产生的疑惑，他对那些容易辨认的草的清除工作已经没有什么问题了，需要探讨一下那些似麦实草的东西了。

但阳明将病根只说成好色、好利、好名三种，并不能涵盖所有私欲的表现形式，只是恰好陆澄就这三个方面来问，阳明就其所问而开其悟。事实上我们完全可以将其扩展开来谈，如好怒、好惰、好傲等，凡是性情上的偏私之处，皆是病根。这些偏私之处的共同特点是心没有摆在天理的窠臼里。心稍微游移出天理的窠臼，其在游移天理不远之处的心念起处就是闲思杂念，由于其偏移天理不远，心中那个负责监察职责的“知”心，往往对这些念头会产生姑息之念。

只这样讲道理过于抽象，举个例子吧，自己知道早上早点起床，活动一下筋骨，有助于身体的健康，但是当早上从甜蜜的梦乡中被刺耳的闹钟吵醒时，你看了一下窗外在寒风中摇曳的树枝，又眷恋着被窝那温馨的暖意，在心底对自己说，今天再赖会儿床吧，明天再起床锻炼。在主观私意的“笑脸说情”下，监察机构的内心良知很快被“感化”了。于是，一个继续在被窝内再赖一会儿的决定很快被达成了。赖到再不起床上班就要迟到的时刻，你匆匆从床上爬起来，做完必须做的事情，开始了你一天的生活。相信这是一个大家都很熟悉的场景。

在床上稍赖一会儿，于大多数人来说都是无关紧要的小小私意，甚至不把它当作恶，可以归类到闲思杂虑的类别，但是这个闲思杂虑的根在于

“好惰”上。喜欢容易的，厌恶难的，这是人的通病，因为其恶很小，且不会对他人或自己造成多大的影响，所以很少有人会在这里纠结太多。但是小恶也是恶，心体不能在此处下力，姑息养奸，便是心体没有“纯”于天理之处。

比阳明更早的三国时的刘备刘皇叔，也很早洞悉了其中的玄机。刘备一生戎马倥偬，没有时间建立一个完备的学说体系，但是他说过的话和阳明想要表达的意思可谓是英雄所见略同。刘备在给自己儿子刘禅的遗训中是这样说的：“勿以善小而不为，勿以恶小而为之。善虽小，但是只要合于天理，虽小而不可轻视；恶虽小，但只要发于私欲，虽小而必去之。”一国之君在临终之际对自己的接班人惇惇教诲以这样的话，其中的深意值得每一个有志于学的人深思。

人在学在，人亡学亡

原文

问：“‘颜子[①]没而圣学亡[②]’，此语不能无疑。”

先生曰：“见圣道之全者惟颜子。观喟然一叹可见。其谓‘夫子循循然善诱人，博我以文，约我以礼。[③]’，是见破后如此说。博文、约礼如何是善诱人？学者须思之。道之全体，圣人亦难以语人，须是学者自修自悟。颜子‘虽欲从之，末由也已’，即文王‘望道未见[④]’意。望道未见，乃是真见。颜子没而圣学之正派遂不尽传矣。”（《传习录（上卷）·陆澄录》）

注释

①颜子：姓颜，名回，字子渊，亦称颜渊，春秋时鲁国人。孔子弟子中最贤者。不幸三十二岁短命而亡。

②“圣学亡”句：在《王阳明全集》的第七卷，阳明说过“颜子没而圣人之学亡”的话。

③博约句：语出《论语》，原文是“颜渊喟然叹曰：‘夫子循循然善诱人，博我以文，约我以礼，欲罢不能。既竭吾才，如有所立卓尔。虽欲从之，末由也已。”

④望道未见：出自《孟子》，原文“文王视民如伤，望道而未之见。”

译文

有人问：“先生，您认为‘颜子没而圣学亡’，这句话似乎存在问题？”

阳明先生说：“在孔子的众多弟子中，只有颜回窥见圣道全貌。从他那喟然一叹中可以看出，他说‘夫子循循然善诱人，博我以文，约我以礼’，只有识破了圣道全貌的人方可作如是说。‘博文、约礼’为什么是善于教导他人呢？做学问的人须仔细考虑。道的全体，圣人也很难告诉世人其内涵，必须由学习的人自修自悟。颜回说‘虽欲从之，末由也已’，亦即文王‘望道未见’的意思。望道而未见，才是真正的见。颜回死后，圣学之正宗就不能完全流传下来了。”

解　析

这里必须谈一下中国古代“圣学系于一人之存亡”的传统观念。中国一向没有深厚的宗教传统，儒学作为正统的官方倡导的学说，在很长时期弥补着宗教缺失带来的精神信仰上的空白。宗教一般都会有一个高高在上的住在天国的神作为自己的崇拜偶像，像基督教中的上帝，佛教中的释迦摩尼等。但是，儒学所标榜的“子不语怪力乱神”的传统，使得儒家思想中对现世的具有崇高道德修养的“圣人”怀有极高的期待，而且儒家思想坚信，一代民风的塑造，都可以通过一个“圣人”的道德教化而完成，就是说，通过圣人的悉心感化，他们相信“圣德”会由一个人传给两个人，两个人传给四个人，四个人传给八个人……达到感化民风、化民成俗、实现天下大同的目的。

由于“圣人”所承担的使命过于重大，所以圣人产出量也就低得出奇，中国五千年的历史中，称得上“圣人”的人，基本上在你十个指头没有用完的情况下就可以数完。

孔子，可以称得上是一个最没有争议的大家公认的圣人，虽然他的学说在他生前没有发扬光大，但是他的思想确实是彪炳史册，光耀千古，真正做到了“百世以俟圣人而不惑”，至今依然学脉不绝。

孔子在众多弟子中，最中意的莫过于颜回，本来指望他能在孔子百年之后，继承孔子的衣钵，将圣学进一步发扬光大，可惜天妒英才，颜回在三十二岁时就去世了，颜回的死对孔子的打击是巨大的，因为颜回是唯一一个被孔子认为掌握了道之全体的人。颜回的英年早逝给我们的启示就在于，人的智慧无论多么高超，如果将其放在天地自然的大背景下去审视，他依然只是一颗微不足道的棋子。天命是由两部分组成的，一部分是人的智慧和能力所能干涉到的，这也是整个儒学思想所着力的地方，另一部分是人的智慧和能力所左右不了的，比如人的生老病死，以及难以预料的天灾加之于人的横祸。

在这后一部分天命的巨大阴影之下的所有人类生命，总有一种生如朝露般的悲情之感，佛家沉浸在这种悲情之中无法自拔，道家又醉心于炼丹修道的祈求之中，企图以遗世独修的方式跳出悲情生命的牢笼。唯独儒家，将这种悲情化为了“朝闻道，夕死可矣”的奋进途中的背景乐，以一种“先尽人事，后信天命”的谦卑中的刚健与不屈，担当起指引整个人类文明发展的大中至正之任。

另一个悲情的巧合是，阳明先生也有一个可以继承他衣钵的传人，同样是英年早逝，这个人就是徐爱。阳明常常把徐爱比作是自己的颜回，宿命的是，他的这个比喻好像也是遭到了天妒，徐爱三十岁就身亡。颜回和徐爱的英年早逝，无疑都是儒学发展进程中无法弥补的损失。

而阳明之所以说“颜子没而圣学亡”，是因为他心中的圣学归根结底是人学。人在学在，人去学亡。圣学不是一本学术著作，不是一项发明专利，也不是一种典章制度。他是人的举手投足，是人的音容笑貌，是人的作止语默。它不是一个抽象的、形而上的理论概念，而是一个具体的、活生生的有血有肉的人。圣学即人学，人学即圣学。

儒家树立了一个“圣学”的标杆，提出了一个“人人皆可为尧舜”的最美好的大同世界的愿景。但是，人类几千年的历史证明，这种最美好的愿景终归是愿景，从来没有以一种尽如人意的方式实现过。那是不是说儒学就是一种乌托邦的学说呢?

非也！上面我们说了，天命有两部分，一部分是人力之所及，另一部分是人力之不及。人类真实的历史进程，是天命的这两部分所激汇交错而成的，大同世界从未实现，并不是儒家学说苍白无力，相反，人类发展进程中的每一个光辉时刻，无不是天理与人心交融合一时的琴瑟和鸣，而人类发展进程中的每一个黑暗时代，又无一不是人的私欲和天理背道而驰之时。

儒家 VS 墨家

原文

问："程子云：'仁者以天地万物为一体。'何墨氏[①]兼爱，反不得谓之仁？"

先生曰："此亦甚难言，须是诸君自体认出来始得。仁是造化生生不息之理，虽弥漫周遍，无处不是，然其流行发生，亦只有个渐，所以生生不息。如冬至一阳生，必自一阳生，而后渐渐至于六阳[②]。若无一阳之生，岂有六阳？阴亦然，惟有渐，所以便有个发端处，惟其有个发端处，所以生。惟其生，所以不息。譬之木，其始抽芽，便是木之生意发端处。抽芽然后发干，发干然后生枝生叶，然后是生生不息。若无芽，何以有干有枝叶？能抽芽，必是下面有个根在，有根方生，无根便死。无根何从抽芽？父子、兄弟之爱，便是人心生意发端处，如木之抽芽。自此而仁民，而爱物，便是发干生枝生叶。墨氏兼爱无差等，将自家父子、兄弟与途人一般看，便自没了发端处。不抽芽，便知得他无根，便不是生生不息，安得谓之仁？孝弟为仁之本，却是仁理从里面发生出来。"（《传习录（上卷）·陆澄录》）

注释

①墨氏：指墨子，（约前 468—前 376 年），春秋战国之际思想家，墨家创始人，名翟，相传为宋国人，后长期住在鲁国。墨子主张兼爱、非乐、节用、尚贤等。当时其学与儒学并称显学。

②六阳：古以天气为阳，地气为阴，十一月至来年四月为阳气上升之时，合称六阳。

译文

陆澄问："程颢先生说'仁者以天地万物为一体'。既然如此，为何墨子的兼爱说法反而不能称为仁？"

阳明先生说："这也很难说，主要还有赖于各位自己体会出来才行。仁是造化生生不息之理，虽然它弥漫于四周，无处不存，但其流行发生也是一个逐渐的过程，所以它才生生不息。例如，冬至时一阳开始产生，一定是从一阳开始，而后渐至六阳才能出现。若没有一阳的产生，又何来六阳？阴也是这样，正由于有一个渐进，所以就有个发端处。正因为有个发端处，所以才能生长，因为能生长，所以才不息。就像树木，树刚发芽就是树的生长发端处。抽芽后，长出树干，有树干后再长出枝叶，然后生生不息。如果没有树芽，怎么会有树干和枝叶？能抽芽，地下一定有个根，有这个根方能生长，无根便会枯死。没有树根从何抽芽？父子、兄弟之爱，便是人心的发端处，如同树的芽。从此而仁民爱物，犹如长出树干和枝叶。墨子的兼爱是让人（对所有人）无区别看待，把自己的父子、兄弟与路人同等看待，这自然就没有了发端处。不抽芽，便知道它没有根，便不是生生不息，又怎么能称作仁呢？孝、悌是仁的根本，仁理就是从孝悌中产生。"

解 析

此节交锋双方，儒学和墨学，最大的看点是墨家的"兼爱"主张遭到了儒家"仁爱"主张的强势阻击。

作为一个儒学信奉者，我不想在这里帮衬着阳明再去踩墨子两脚，而是想从墨家"兼爱"主张发轫的源头来还原一下墨子提出"兼爱"的本意，当然还免不了将其和儒家的"仁爱"主张做一番对比。

任何一种学说的提出，都是为了解决人类发展进程中遇到的问题，墨子提出"兼爱"，正是因为春秋战国时期的人们不能兼爱，列国之间，无休止的攻打杀伐，很少有哪场战争是出于正义的目的，无非都是为了一国之私利而相互厮杀。面对混乱的社会现实，儒墨两家各自开出了自己的药方，儒家提出了"仁爱"的口号，墨家祭出了"兼爱”的大旗。

这就犹如两个产品接近的厂家，各自将产品投放到市场后，然后指责对方的产品有缺陷，自己的产品多么多么完美一样。儒家“仁爱”的套路是：国君带头实行仁政，然后教化人民，从仁爱自己身边的人开始，达到散布仁政于天下的目的。墨家“兼爱”的套路是：宣传四海之内皆兄弟，对于所有的人，都要一视同仁，互相关爱，不要互相攻打，然后开源节流，任贤使能，达到天下大治。

这两家的产品投放到市场后的效果如何呢？先看儒家，孔子一生周游列国，他的主张没有被任何一国所采纳，孔老夫子只好广收学徒，以开办培训班为生，期待薪尽火传，以俟后世能发扬儒学。再看墨家，市场反响也没有好到哪里去，但是，实际效果还是有一些的，主要表现是在“兼爱”口号的感召下，主动组织门徒帮助弱小的国家守城，抵御强敌的欺凌。

但是，后来这两家的命运就有天壤之别了，儒学在后来两千多年的中国社会中，不管实际效果上是不是实现了“仁政”，至少每个朝代在口号上，都是以孔子的那套“忠孝仁义”相标榜的。而墨家则遭遇冷落，被遗忘在历史的犄角旮旯，几近失传。

墨家学说虽然几近失传，但是由“兼爱”所衍生的“侠义”精神，却从来没有在民间销声匿迹过，这种“侠义”精神其实也是中华文化精神的一个重要组成部分，一直作为儒家文化的重要补充而活跃在民间。司马迁先生就非常推崇这种侠义精神，在他的不朽巨著《史记》中专门开列了“游侠列传”的专栏为那些侠义之士立传。

回到这一节，阳明先生对“兼爱”不合理之处的论述，实事求是来说，完全有道理。“兼爱”的变种“侠义”精神，其主张本来就是路见不平，拔刀相助，管你和我认识不认识，也不管关系的亲疏远近，我看着不公平，我就要出头。这种精神可以解人的一时之危，人生在世，谁都难免一时一事之急，此时，侠义之行，无疑是雪中送炭，所以说，这种精神价值到任何时候都不会褪色。

但是从人之常情而言，如果自己的父亲和一个陌生的路人同时落水，而恰好两人都是旱鸭子，此时，如果你先去救路人而舍老父于不顾，别人也一定说你脑子进水了。此时，阳明在这里说的“仁”总要有一个发端之处的说法，就会得到强有力的支持。

好了，稀泥和完了，总的来说，墨子和孔子的主张各有各的道理，大家还是将产品细化一下，使其可以针对不同的市场，不要搞不必要的同质化恶性竞争了。

一场由除草引起的答辩

原文

侃去花间草，因曰："天地间何善难培，恶难去？"

先生曰："未培未去耳。"少间，曰："此等看善恶，皆从躯壳起念，便会错。"

侃未达。曰："天地生意，花草一般。何曾有善恶之分？子欲观花，则以花为善，以草为恶。如欲用草时，复以草为善矣。此等善恶，皆由汝心好恶所生，故知是错。"

曰："然则无善无恶乎？"

曰："无善无恶者理之静，有善有恶者气之动。不动于气，即无善无恶，是至善。"

曰："佛氏亦无善无恶，何以异？"

曰："佛氏着在无善无恶上，便一切都不管，不可以治天下。圣人无善无恶，只是'无有作好'，'无有作恶'[①]，不动于气。然'遵王之道，会其有极'，便自一循天理，便有个裁成辅相。"

曰："草即非恶，即草不宜去矣？"

曰："如此却是佛、老意见。草若有碍，何妨汝去？"

曰："如此又是作好作恶。"

曰："不作好恶，非是全无好恶，却是无知觉的人。谓之不作者，只是好恶一循于理，不去又着一分意思。如此，即是不曾好恶一般。"

曰："去草如何是一循于理，不着意思？"

曰："草有妨碍，理亦宜去，去之而已。偶未即去，亦不累心。若着了一分意思，即心体便有贻累，便有许多动气处。"

曰："然则善恶全不在物。"

曰："只在汝心，循理便是善，动气便是恶。"

曰："毕竟物无善恶。"

曰："在心如此，在物亦然。世儒惟不如此，舍心逐物，将格物之学错看了，终日驰求于外，只做得个'义袭而取'，终身'行不著，习不察'②。"

曰："如好好色，如恶恶臭，则如何？"

曰："此正是一循于理，是天理合如此，本无私意作好作恶。"

曰："如好好色，如恶恶臭，安得非意？"

曰："却是诚意，不是私意。诚意只是循天理。虽是循天理，亦着不得一分意。故有所忿懥好乐，则不得其正。须是廓然大公，方是心之本体。知此，即知未发之中。"

伯生③曰："先生云：'草有妨碍，理亦宜去。'缘何又是躯壳起念？"

曰："此须汝心自体当。汝要去草，是甚么心？周茂叔④窗前草不除⑤，是甚么心？"（《传习录（上卷）·薛侃录》）

注释

①"无有"两句：源自《尚书·洪范》，原文"无有作好，遵王之道。无有作恶，遵王之路。无偏无党，王道荡荡。无党无偏，王道平平。无反无侧，王道正直，会其有极，归其有极。"下引"遵王之道，会其有极"亦出于此。

②"行不"句：语出《孟子·尽心上》，原文"行之而不著焉，习矣而不察焉，终身由之而不知其道者，众矣。"

③伯生：即孟源，字伯生。

④周茂叔：周敦颐（1017—1073年），字茂叔，北宋时人，世称濂溪先生，著《太极图说》。

⑤草不除：据《二程遗书》所记，"周茂叔窗前草不除。问之，云：'与自家意思一般'。即好生之意，与天地生意如一。"

译文

薛侃拔除花间的杂草，顺便问道："天地之间，为什么善很难培养而恶很难去除？”

阳明先生回答说：“因为人还没有去培养，没有去清除。”过了一会儿，阳明先生又说：“这样理解善恶，都是从一己的私意生发的念头，所以会错。”

薛侃没有理解，阳明先生接着说：“天地之间的生生不息之意，有如花草一般，何曾有善恶之分呢？我想要看花，就认为花是善，认为草是恶；要是打算用草时，就又会以草为善。这样的善恶观点，都是根据你心中的好恶所产生的，所以说是错的。”

薛侃说：“这样说来，岂不是无所谓善和恶了？”

阳明先生回答道：“无善无恶是理的静态表现，有善有恶是由于气的发动，能不为气所动，就会无善无恶，就是至善。”

薛侃又问：“佛家也讲无善无恶，和儒家所说的有什么不同呢？”

阳明先生说：“佛家着意在无善无恶上，便一切都不管，所以不能用来治理天下。（儒家）圣人所说的无善无恶，只是‘无有作好’，‘无有作恶’，不被气所动，不过是‘遵王之道，会其有极’就自然完全遵循天理，就能对天地之道进行取舍，作为人安身立命的辅用。”

薛侃问：“草既然不是恶的，那么草就不应该去除了？”

阳明先生说：“要是这样认为，那就是佛家、道家的观点了。草如果成为障碍，你除去又有何妨呢？”

薛侃问：“这样做是为善呢？还是作恶呢？”

阳明先生说：“不着意去为善除恶，不是说善恶全无区别，（要是对善恶全无区别），那不成了全无知觉的人了吗！所谓的不作的意思，只是对善恶的区分完全遵循‘理’，不在‘理’的上面去着一丝人的意思。这样，就是不曾有善恶一样。”

薛侃问：“以除草来说，怎样才是完全遵循天理而不着人的意思呢？”

阳明先生说：“草有了妨碍，理当除去，那除去就是。如果一时没有除掉，也不要因此而牵累到此心，如果在心中着了一丝意，就会给心体留下遗累，就会有许多动气的地方。”

薛侃说：“这样说善恶完全不在外物上面。”

阳明先生说：“只在你的心中，循理就是善，动气就是恶。”

薛侃说："毕竟外物本身没有善恶。"

阳明先生说："在心上如此，在事物上也是如此。世间的俗儒不懂这一点，舍弃内心去追逐外物，将格物的学问错看了，整日在心外孜孜以求。只做得个'义袭而取'，终生下来，也只是'行不著，习不察'。"

薛侃问："像'好好色，恶恶臭'，该怎么解释呢？"

阳明先生说："这正是完全遵循天理，是天理本该如此，它本来没有私意去为善去恶。"

薛侃又问："好好色，恶恶臭，又怎么能说没有着意呢？"

阳明先生说："这种意却是诚意，不是私意，诚意只是遵循天理。虽然是循天理，也着不得一份人的意思，所以心中有一点忿恨好乐，心就不得其正。必须是廓然大公，才是心的本体。懂得这一点，也就知道'未发之中'的意思了。"

孟源说："先生刚才讲'草有妨碍，理亦宜去'，为何又是从私意发起念头呢？"

阳明先生说："这需要你自己用心体会自己的心念，你要除草，是什么心，周茂叔窗前的草不除，又是什么心。"

解析

这节主要是薛侃拿"除草"这个话题和阳明探讨"善恶"的问题，当然，最后孟源同学也打酱油般发了言。这里所谈内容是之前未曾涉及过的，值得重视。

先看双方问答的第一回合，薛侃先问为什么善难培养，恶难清除，阳明说因为人没有培养，没有清除。这就和孟子说的"操则存，舍则亡"的意思一样了，真理往往就是这么简单，再多说都是赘言。

由于薛侃同学的基础不太好，阳明又补充说，"此等看善恶，皆从躯壳起念，便会错。"

本来希望这样补充一下，薛侃可以更好地理解，但是你不说还好，这样一说，薛侃反而糊涂了。

阳明第二回合的发言，"天地生意，花草一般。何曾有善恶之分？子欲观花，则以花为善，以草为恶。如欲用草时，复以草为善矣。此等善恶，皆由汝心好恶所生，故知是错。”。阳明这样一说，薛侃马上发出了“然则无善无恶乎？”的疑问。

阳明第三回合的发言，就出现难点了。其中说的“无善无恶者理之静，有善有恶者气之动。”其实就是著名的阳明四句教中前两句的蓝本，四句教中这两句的原话是“无善无恶心之体，有善有恶意之动。”比较一下，意思基本一样，不过是将“心之体”换作了“理之静”，“意之动”换作了“气之动”。

先看“无善无恶者理之静”这句该怎么理解，我们现在将阳明先生比作是一个画师，他要来画画，画画之前必须要有一张白纸，这张白纸在没有点染任何墨迹之前，就像这句表达的“无善无恶者理之静”一般，人的任何意思都没有表现出来，是一种混沌宁静的状态，就像是搭建好了一个空旷的舞台，只等待人登台来表演，这就是没有善没有恶的“理之静”的状态。

再来看“有善有恶者气之动”这句，关键字是“气”字，因为在不同的文意中，它会产生千变万化的解释。阳明这里的“气”指的是“私意之气”，私意之气发动了，对事物就有一个喜好和厌恶的判断，我们通常说的“意气用事”，其中“气”的意思正好和这里“气”的意思相吻合。

那么阳明接着说的“不动于气，即无善无恶，是至善”，就可以解释通了，不在自我的私意上动气，也就是意念发动之处，皆能循理，当然就是“无善无恶”，就是“至善”了。

第四回合，薛侃又拿佛家的无善无恶来和儒家的无善无恶相比较，阳明先生也就顺势拿起棒子开始敲打佛家了。

他说“佛氏着在无善无恶上，便一切都不管，不可以治天下”，其中后边说的“不可以治天下”，还是比较公允的，但前面说的“便一切都不管”还是有所偏颇，有一竿子打翻一船人的意思，为了避免引起“佛粉”们的公愤，我说句公道话，佛家的无善无恶，至少是管修行者本人的，假如一个原本是大恶的人，修行了佛法，他照顾好了自己的心性，至少不会来祸害天下人间，这岂不也是对天下之治有大功德？所以，用“一切”两个字就过了。

再来看阳明对儒家的无善无恶的阐释，就是“无有作好，无有作恶，不动于气（私意之气）”之类的话，这都是前面讲滥了的意思，我也不再多说。要注意“便有个裁成辅相”这句，这其中透露出了儒家的那种对“道”进行主动的裁剪取舍的积极用世的精神，本来是川流不息，视人如“刍狗”的天地大道，经过人的裁剪取舍，可以达到为人所用，从而让人能够利命安身。这也正是阳明所讲的“致良知”的大用。

第五回合，薛侃又问了，“草即非恶，即草不宜去矣?”因为阳明刚说了“天地生意，花草一般。何曾有善恶之分?”故有此问。

阳明回答说“如此却是佛、老意见。草若有碍，何妨汝去?”若说佛家、道家对于草的观点总是“不宜去”，好像与实际也不相符，佛、道二家毕竟也还都有降妖伏魔的副业。阳明这里也只是从三家总体的思想主张上着眼论述，我们也没有必要刻意责难他。

第六回合，认真的薛侃又问了，那么这样除草是为善呢？还是作恶呢？阳明回答道“不作好恶，非是全无好恶，却是无知觉的人。谓之不作者，只是好恶一循于理，不去又着一分意思。如此，即是不曾好恶一般。”

这里需要严格区分两种情况下的“好恶”。第一种情况，是阳明说的“不作好恶”中的“好恶”，其意思引用阳明原话解释，“谓之不作者，只是好恶一循于理，不去又着一分意思。如此，即是不曾好恶一般。”第二种情况，是阳明说的“非是全无好恶”中的“好恶”，这个“好恶”不是以“心”的感觉标准说的，而是以“理”为标准说的，合“理”的，可以归类为好，违背“理”的归类为恶，这里“理”的标准是能否裁剪天命以为人用，看似是有了“为人用”的一点“私”，但是这点“私”如果合理，对于执行这种“好恶”判断标准的人心来说，依然是廓然大公的“不作好恶”。这里表达的意思需要各位静心深思，方能得其阃奥，不是只在文字上所能完全讲明白的。

第七回合，薛侃问“去草如何是一循于理，不着意思?”只讲理论，还是太抽象，薛侃让阳明用除草的事情作为一个实例，讲一下到底什么是“一循于理，不着意思”。阳明回答“草有妨碍，理亦宜去，去之而已。偶未即去，亦不累心。若着了一分意思，即心体便有贻累，便有许多动气处。”这里注意阳明强调的重点，草除掉也好，一时没有除掉也好，心都不能被它所累，这其实就是心不能随物转的意思，这正是心学的功夫所在，外在事物无论如何纷杂万变，你的心一定不能随它乱了方寸，只有常常保持“平常心”，才能观理洞明无碍，才能物来能应。

这里强调心不被外在所累，最普遍看到的应用是在体育比赛中，所说的运动员的心理素质好，指的就是在比赛当中，面对不利的情况时，能够保持情绪不被形势所干扰，正常地将平时训练的水平发挥出来。这是修心的重中之重，也就是乱极时立得住，才是真学问。韩国的射箭队，为了锻炼那些女队员的心理素质，在她们面前放上蛇，要求队员们在“蛇视眈眈”之下，将射出的箭命中靶心。这哪里是在练习纯粹的射箭技术啊，完全就是在炼队员的心啊！

毛泽东在年轻的时候，为了锻炼自己的心性，专门跑到闹市读书，以培养在极乱的情况能将心静下来的能力，所以，毛泽东之所以能建立不世的功业，完全是在一个强大的内心基础之上的。这个世界上，其他的任何强大都是末流，只有心的强大，才是真正强大的源头！

第八回合，薛侃问“然则善恶全不在物?”这里说的“物”，指的是外在的事物，并不是阳明说的“格物”的“物”。阳明回答“只在汝心，循理便是善，动气便是恶。”

第九回合，薛侃说“毕竟物无善恶”，所说的“物”依然指外物。阳明回答“在心如此，在物亦然。世儒惟不如此，舍心逐物，将格物之学错看了，终日驰求于外，只做得个‘义袭而取’，终身‘行不著，习不察’。”阳明所说“在物亦然”的“物”就是他学说中所定义的“意之所在即是物”的意思了，物一旦进入了意，循理就是善，违背理就是恶，所以说“在物亦然”。后面说的“舍心逐物”中的“物”字就又是作外物讲了，因为说世儒“将格物之学错看了”，错在哪里呢?将功夫用在追逐外物上，而不是在心和外物接触的那一刹那间于意上用功，所以说他们“终日驰求于外，只做得个‘义袭而取’终身‘行不著，习不察’。”

第十回合，薛侃问“如好好色，如恶恶臭，则如何?”阳明回答“此正是一循于理，是天理合如此，本无私意作好作恶。”但是薛侃没有那么好打发，他又问道“如好好色，如恶恶臭，安得非意?”阳明回答“却是诚意，不是私意。诚意只是循天理。虽是循天理，亦着不得一分意。故有所忿懥好乐，则不得其正。须是廓然大公，方是心之本体。知此，即知未发之中。”人看到美色，爱好之心升起，却也是诚意，问题是在这个爱好之心上如果稍有贪恋，就流入私意，可见诚意和私意也就一墙之隔，薛侃正是在诚意和私意的区别上还有迷惑之处，故有此问答。

最后附加的一个回合，孟源同学客串了进来，他问“先生云：‘草有妨碍，理亦宜去。’缘何又是躯壳起念?”这个问题十分尖锐。阳明回答“此须汝心自体当。汝要去草，是甚么心?周茂叔窗前草不除，是甚么心?”阳明先生化解这个提问的方法十分艺术，他让人反求诸己，要具体问题具体分析，天下没有一句顶一万句的绝对真理。人起念之处到底是私意还是诚意，只有你自己知道，也许你能瞒得了一时的天下人，但是你瞒不过你自己起念时的内心，在自己独知独见的当头，是否能顺理而行，是对一个人修心功夫的最终检验。

不患妨功，惟患夺志

原文

或问："为学以亲故，不免业举之累。"

先生曰："以亲之故而业举为累于学，则治田以养其亲者，亦有累于学乎？先正云：'惟患夺志[①]'，但恐为学之志不真切耳。"（《传习录（上卷）·薛侃录》）

注释

①惟患夺志：出自《河南程氏外书》卷十一，原文"故科举之事，不患妨功，惟患夺志。"

译文

有人说："想要学习先生的学说，但由于父母（主张）的原因，不免有科举的拖累。"

阳明先生说："由于父母的原因参加科举考试而妨碍了学习（我的学说），那么，为了奉养父母而种田，也妨碍学习吗？前贤说过'惟患夺志'，只需要担心为学的志向不真切而已。"

解　析

先说这句"为学以亲故，不免业举之累。"我看了时下公开出版的许多版本的翻译，个人认为没有一个翻译是对的。就拿贵州人民出版社1998年出版的《传习录全译》来说，对这句的翻译是"为父母而学习，就不免有科举的拖累。"这完全是在字义上穿凿，按照这种译法这节的整个文理都不通。

其错误在对于“为学”这两个字的理解，这里的为学指的是学习阳明先生的心学，而并不是为了父母而学习。当时阳明先生讲学，虽然有很大影响，但是毕竟不是正统观念中的学问，当时就有很多人攻击先生的学说为“异端”，为人父母，哪个不希望自己的孩子走正途，难道会支持自己的孩子学习阳明先生这种还没有定论的有“异端”嫌疑的学说吗？既然当父母的不会主张自己的孩子学习阳明学说，那么这里翻译成“为父母而学习”应该就是为了科举而学习了，那么为了科举而学，后面又说“就不免有科举的拖累”，岂不是太不通了吗？正确的解释只能是前面所说的“为学”是学自己父母不赞同的阳明先生的学说，这样，整节的意思才能贯通。

读书参加科举几乎是古代中国读书人唯一的发迹出路，为人父母肯定只会支持自己的儿子走这条路。这和现代的情况一样，大部分父母都是希望自己的孩子好好读书，将来最好考上公务员，这样，才有一个既有面子又有里子的前途。如果你非要有自己的想法，想通过一些在主流观点看来是旁门左道的途径来实现生命价值，基本上会遭到父母的强力反对。叛逆少年和保守父母之间拉锯战的故事，自有人类以来就不断在我们这个星球上演了。

像这节提问的这个人，很可能是一个叛逆性格不彻底的年轻人。当时，许多人追随在阳明身边学习，这位提问者就是其中之一。之所以说他叛逆性格不彻底，是因为他一方面想学习先生的学说，另一方面，又不敢彻底违逆父母令其为科举而读书的心愿。他内心的困惑是，我很想学习先生您的学说，但是父母逼迫我读书参加科举，如果要读那些科举的书，就没有时间研习先生的学说，由于科举的事拖累了我学习先生的学说，这种情况我该怎么办？先生您给个意见吧！

老实说，阳明这里的回答，虽然也是通过引用“惟患夺志”，而中规中矩地说明只怕志向不坚定，不怕科举妨碍学习我的学说。但是给人感觉还是没有挠到痒处，其实，在《传习录》后文，对于有类似疑问的人的提问，阳明先生有更让人“解渴”的回答。这里可以模仿阳明那种“解渴”式回答，来解答这位同学的疑惑。科举读书和学习阳明先生的学说何尝是非此即彼的关系啊？完全可以合二为一！要科举读书，就在科举读书上体认天理就行了，只要你心中不忘先生学说的宗旨，无论何种事情上，都是对先生学说的体验式学习，难道只有跟随在阳明先生左右，天天在这里红口白牙地讲“立志、致良知”才算是学习先生的学说了吗？

这里我们也可以通过另一个侧面理解“知行合一”的思想，阳明的学说，从来都不会让人斩断和现实世界水乳交融的联系而流于清谈，先生是极其清醒的现实主义者，是一个怀揣最崇高梦想却又能坦然踏上最泥泞沼泽的达人，是一个在现实和理想之间掌握好最恰允平衡点的艺术大师，是一个无论是金玉满堂还是破室漏屋都能持心如一的千古圣人。

昨怜破袄寒，今嫌紫莽长

原文

崇一[①]问："寻常意思多忙，有事固忙，无事亦忙，何也？"

先生曰："天地气机，元无一息之停。然有个主宰，故不先不后，不急不缓，虽千变万化，而主宰常定，人得此而生。若主宰定时，与天运一般不息，虽酬酢万变，常是从容自在，所谓'天君泰然[②]，百体从令。'若无主宰，便只是这气奔放，如何不忙？"（《传习录（上卷）·薛侃录》）

注释

①崇一：欧阳德（1495—1554年），字崇一，号南野，江西泰和人，王阳明学生，官至礼部尚书，谥文庄。

②天君泰然：百体从令，语出宋范浚《香溪集》卷五的《心箴》。"天君"指心。

译文

崇一问："平时，心意多忙乱，有事时固然忙乱，无事时也忙乱，这是怎么回事？"

阳明先生说："天地间的气机，本来没有一刻停息过。但天地有一个主宰，于是就能不先不后，不急不缓，即使千变万化，而主宰是一成不变的，人要靠这个主宰过活。如果主宰安定，如同天地运行一样没有停息，即使应酬之事千变万化，也经常从容自在，也就是所谓的'天君泰然，百体从令'，若无主宰，便只有气在心中四处奔流，怎么会不忙呢？"

解　析

“人法地，地法天，天法道，道法自然。”这几句是《道德经》上的话，其中的“法”是效法的意思。阳明这里的意思，用《道德经》上的这几句来诠释再恰当不过，这里阳明要求人效法天地，做到主宰常在。

所以现代那些攻击阳明心学是“唯心主义”的人，从这里也可以找到反驳他们的论点。阳明心学哪里是从自己心中自发生长出来的啊？探究其源头，阳明也只是在效法天地，而从《道德经》中的话我们可以得知，天地效法的又是“道”，而“道”效法的又是“自然”，说到了“自然”，也就说到头了，无法再说下去了，“自然”就是那个本然如此的东西，这里就说无可说，“自然”就是“自然”，再无法用别的东西来注释“自然”这两个字。

阳明说的“天地气机，元无一息之停”，这个我们可以从时间的沿流不息来体会，鲁迅说的“时间永是流逝”，孔子说的“逝者如斯夫”都是在感叹时间脚步的永不停息。比较费解的是阳明说的这个“主宰”，在这里，我也只能痛哭流涕地告诉你，“主宰”这两个字是没有办法用文字阐释清楚的。我们只能用一些比喻的方法来描述其梗概，但是对于“主宰”全貌的表达，不是人类的语言所能做到的。

天地的主宰刨根究底还是要回到本然如此的那个“自然”上，比如冬天过去了，春天就来了，你会问，为什么冬去春来？我说是因为地球围绕太阳的运动造成的；你再问，地球为什么会围绕太阳运动？我说，那是因为地球太阳之间要按照牛顿先生的力学定律而运动；你再问，地球太阳之间为什么要按照牛顿力学定律而运动？我表示茫然，然后拉来牛顿先生请他亲自解答，牛顿先生说，那是因为上帝在驱动，所以会按照力学定律运动。OK，至此就可以打住了，牛顿先生已经把上帝搬出来了，他说的这个上帝在驱动，也就是主宰了，如果再问下去，他会邀请您和他一道到另一个世界找上帝去问了。

所以，世界上那些最终的真理，基本上都是这么一个答无可答，讲无可讲，说无可说的东西。而这里说的“主宰”就是这么一个玩意儿。但我们不要过于灰心，对于我们修心来说，了解到心体要效法天地的层次已经够用了，剩下的东西就已经是上帝的秘密了，我们不用在这里探头探脑地做无用功般的打探了，还是让我们回到人间来。

欧阳崇一这里说的“有事忙，无事也忙”的心理状态，就我个人的内心体验来说，的的确确遇到过，相信对于各位读者朋友来说，也不会陌生。平时上班，我们拼命忙碌，心中没有一点闲暇，总盼着早点放假。终于，我们熬到了一个“十一”长假，这下我们可以好好休息放松一下吧，于是你急匆匆提前安排好了旅游目的地，在“十一”当天，你们一家人起了个大早，然后开着私家车带上家人向目的地出发，谁知，“十一”大家扎堆出游，交通拥挤不堪，经过漫长的跋涉，你们来到了旅游目的地。但是，你很快发现了另一个头疼的问题，停车位已经满了，你不得不另外找一个地方将车安顿好，然后去购票，看一下那令人望而生畏的排队购票者组成的长龙，你不得不耐着性子等待。

到了购票窗口，你又从面无表情的售票员口中得知今年的票价比去年涨了 50%，这又让你感觉很不爽，但是咬咬牙还是买了票。接着总算进入景区，但是里面的人摩肩接踵，举袖成云，挥汗如雨，比庙会还要热闹，你感受不到什么自然的风景，感受到的只是涌动的人头组成的“人文”风景。到了景点，你匆匆拍照，匆匆游历每一个景点，匆匆从人潮中挤进挤出，仿佛落下一个景点就对不起花那么多钱买的门票似的。就这样，你一天的假期过完了，晚上，当你拖着疲惫不堪的身体回到家时，回想这一天的经历，是不是感觉你的心体甚至比工作时还要忙乱？

你的这种心理状态，四百多年前的欧阳崇一也感受到了。此情此景像极了曹雪芹在《红楼梦》中说的“昨怜破袄寒（工作中的忙乱犹如‘破袄寒’），今嫌紫莽长（休闲时的忙乱犹如‘紫莽长’）。乱哄哄你方唱罢我登场，反认他乡是故乡，甚荒唐，到头来都是为他人作嫁衣裳。”那么，人心体的故乡在哪里呢？苏东坡说过“此心安处是吾乡”，他这里说的“此心安处”实质就是阳明先生的“致良知”处。只不过苏东坡没有像阳明这样系统地提出一套学说罢了。

通常情况下，人的心体像是一个高速运转的陀螺，无论天理的要求到底是该忙碌还是该悠闲，它都不肯停息下来，一定要追逐一样东西才肯罢休。现在让我们看看天地之道，从冬至到立春，其中的时间是固定的，天地就是这样不紧不慢地运行，一秒不多，一秒不少，恰恰好的时候，冬天就过去了，春天就来了。人就要效法这种精神，不须急，也不要慢。事情来了，你就去循理应对，事情过去了，你的心就可以将息下来，犹如“风过疏竹，风过而不留声，雁过寒潭，雁过而潭不留影”（《菜根谭》）。人的心体对外在事物的应对都要这样，才能不被外物所累。做到这一步，就像是天地的那个主宰也成了你内心的主宰一样。

为学大病在好名

原文

先生曰："为学大病在好名。"

侃曰："从前岁，自谓此病已轻。此来精察，乃知全未。岂必务外为人？只闻誉而喜，闻毁而闷，即是此病发来。"

曰："最是。名与实对，务实之心重一分，则务名之心轻一分。全是务实之心，即全无务名之心。若务实之心如饥之求食、渴之求饮，安得更有工夫好名？"

又曰："'疾没世而名不称①'，'称'字去声读，亦'声闻过情，君子耻之②'之意。实不称名，生犹可补，没则无及矣。'四十五十而无闻③'，是不闻道，非无声闻也。孔子云：'是闻也，非达也④。'安肯以此望人？"（《传习录（上卷）·薛侃录》）

注释

①"疾没"句：语出《论语·卫灵公》。

②"声闻"句：语出《孟子·滕文公下》。

③"四十"句：语出《论语·子罕》。

④"是闻"句：语出《论语·颜渊》。

译文

阳明先生说："为学最大的弊病就是好名。"

薛侃说："自前年起，自我感觉好名的毛病已经减轻许多。最近仔细省察，才知道这个毛病完全没有去掉。岂止是仅仅做到外在不爱好名声的样子给人看就算是（不好名了）？只要听到夸赞就喜悦，听到毁谤就忧闷，就是好名的毛病在发作。”

阳明先生说：“十分正确。名与实相对。务实的心重一分，求名的心就轻一分。若全是务实的心，就没有一丝求名之心。如果务实的心犹如饥而求食，渴而求饮，哪里还会有好名的工夫？”

阳明先生又说：“‘疾没世而名不称’的‘称’字读去声，也就是‘声闻过情，君子耻之’的意思。实与名不相符，活着尚可弥补，死了就来不及了。孔子认为‘四十五十而无闻’，（其中的“闻”字）是指没有闻道，并非指声誉。孔子说：‘是闻（闻道）也，非达（显达）也’，他怎么会以是否有名声而看待别人呢？”

解　析

这节探讨“好名”的问题。在阳明嘴边，“好名”常常是和“好色”、“好货（财）”并列的三大私好之一。关于“好名”的问题，许多名人也留下了一些趣谈逸事。

美国人本杰明·富兰克林，算得上是西方世界的一个古今完人了。在他的《富兰克林自传》一书中，曾经谈起过自己如何克治“自傲”这一毛病的。“自傲”和这里阳明说的“好名”其实意思相近，他说，我发现最难克服的毛病就是“自傲”，比如我现在基本上已经能克服自傲了，但是，有时候，我还是会为自己能克服“自傲”这个毛病而自傲。富兰克林的这些话够精辟，还好，他还能意识到自己没有完全克服自傲，比起世上的大多数人，他已经很了不起了。

我们再看另一个例子，清朝人袁枚首次上任做官之前，到自己老师家中拜别，他老师问他，你就要去当官了，都准备了什么东西去当好这个官呢？原本是指望袁枚会回答“忠君爱民”之类的话。没料到，袁枚恭敬地回答道，学生没有准备别的，只是准备了一百顶高帽子，上任之后主要是先送掉这些高帽子。

方正端庄的老先生一听袁枚这样说，气就不打一处来，我辛辛苦苦培养你，就是希望你能成为一个对国家和人民有用的人，十年寒窗，一朝成名，走马上任之前不先给我说说你兼济天下的大义，却先学会了这些庸俗的东西，老先生的脸都被气白了。

于是他就劈头盖脸骂了袁枚一顿，等老先生发泄完，袁枚平静地擦拭干净满头的狗血。温声细语地对老师说，世俗上的人，其庸俗鄙陋哪里及得上先生您的万分之一呢？像先生您这样德高望重的大儒，自然不需要别人再恭维奉承您，但是，世俗的那些家伙，如果不先给他们送些高帽，可能学生为起政来就多有掣肘之处，到了那时，还怎么施展兼济天下的大义啊？还请老师您明鉴啊！

正火冒三丈的老先生一听这话，犹如服了一剂清凉散，浑身受用无比。他认真思考了一下，然后语气就缓和多了，但是还免不了惇惇教诲一番袁枚要当好官，不要贪污，不要纳贿，袁枚恭顺地听完，就拜别了老师。到了朋友那里，朋友问他面见老师的情形如何，袁枚就淡定地告诉那哥们儿，高帽子我已经送出去一顶了。

通过上面的两个例子，我是想说，“好名”这两个字在人性深处是何等根深蒂固，而且越有能力的人，越容易在这上面栽跟头。底层的小民，默默无闻，就是想犯“好名”的毛病，也会失望地发现根本没有犯这个病的条件。所以，从某种意义上说，这还是个“富贵病”。当大家在学问、财富、权力等方面稍有小成的时候，就要痛加留意“好名”这两个字。

薛侃对“好名”病发作症状的描述，还是比较到位的，从中也可以看出他在阳明门下进步之快。薛侃已经意识到，仅仅做到给人以谦恭的表象，还不能算是不好名了。必须要将手术台内移，听到别人对自己的夸赞，有点想飘的感觉，就赶紧给自己来一刀，让自己落下来。听到别人对自己的毁谤，有了消沉或者愤怒的情绪，马上给自己打一剂强心针或者安定针，让自己恢复到常态去。只有这样，才是学问的得力之处。

再来看阳明对“好名”病的点评，就更加专业了，先生直接说出了“好名”病的病理表现，让大家更加明确了克服“好名”病的重大意义之所在。如果不在这一关上打通，基本上就落入了“小富即安”、“器小易盈”的窠臼，在自我心体修炼上难有更大作为。这还不算，接下来，阳明还引用了“正心科”的著名“医学”权威，也是阳明的老前辈孔丘先生的论述，通过考证“称”字的读声，以及对“闻”字多年来错误理解的拨乱反正，来讲明“反对虚名，专注于求真务实”的儒学传统自古以来就是如此。

悔过以改之为贵

原文

侃多悔。先生曰："悔悟是去病之药，然以改之为贵。若留滞于中，则又因药发病。"(《传习录（上卷）·薛侃录》)

译文

薛侃经常悔过。阳明先生说："悔过是去病的药，但是贵在改正。如果把悔恨留在心里，那又是因用药不当而致病了。"

解　析

人做错事，难免要后悔，这里阳明罗列了两种后悔的结果，其实还有第三种。最可贵的反悔方式是引以为戒，前事不忘，后事之师，也就是阳明这里说的"改之为贵"。

阳明列举的一种对待"悔"的方式是"留滞于中"，身心陷入悔恨之中无法自拔，连眼下的事情都没有心情去从容处理。"如果你因错过太阳而哭泣，那你也会错过群星了。"这是印度诗人泰戈尔的名句。阳明先生没有诗人那样的文采，却有哲人般的睿智，他应该是意识到了薛侃在"多悔"这件事上可能陷入了这种偏失，故不失时机点拨他一下。

阳明未说到的第三种"悔"的情况，应该说也是很普遍的，做错了事情，后悔地哭天抢地，痛不欲生，誓天盟地，下定决心，下次绝不再犯。三天过后，碰到相同的事情，同样的错误还是照犯。所谓的无志之人常立志大概指的就是这种情况。对于这种情况，真的是圣人再生，也拿他毫无办法，不愤不启，不悱不发，一个人内心没有要求进步的诚意，再施加任何外力给他，也都是徒劳。

智者和愚者

原文

问："上智下愚[1]，如何不可移？"

先生曰："不是不可移，只是不肯移。"（《传习录（上卷）·薛侃录》）

注释

①上智下愚：出自《论语·阳货》，原文"子曰：'唯上知与下愚不移。'"

译文

薛侃问："孔子说的上等智慧的人和下等的愚者，为什么不可以改变？"

阳明先生说："不是不可以改变，只是两种人都不肯改变。"

解　析

这节的关键在于"不可"与"不肯"这两个词的比较。"不可"所适用的对象是我们前面反复说过的"天命那人力所无法着力的部分"；"不肯"所适用的对象就是人的力量可以改变的部分。上等智慧的人我们姑且不说，且说这里讲的"下愚"之人，当然不是那些病理性的在智力方面有缺陷的人，而是指那些在思想、觉悟、素质等方面低下的人，这样的人，若真肯发愤自修，其心体修养，也可以到达"精金"的程度。

"不可"的情况，举个例子，一块石头无论给予再合适的温度，也不能孵出小鸡来，这种事情我们说其"不可"。一个正常的鸡蛋，可以孵出小鸡，但我们打算把他炒了吃掉，所以说“不肯”孵出小鸡。

说个关于曾国藩的逸事。曾国藩年轻的时候，勤学苦读不辍，一天晚上，一个贼光顾了他的书房，正欲行窃，门“吱呀”一声开了，贼立刻溜到一个角落里藏了起来。曾国藩进来了，点上蜡烛，开始挑灯夜读。曾先生反复朗读书中的一章内容，看样子是打算将其背下来。角落里的贼只得耐着性子等待，期盼眼前的这个书生早点洗洗睡，自己好继续工作或者调换一下工作地点。

但是曾先生明显精神状态很好，一点睡意都没有，反而有越读越兴奋的征兆。但过了很久，发生的一件事让这个贼再也受不了，他打算现身，宁可打破做贼的职业道德，也要教训一下这个让他看不下去的书生。什么情况令这位贼兄如此奋不顾身呢？原来，曾先生朗读的文章听起来并不太长，但是他朗读了一遍、两遍、三遍。直到十几遍，然后几十遍，看样子还是没有记住，像一台设置了循环播放的复读机一样反复播放，而此时，在角落里当旁听生的贼兄已经可以将这篇文章倒背如流了。

于是，贼兄的自尊心和耳膜都受到了严重的伤害。他恨恨不平地思忖着，这种榆木脑袋般的货色，都要读书去考公务员，我这般聪明伶俐的人，却要躲在他屁股后面做贼，天理何在啊？于是贼兄义愤填膺般现身，狠狠批评了曾先生一顿，然后呢？然后我就不知道了，这个故事到这里也就结束了。

曾国藩的文治武功如何，现代市面上介绍他的书籍已经是汗牛充栋了，我不再赘言。在后来的历史纪录中，我们却看不到一丝那位贼兄的身影，很可能还是在干他的老本行，但是也就是泯然于众贼矣。而曾先生却成为清末中兴名臣，成为近代和现代无数仁人志士的榜样和楷模。

上述这则关于曾国藩的逸事，其真实性如何已经无从考证，但是从流传下来大量关于曾国藩的记录中，可以看出，曾国藩从天资上来说并不是一个十分出众的人。但是他这个人正是通过立志自修，而直追圣境的一个鲜活样板。曾国藩的一生，是光辉的一生，是奋斗的一生，是孜孜不倦而追求着人生理想的一生。最终，曾先生成为了一个高尚的人，一个纯粹的人，一个有道德的人，一个脱离了低级趣味的人，一个有益于国家和人民的人。他一生的经历，就是青年人最好的励志教材，他也可以成为那些自认为资质平平而放弃对生命意义追求的人的榜样，也可以作为“人人皆可以为尧舜”这句话的最好明证。

而那位贼兄，天资也许并不低，但是正因为他“不肯”去追求一种更有价值的生存方式，只能令人扼腕地以一个毛贼的角色蹉跎一生。同样是人，差别咋就这么大呢？大家能将这个问题参透，也就理解阳明先生这节话的意思了。

无中生有

原文

“种树者必培其根，种德者必养其心。欲树之长，必于始生时删其繁枝。欲德之盛，必于始学时去夫外好。如外好诗文，则精神日渐漏泄在诗文上去。凡百外好皆然。”

又曰：“我此论学，是无中生有的功夫。诸公须要信得及，只是立志。学者一念为善之志。如树之种，但勿助勿忘[①]，只管培植将去，自然日夜滋长，生气日完，枝叶日茂。树初生时，便抽繁枝，亦须刊落，然后根干能大。初学时亦然。故立志贵专一。”（《传习录（上卷）·薛侃录》）

注释

①勿助勿忘：语出《孟子·公孙丑》，原文“必有事焉，而勿正（预期）。心勿忘，勿助长。”

译文

阳明先生说：“栽树的人必须在树根上下培养功夫，修养道德一定要在心上下培养功夫。打算让树木长高，必须在树木刚开始生长时就删剪掉多余的繁枝。要想让道德隆盛，必须在开始学习时就放弃对旁门的爱好。比如喜好诗文，精神就会日渐倾注在诗文上去。其他许多爱好都是如此。”

阳明先生又说：“我的这种学说，讲的是无中生有的工夫。诸位必须要坚信的，只有立志。学者一心为善的志向，犹如树的种子，只要‘勿忘勿助’，只管培植下去，自然会日夜生长，生机日益完备，枝叶日益茂盛。树刚长出来时，有了繁枝，就应该修剪，然后树干才能长大。初学时也是如此。所以，立志贵在专一。”

解　析

阳明前一句讲人的“外好”妨碍“欲德之盛”的功夫，文意晓畅，无须多言。后一句中值得注意的是“是无中生有的功夫”这句，这里的“无”指的什么？“有”又是指什么？需要剖析一番。

所谓的“无”，指天理纯然之时，无一点人的意思，颇有“本来无一物”的意味，当人完全放弃自己的意思，任由理之本然自由畅行的景况，称为“无”，这里的“无”强调人的主观意思在面对“天理”时的那种独立无涉的“旁观性”。“天理”从唯物主义哲学角度看，是客观规律，不以人的意志为转移，阳明这里说的“无”，又在无意间触到了唯物主义哲学对客观规律所下的定义。

但是阳明先生马上在“无”之后又生出了“有”，“有”指的是人心在主观能动性的选择下，所选择的主动和“无”的天理站为一队的行为。这种行为被称为“有”。解释这种“无中生有”的最好目击证人是李耳先生——《道德经》的作者。李耳先生的目击证词体现在他的传世名著《道德经》的第三十七章，原文是“道常无为，而无不为。”这句所表达的意思，实际上和阳明这里说的“无中生有”异曲同工，阳明的“无”对应李耳说的“无为”，“有”对应李耳说的“无不为”。

可以看到，不管是阳明先生，还是李耳先生，他们无论是提到“无”还是“无为”，必然会有一个“有”或“无不为”永相随。这正是中国古代哲学最大的特色，以本然如此的天理为底色搭建好舞台后，必定会有“有”或者“无不为”这种人的作用在其上跳舞。唯物哲学往往标榜“冷静、客观、中立、不掺杂人的因素”，这种自我标榜在中国传统哲学看来有些搞笑，他颇像一个顽童在和别人玩捉迷藏时，用双手捂上自己的眼睛，然后就对他的小伙伴们说“你们谁都找不到我了”一样。因为无论任何一种哲学，也终归是人观察之、总结之的，归根结底，世上没有任何一门哲学是脱离了对于人的意义而存在的。所谓的“唯物”，也只是人所定义的“唯物”而已。

从道理上我们说清楚了“有”和“无”的关系，剩下的就是遵循和切实践行的问题了，所以阳明先生那句“诸公须要信得及，只是立志”是非常关键的。只有“信得及”，才能“行得笃”，行得笃了，“知”也自然在其中了。

君子慎独

原文

正之[1]问："戒惧是己所不知时之功夫，慎独是己所独知时之功夫[2]，此说如何？"

先生曰："只是一个功夫，无事时固是独知，有事时亦是独知。人若不知于此独知之地用力，只在人所共知处用功，便是作伪，便是'见君子而后厌然[3]'。此独知处便是诚的萌芽。此处不论善念恶念，更无虚假，一是百是，一错百错。正是王霸、义利、诚伪、善恶界头。于此一立立定，便是端木澄源，便是立诚。古人许多诚身的工夫，精神命脉，全体只在此处，真是莫见莫显，无时无处，无终无始，只是此个功夫。今若又分戒惧为己所不知，即功夫便支离，便有间断。既戒惧，即是知，己若不知，是谁戒惧？如此见解，便要流入断灭禅定。"

曰："不论善念恶念，更无虚假，则独知之地，更无无念时邪？"

曰："戒惧亦是念。戒惧之念，无时可息。若戒惧之心稍有不存，不是昏聩，便已流入恶念。自朝至暮，自少至老，若要无念，即是己不知，此除是昏睡，除是槁木死灰。"（《传习录（上卷）·薛侃录》）

注释

①正之：即黄宏纲（1492—1561年），字正之，号洛村，江西雩县人。王阳明学生，官至刑部主事。

②"戒惧"二句：《中庸》中有"是固君子戒慎乎其所不睹，恐惧乎其所不闻，莫见乎隐，莫显乎微。故君子慎其独也。"

③见君子而后厌然：语出《大学》，原文是"小人闲居为不善，无所

不至，见君子而后厌然，掩其不善，而著其善。”“厌然”，躲闪貌。

译文

正之问：“戒惧是自己不知时的功夫，慎独是自己独知时的功夫，这种说法如何?”

阳明先生说：“这二者只是一个功夫。无事时自然为独知，有事时也是独知。人如果不能在此独知处用功夫，只在人所共知处用功夫，就是在作假，就是‘见君子而后厌然’。这个独知处就是‘诚’的萌芽。此处不管是善念恶念，毫无虚假，一对百对，一错百错。这里正是王与霸、义与利、诚与伪、善与恶的界限。在这里立稳脚跟，就是正本清源，就是立诚。古人许多诚身的功夫，其精神命脉全在此处。真可以说是不隐不现，无时无处，无始无终，只是这个功夫。现在倘若又把戒惧分出来当成自己不知时的功夫，功夫就会支离，也就有了破绽。既然戒惧了，那就是知，如果自己不知，又是谁在戒惧呢?”像这样（把戒惧和慎独分开看）的见解，就会坠入佛家的断灭禅定论中去。”

正之说：“不管是（感知）善念还是恶念，都没有虚假，那么独知之处，就没有无念的时候了吗?”

阳明先生说：“戒惧也是念，戒惧之念，无时可息，如果戒惧之心稍有放弃，不是昏聩，就是流入了恶念去。从早到晚，从小到老，若做到心中无念，就是自己没有知觉（这种状况），除非是人昏睡时，或者是形同枯木，心如死灰时。”

解析

众里寻他千百度，蓦然回首，“慎独”正在灯火阑珊处。前文我们曾经无数次目睹了“慎独”这个概念的倩影，但当时“慎独”也只是犹抱琵琶半遮面，为我们轻弹低吟一曲后，又飘然隐去，终于在这一节，阳明先生在与得意门生黄正之的问答唱和之下，为我们掀开了“慎独”的面纱，现在，我引领大家一睹其芳容。

曾国藩在临终之时，曾经留下一篇遗嘱，以教导自己的后辈，其中一共列了四条，第一条就提到了“慎独”，我们看下原文：

一曰慎独则心安。自修之道，莫难于养心；养心之难，又在慎独。能慎独，则内省不疚，可以对天地质鬼神。人无一内愧之事，则天君泰然，此心常快足宽平，是人生第一自强之道，第一寻乐之方，守身之先务也。

在这里，曾国藩先生将“慎独”定位为“人生第一自强之道，第一寻乐之方，守身之先务也。”其重视程度之高，值得深思。曾国藩是从“人无一内愧之事”的角度来看待“慎独”的，只有“内省不疚”，才能让“此心常快足宽平”。人一生的生命历程，实质上是心的体验历程，能有一种准则可以将此心安置在“常快足宽平”的境地，这种准则足以成为一生遵守不渝的圭臬，这个圭臬正是“慎独”。

再来看阳明对“慎独”的解释，他首先认为，人无论是密室独处，还是闹市接物，你心中的“知”都是你自己的“独知”，并不是说你处于热闹的境地，就可以有别人来代替你去“知”。点破这一层，才能显现出个体“知”的独立性和可贵性，换用一种诗性的语言来描述，每一个人的心灵都是孤独而高贵的，因为每一个心灵都主宰着一个生命在这个世界上的坐止起息，而每一个人的生命在这个世界上都是独一无二，无法复制的。

我们静下细思，会领悟到阳明这里所表达的意思：社会的礼俗，外在的规章制度，充其量可以限制约束人的外在行为，但是你内心真正的意念，只有你自己知道，人在面对自己心中的念头时，真的是掩无可掩，逃无可逃，避无可必，而“慎独”所“慎”的正是这个自己独知独见的心中意念。

只有在这个独知独见之处切实用力，在修心的功夫上，才真的可以做到纲举目张，领挈衣整。在“文革”期间，曾经有一句流传甚广的口号，叫作“阶级斗争一抓就灵”，虽然历史证明了这句口号的荒谬性，但是在修养心体上，我们如果说“‘慎独’一抓就灵”，倒确是千古不易之理，而“慎独”所谓的“慎”，其中的关键点是对“善”念的存养扩充，以及对“恶”念的清除遏制。我们还拿“文革”期间的提法来说，那时候天天叫嚷什么文斗武斗，要求人要在灵魂深处爆发革命，这种在人的灵魂深处爆发革命的提法，追根溯源，竟然还是来自儒家传统中个人修养的“克己”上，并不是某个当代人的开创性提法。可惜的是，一个本来是用来“存天理，去私欲”的儒学修心功夫，异化成了政治运动中巩固权力的工具性宣传口号。这种乾坤大挪移所造就的“文化奇观”，即使放置到几千年的中国历史进程中来观察，也是极为罕见的。清和浊，正与邪，也许在某个短暂的历史时期，可以被黑白倒置，但是，一旦将历史长河的焦距拉长，站在后来者的角度再去回眸，是非曲直竟然如围棋盘上的黑子和白子一样清晰可辨。

阳明后面又解释“戒惧”之念，其中提到的一个观点是，人只要在清醒的状态，心中就会持续不断产生意念。人的这种心体状态，很像那些流淌不息的河水，前念刚灭，后念又生，心中断然不会有什么真空期，这种景况，空说无用，大家还是自己体验一下自己的心体，看能否做到在清醒时保持心中什么念头都没有，我曾经尝试过，从没有做到过心中无念，即便是我想要把自己的心体放空，此时我也会觉察到心中的念头正是“我要把心体放空”的这个念。

“戒惧”就是在心中念头升腾之时，上前去帮持一把的那个功夫，虽然也可以称之为念，但是它更像是足球场上的裁判员，而不是运动员，其主要工作是不断地吹哨举旗以规范心中念头，保证心念升起之时不要犯规，缺失了这个公正的裁判员，心中的念头不是踢假球（流于自欺），就是故意犯规（流于恶念）。

几人真肯爱此身

原文

萧惠[①]问："己私难克，奈何？"

先生曰："将汝己私来替汝克。"

又曰："人须有为己之心，方能克己，能克己，方能成己。"

萧惠曰："惠亦颇有为己之心，不知缘何不能克己？"

先生曰："且说汝有为己之心是如何？"

惠良久曰："惠亦一心要做好人，便自谓颇有为己之心。今思之，看来亦只是为得个躯壳的己，不曾为个真己。"

先生曰："真己何曾离着躯壳？恐汝连那躯壳的己也不曾为。且道汝所谓躯壳的己，岂不是耳、目、口、鼻、四肢？"

惠曰："正是为此。目便要色，耳便要声，口便要味，四肢便要逸乐，所以不能克。"

先生曰："美色令人目盲，美声令人耳聋，美味令人口爽，驰骋田猎令人发狂，[②]这都是害汝耳、目、口、鼻、四肢的，岂得是为汝耳、目、口、鼻、四肢？若为着耳、目、口、鼻、四肢时，便须思量耳如何听，目如何视，口如何言，四肢如何动。必须非礼勿视、听、言、动，[③]方才成得个耳、目、口、鼻、四肢，这个才是为着耳、目、口、鼻、四肢。汝今终日向外驰求，为名、为利，这都是为著躯壳外面的物事。汝若为着耳、目、口、鼻、四肢，要非礼勿视、听、言、动时，岂是汝之耳、目、口、鼻、四肢自能勿视、听、言、动，须由汝心。这视、听、言、动皆是汝心。汝心之视，发窍于目；汝心之听，发窍于耳；汝心之言，发窍于口；汝心之动，发窍于四肢。若无汝心，便无耳、目、口、鼻、四肢。所谓汝心，亦不专是那一团血肉。若是那一团血肉，如今已死的人，那一团血肉还在，缘何不能视、听、言、动？所谓汝心，却是那能视、听、言、动的，这个便是性，便是天理。有这个性，才能生这性之生理，便谓之仁。这性之生理发在目便会视，发在耳便会听，发在口便会言，发在四肢便会动，都只是那天理发生。以其主宰一身，故谓之心。这心之本体，原只是个天理，原无非礼。这个便是汝之真己，这个真己是躯壳的主宰。若无真己，便无躯壳。真是有之即生，无之即死。汝若真为那个躯壳的己，必须用着这个真己，便须常常保守着这个真己的本体。戒惧不睹，恐惧不闻，惟恐亏损了他一些。才有一毫非礼萌动，便如刀割，如针刺，忍耐不过，必须去了刀，拔了针。这才是有为己之心，方能克己。汝今正是认贼作子[④]，缘何却说有为己之心不能克己？”（《传习录（上卷）·薛侃录》）

注释

①萧惠：不详。

②“美色”四句：出自《道德经》十二章，略有出入。

③非礼勿视、听、言、动：语出《论语·颜渊》。

④认贼作子：源于《楞严经》。

译文

萧惠问：“自己的私欲很难克去，怎么办？”

阳明先生说：“把你的私欲拿来，我替你克。”又说：“人要有为自己着想的心才能克己，能够克己，就能够成功（克治私欲）。”

萧惠说：“我也颇有为自己着想的心，但不知为何不能克己？”

阳明先生说：“先谈谈你为自己着想的心是怎样的？”

萧惠停了很久，说：“我也一心要做个好人，便自认为很有一些为自己着想的心。现在想来，也只是为了一个躯壳的自己，不曾为了真正的自己。”

阳明先生说：“真正的我怎能离开躯壳？恐怕你连那躯壳的自我也不曾为过，先说说你所谓的躯壳的我，岂不就是指耳、目、口、鼻、四肢吗？”

萧惠说："正是为了这些。眼睛爱看美色，耳朵爱听美声，嘴巴爱吃美味，四肢爱享受安逸。所以不能克己。"

阳明先生说："美色让人目盲，美声使人耳聋，美味使人口伤，驰骋田猎令人发狂，这些对你的耳目口鼻和四肢都有伤害，怎么会有益于你的耳目口鼻和四肢呢？如果是为了耳目口鼻和四肢，必须想着耳朵如何听，眼睛如何看，嘴巴如何说，四肢如何动。必须做到'非礼勿视，非礼勿听，非礼勿言，非礼勿动'，这才算是实现耳目口鼻和四肢的功能，这才真正是为了自己的耳目口鼻和四肢。你现在终日向外去寻求，为求名，为求利。这都是在追求自己躯壳外面的东西，若你真的是为了自己的耳目口鼻和四肢，在'非礼勿视，非礼勿听，非礼勿言，非礼勿动'时，又哪里是你的耳目口鼻和四肢自动不看、不听、不说、不动，必须是你的心在起作用。其中视、听、言、动就是你的心（所发的指令）。你的心发出视的指令，就传输指令给目，你的心发出听的指令，就传输指令给耳，你的心发出言的指令，就传输指令给口，你的心发出动的指令，就传输指令给四肢，如果没有你的心，就没有你的耳目口鼻（的执行功能）。所谓的心，也并不是专指那一团血肉。如果心专指那团血肉，比如现在有一个已死的人，那一团血肉还在，为何不能视、听、言、动呢？所谓的心，是那个能使你视、听、言、动的东西，这个就是'性'，就是天理。有了这个性，才能产生这个性的生生不息之理，也就是仁。性的生生之理，体现在目时便能视，体现在耳时便能听，体现在口时便能说，体现在四肢便能动，这些都是天理在起作用。因为性主宰着人的身体，所以又叫心。这心的本体，原本只是一个天理，原本并不会'非礼'的。这个就是你真实的自己。它是人躯壳的主宰。如果没有真的自己，也就没有躯壳。真是有之则生，无之则死。如果你真的为了那个躯壳的自己，就需要时常保有着这个真我的本体。做到没有看之前就先行戒惧，没有听之前就先行惧慎，怀有唯恐亏损了一点儿真我的念头。稍有丝毫的'非礼'念头萌生，就犹如刀在割，针在刺，忍耐不来，必须去了刀、拔掉针。这才是有为自己着想的心，才能克己。你现在正是认贼作子，为何却说有为自己的心而不能克己呢？"

解析

先赏鉴一下阳明先生循循善诱的教学艺术，萧惠问自己的私欲很难克去该怎么办，阳明并没有直接回答，而是先说把你的私欲拿过来，让我帮你克。他一旦让萧惠把私欲拿过来，萧惠自然就要开始在心中搜索自己的私欲，在搜索的过程中，他也会意识到，自己的私欲无论如何是无法拿给阳明先生的，那么克治自己私欲的战场终归还是在自己的心田。

就这样，阳明轻描淡写的一句话，就已经助推起了萧惠心中无数的波澜，他已经开始在内心探寻自己的病根。

阳明感觉到自己催化剂般的前言已经发生了作用，就开始趁势添柴加火，说人只有真心为自己才能够克去私欲。萧惠说我也颇有为自己着想的心啊！阳明就让他具体谈谈为自己着想的心的表现，这种引导式的谈话，又把萧惠引入了自我反省的深思之中。

萧惠思考了很久，基本上不用阳明费什么事儿，他的灵魂深处已经发起了一场自我检讨的运动。结果他说出来的话，已经不打自招地承认了自己其实并没有做到真的为己，不过他还是有保留地说了自己只是为了躯壳的自己。

阳明觉得火候差不多了，问题也基本上都摊到桌面上了，就开始了真正的教导，他毫不留情地指出，事实上萧惠你连那个躯壳的自己也没有着想过。

接下来阳明说的话比较多，也非常精到详尽，没有晦涩难解之处，我也就不再重复咀嚼阳明嚼过的甘蔗了。仅仅简单谈一下自己的领悟。

这节有意思的地方是谈到了“为己”，阳明心学一直给人的面目就是“存天理，去私欲”，仿佛把“自己”隐到了一个无足轻重的地位去。但是这里谈到了自己，而且直接谈到了人的肉体这个层次。所以这节话的最重要意义在于，它打通了人的肉身和天理之间的关系。

从最普遍的意义上说，人最珍惜的莫过于自己的生命，而生命的寄寓之所就是这个有着七情六欲的身体。表面看起来，人珍视世间的事物没有过于珍视自己身体的。但是，在实际的情形中，人往往最不善待的就是自己的身体，比如人有抽烟的习惯，虽然明明“知道”抽烟不好，但是为了交际，为了排遣寂寞，为了尼古丁的刺激，依然无法戒掉。在人的诸多考虑中，唯独没有考虑自己身体的健康，在这个最明显的明知故犯的人类恶习中，一些名人也难以免俗，美国总统奥巴马就发过“戒烟难，做总统易”的感叹！再反观人类在其他恶习中陷溺的情形，基本上和抽烟这个恶习大同小异，赌博，纵情于肉欲，沉溺于网游等，无一不是以牺牲着躯壳健康的代价而满足着私欲的嗜好。所以说，关于“自私”这两个字，从哲学最基本的层面考察，“自私”到极点也只有“圣人”才能做到。

那么萧惠这里说的“己私难克”，并不是他个人遇到的问题，而是每个活着的人都无法避免的问题，阳明就是从道理上帮他分析清楚了到底什么是真的“为己”，什么是对真自我的戕害，只有将这二者认得清，看得明，更重要的是要做得来，才能在真正的“为己”中实现“克己”。才能迈入时时处处都切中天理的圣人之境。

萧惠触的四鼻子灰

原文

萧惠好仙、释。先生警之曰："吾亦自幼笃志二氏，自谓既有所得，谓儒者为不足学。其后居夷三载，见得圣人之学若是其简易广大，始自叹悔，错用了三十年气力[①]。大抵二氏之学，其妙与圣人只有毫厘之间。汝今所学，乃其土苴，辄自信自好若此，真鸱鸮窃腐鼠耳[②]。"

惠请问二氏之妙。先生曰："向汝说圣人之学简易广大，汝却不问我悟的，只问我悔的。"

惠惭谢，请问圣人之学。先生曰："汝今只是了人事问，待汝办个真要求为圣人的心，来与汝说。"

惠再三请。先生曰："已与汝一句道尽，汝尚自不会！"（《传习录（上卷）·薛侃录》）

注释

①"错用"句：王阳明十七岁时与道士论养生，中间经过信佛、老直至怀疑佛、老的过程，最后在三十六岁时于贵州龙场悟道，前后持续二十年。《年谱》中说："譬王嘉秀与萧惠，并谓悔错用工二十年。"当以《年谱》所载为是。

②鸱鸮（chī xiāo）窃腐鼠耳：语出《庄子·秋水》，鸱鸮，猫头鹰一类的鸟。

译文

萧惠喜好道家、佛家。阳明先生告诫他说："我自幼也曾经笃信佛道两家之学，自认为也颇有心得，认为儒学不足学。其后在蛮夷之地住了三年，才发现圣人之学是如此的简易博大，才后悔错用了三十年的气力。大体而言，佛道学问的精妙处与儒学只有毫厘之间的差别。你现今所学的只是佛家道家的糟粕，动不动就如此自我陶醉，真像鸱鸮弄到一只死老鼠一样。”

萧惠向阳明先生询问佛家道家之学的精妙处。阳明先生说：“给你说圣人之学简易广大，你不肯问我所悟到的，却只问我所后悔的。”

萧惠惭愧地道歉，向阳明先生请教什么是圣人之学。阳明先生说：“现在你只是应付着问，等到你具有了一个真切为圣人的心之后，再来和你说吧。”

萧惠再三请教。阳明先生说：“已经一句话给你说尽了，你还是没领悟。”

解　析

以教学道具形式出现的萧惠同学在这一节一共碰了四鼻子灰，我们就以这四鼻子灰为脉络，来解析这一节的意思。

第一鼻子灰，萧惠同学喜好佛、道两家，估计日常也自认为对这两家很有心得而翘尾巴，阳明先生看在眼里很不爽，就找个机会敲打一下他。阳明的用语还是比较尖刻的，原话是“真鸱鸮窃腐鼠耳”，之所以这么说，应该是依据萧惠同学本身的材质而来的。良马看到鞭影就开始狂奔了，劣马就要鞭子抽到身上才知道往前跑。

接下来萧惠同学极其配合地证明了自己确实很适合“劣马”这一称号，他让阳明先生谈谈佛道二家的妙处。阳明刚刚对佛道二家发表了“始自叹悔，错用了三十年气力”的话，他就要人家谈谈其所后悔的东西。于是，第二鼻子灰就如期而至，真是不打勤的，不打懒的，就打不长眼的。萧惠同学之所以触这第二个霉头，原因是在他心中，对于佛道两家的偏爱之情并没有因阳明的话而减弱半分，他依然沉浸在自己的于佛道两家颇有所得的迷幻中而无法自拔。

接下来萧惠的表现，完全是被阳明牵着鼻子在烟囱里上蹿下跳般的梦游了，阳明刚批了他第二通，他就马上改口让阳明讲讲“圣人之学”。但是换谁都能看出来，这更像一种条件反射般的本能反应，未必是真心想窥探“圣人之学”。于是阳明就赠送出了第三鼻子灰，说你现在无非是就坡下驴般应付着问我，等到你具有了一个真切为圣人的心之后，再来和你说吧！

萧惠同学如果稍微知趣点，也就可以就此打住，退回去好好反省一下自己了，但是也许是人的自尊心在作怪，萧惠打定主意，非要打破砂锅问到底，一定要在阳明先生跟前表现出自己确实想了解“圣人之学”的“诚意”，就摆出死缠烂打的架式，一定要阳明谈谈“圣人之学”的奥义。

于是，第四鼻子灰就水到渠成地送过来了，阳明的原话是“已与汝一句道尽，汝尚自不会！”好的，萧惠同学的“触灰四重奏”演示完毕，下面我们来稍作点评。

其实该说的上面已基本“数句道尽了”，只是阳明最后对萧惠说的圣人之学已经给他一语道尽了，这“一语”到底是哪一语呢？答案只有那一句“待汝办个真要求为圣人的心”，其中的“真要求为圣人的心”就是“诚意”，阳明想要告诉萧惠的就是：“诚意”就是“圣人之学”的全部奥义，说再多也没有用，你自己没有“诚意”，任何人都无法从外部给你输入“诚意”。阳明开始就是觉察出萧惠的“诚意”远远不够，才对他说等以后再给他讲“圣人之道”的话，只是这厮实在是资质太差，非要死缠烂打，阳明无奈之下，才对他棒棒相加了。这也是阳明苦心诲人的教学艺术之体现。

行知合一

原文

刘观时[①]问："未发之中是如何？"

先生曰："汝但戒惧不睹，恐惧不闻，养得此心纯是天理，便自然见。"

观时请略示气象。先生曰："哑子吃苦瓜，与你说不得，你要知此苦，还须你自吃。"时曰仁在旁，曰："如此才是真知，即是行矣。"

一时在座诸友皆有省。（《传习录（上卷）·薛侃录》）

注释

①刘观时：湖南武陵人，王阳明的学生。

译文

刘观时问："'未发之中'是什么情况？"

阳明先生说："你只要在别人看不到的地方警惕，在别人听不到的地方有所畏惧，把此心修养得纯为天理，就自然能体会到其意义。"

刘观时请阳明先生大概谈一下其景状。阳明先生说："哑巴吃苦瓜，与你说不得，你要明白其中之苦，还须自己去吃。"当时，徐爱在旁边，说："如此才是真知，也才算是行了。"

登时，在座的各位朋友都有所感悟。

解　析

这里阳明的回答是将"未发之中"和"慎独"融为了一体。但是刘观时显然对这种回答还感到不过瘾，希望阳明先生解答得更清晰一些，他觉得阳明的回答还是有打了马赛克的嫌疑，希望阳明给他一个“无码版”的解答，所以，他要求阳明再谈谈“未发之中”的“气象”。

但是，结果是令人失望的，阳明施展起了太极推拿功，还有爱徒徐爱在跟前敲着边鼓，说这个“气象”就如哑巴吃苦瓜，个中滋味道不出来，必须自己亲自吃下才知道，无法用语言讲清楚。话说到这里，笔者也就该闭嘴了，阳明先生都无法说清楚的东西，我难道还能给你讲述更多的东西吗？确实不能，但我们可以谈点别的。

“语言就是力量”，是我喜欢的法国文豪雨果的话。如果让阳明来补充，他会说“语言也就是适用范围有限的力量”，世界上有很多东西，语言对其的表述是显得相当苍白的，所以，讲阳明心学，虽然我在这里啰啰唆唆说了很多，但是如果大家看后没有真切的心体体验，所有的文字也都不过是水中月，镜中花。

通常意义上，现代对阳明心学的最大误解是认为他在讲“唯心”，但是，从这一节阳明表达的意思来推究，阳明认为真知必须投入到火热的实践当中才能得来，书本也好，独守着内心也好，都无法获取真知，必须将正确的良知指引结合具体的切身实践，才能获得世间真正的智慧——知，而获取知的同时，也就是行了。所以，徐爱的补充回答，可以说是真的抓住了阳明想要表达意思的精髓，“如此才是真知，也才算是行了。”

但是，这节话还能引导出另外一个意义重大的启迪，阳明一直在讲“知行合一”，但是在谈这个的时候，他依然是将“知”放在了“行”之前，作为补偏救弊，我认为可以提出一个“行知合一”来，世界上的事情，都是作为一个整体而存在，而人总是生活在时空中此时此刻的剖面中，人往往囿于这个剖面的弱小与无力，而恐惧于对事物整体的探索与求知。

那些具有拖延症的人正是这种情形的真实写照，对有些人来说，“行动”这两个字往往令人恐惧，他们会找出成千上万的借口将良知判断为正确的事情无限期拖延下去。在生活中验证这一幕并不难，只要在每年九月一日开学前，看看那些赶着补写暑假作业的孩子们就可了然，他们在漫长的两个月暑假中，将做作业这个令人“毛骨悚然”的事情一而再、再而三地往后拖，直到再拖不起了，才开始真正的行动，而此时，往往时间已经来不及了。

所以，虽然我们在这里口口声声讲“知行合一”，但是如果依然认为“知”毕竟还是放在“行”前，我现在还没有“知”，等我“知”了再去“行”吧！那么这个“行”将被永远放在了明天，所以，我这里提出一个“行知合一”，就是对于你认为正确的事情，如果没有办法完全“知晓”，那就先干起来，在行的过程中，你会慢慢完成“知”。将“行”作为一个开路先锋，这对于那些做事喜欢拖延的人来说，应该是一个对症的好提议。邓小平提出改革开放，也是依照“先干起来”这个思路来的，因为当时的中国无法在世界上找到任何可以借鉴的模式和经验，必须采取摸着石头过河这种模式启动改革开放。

人一旦进入了行动，在你干起来以后，你的思想和行动就像是被引导进了一个方向正确的水渠里，这之后难免会遇到坎坷和阻碍，但正是在克服这些坎坷和阻碍的过程中，你的智慧才得以开发，体验才得以升华，而这种开发和升华的过程，也正是实现“知”的过程。

闭上眼睛就是天黑

原文

萧惠问死生之道。

先生曰："知昼夜，即知死生。"

问昼夜之道。

曰："知昼则知夜。"

曰："昼亦有所不知乎？"

先生曰："汝能知昼？懵懵而兴，蠢蠢而食，行不著，习不察，终日昏昏，只是梦昼。惟息有养，瞬有存①，此心惺惺明明，天理无一息间断，才是能知昼。这便是天德，便是通乎昼夜之道而知，更有甚么死生？"（《传习录（上卷）·薛侃录》）

注释

①息有养，瞬有存：语出张载的《张子全书》卷三《正蒙·有德》。

译文

萧惠向阳明先生询问有关生死之道的问题。

阳明先生说："知道了昼夜，就知道了生死。"

萧惠又问什么是昼夜之道。

阳明先生回答说："知道白天，也就知道了黑夜。"

萧惠说："难道还有人不知道白天吗？"

阳明先生说："你能知道白天？无非是懵懵懂懂起床，糊糊涂涂吃饭，行为不能自觉，习气不能明察，整日昏昏，这只是梦游一般的白天。唯有

‘息有养，瞬有存’，让此心清醒明亮，天理没有一刻间断，才算是懂得白天。这个就是天德，就是明白了昼夜之道，知晓了昼夜之道，难道还能不明白生死的问题吗？”

解　析

掌握着话语主导权的阳明先生不放过任何一次宣讲自己学说的机会，这一节由萧惠同学发起的探讨“生死之道”的问答，最终变成了一次阳明对自己学说进行弘扬的新闻发布会。

萧惠问的“生死”，是我们通常意义上说的生命之存亡的生死，这种生理学意义上的生死，一旦通过阳明之口涉及，自然就会被导引到伦理学意义上的哲学探讨上来。从逻辑学的角度看，阳明在这里是玩了“偷换概念”的把戏。

但是，如果回顾阳明先生一贯的学说主张，也就可以理解他自圆其说的道理，并不能简单地认为是诡辩。他首先挑明生死之道和昼夜之道是相通的，天真烂漫的萧惠自然而然在阳明的引导下，马上询问什么是昼夜之道，“忽悠大师”阳明立即说知道了“昼”就知道了“夜”，如此一来自然就知道了昼夜之道。萧惠马上瞪圆了那双童真的大眼睛，说难道还有人不知道昼（白天）的道理吗？太阳出来就是白天，太阳下山就是晚上，地球人都知道呀！难不成先生您认为闭上眼睛就是天黑。

算你猜到点子上了，阳明这里想要表达的意思，剥开所有的过度包装来说，就是“闭上眼睛就是天黑”。当然，这里阳明所表达的睁眼和闭眼，依然是比喻。人心时刻保持对天理的明觉洞察，对自己的作止起息能时刻自我关照，并不断校正到和天理的运行保持步调一致，就是睁眼的状态，就是白天，就是生。反之，人心对天理处于麻木“无觉”，或者觉而不改，只是行尸走肉般按照自己的溺习而坐卧止息，这种状态就是闭眼，就是天黑，就是死了。

阳明在这里之所以把话说这么深，原因就在于萧惠本身的积习比较深重，对这样的人，只有用猛药才可能引起他的警醒，如果换了是徐爱那样的学生，阳明只需要轻轻点拨一下，早已经不见鞭影自奋蹄了，何必话至于此？

知行并进

原文

来书云："所喻知行并进，不宜分别前后，即《中庸》'尊德性而道问学[①]'之功交养互发，内外本末一以贯之之道。然功夫次第不能无先后之差。如知食乃食，知汤乃饮，知衣乃服，知路乃行，未有不见是物，先有是事。此亦毫厘倏忽之间，非谓有等今日知之，而明日乃行也。"

既云"交养互发，内外本末，一以贯之"，则知行并进之说无复可疑矣。又云"功夫次第，不能无先后之差。"无乃自相矛盾已乎？知食乃食等说，此尤明白易见。但吾子为近闻[②]障蔽，自不察耳。夫人必有欲食之心，然后知食，欲食之心即是意，即是行之始矣。食味之美恶，必待入口而后知，岂有不待入口而已先知食味之美恶者邪？必有欲行之心，然后知路，欲行之心即是意，即是行之始矣。路歧之险夷，必待身亲履历而后知，岂有不待身亲履历而已先知路歧之险夷者邪？知汤乃饮，知衣乃服，以此例之，皆无可疑。若如吾子之喻，是乃所谓不见是物而先有是事者矣。吾子又谓"此亦毫厘倏忽之间，非谓截然有等，今日知之，而明日乃行也。"是亦察之尚有未精。然就如吾子之说，则知行之为合一并进，亦自断无可疑矣。(《传习录（中卷）·答顾东桥书》)

注释

①尊德性而道问学：语出《中庸》，原文"故君子尊德性而道问学，致广大而尽精微"。

②近闻：指朱熹知先行后之说。

译文

来信写道："您所宣扬的知行并进，不应区分先后的说法，也就是《中庸》提到的'尊德性'和'道问学'功夫，是相互交叉促进，内外本末，一以贯之之道。然而功夫的顺序，不能没有先后之分别。比如先知道是食物才吃，先知道是开水才喝，先知道是衣服才穿，先知道是路才行，不会还没有见过这个东西就先有这个行为的吧！这其中也是有刹那间的（先后）差别，并不是说，等到今天知道了，明天才去行动。"

您既然讲"相互交叉促进，内外本末，一以贯之之道"，那么知行并进的说法也应该不再有疑了。又讲"功夫的顺序，不能没有先后之分别"，岂不是自相矛盾吗？先知道是食物才吃等例子，更是浅显易懂。但您被当代的观点蒙蔽了，自己无法觉察。人必定有想进食的心，然后才能知去吃。想进食的心就是意，也就是行的开始。食物味道的好坏，必须等到食物放入口中才能知道，哪有没有入口就先知道食物味道的好坏的呢？必定有想行路的心，然后才知道路，想行路的心就是意，也就是行的开始。道路的坎坷和平坦，必待亲身行走后才能知道，哪有未等亲身行走就先知道路途的坎坷或平坦呢？

先知道是开水才喝，先知道是衣服才穿，依次类推，都毋庸置疑。像您所比喻的，就正是所谓不见这个物就先有这个事了。但您又讲："其中也是有刹那间的（先后）差别，并不是截然有别，今天知道了，明天才去行动。"，这也是体察的不够精确。但是，即使如您所说的那样，知行合一的说法，自然也无可怀疑了。

解　析

顾东桥所理解的知与行，正是我们大多人概念中的知与行，就拿"知食乃食"来举例子，顾东桥认为想吃的心，属于知，吃的行动，属于行，虽然其中也只是有间不容发的时间上的先后差别，但毕竟属于两个不同的概念，所以，又怎么能说是"知行合一"呢，分明是两件事情呀？

阳明的回答中最富有创造性的地方就是：将"想吃的心"也划归为"行"的一部分。凡是做任何事情，只要心中一起了意，就已经是"行之始”了。而顾东桥所认为的行，在阳明这里也被认为是“行”的一部分而已，称之为“行之成”。也就是说，阳明认为的行 = 行之始 + 行之成，他将我们通常意义上认为的心理活动，划归为了“行”的组成部分。另外，阳明又认为，行的完成其实就是心中的“知”被“致”的过程的完成，所以说：致知 = 行之始 + 行之成，也完全成立。

空想主义者的最大特征，就是喜欢在心中构筑无限个“行之始”，但是行之始往往也仅仅局限于行之始。犹如一个人要挖井，他挖了无数的井，但是都是浅井，在没有挖到水的时候就放弃了。所以，我们不要将阳明的“致知”看作是一个轻易的过程，真正的致知，是一个充满了许许多多的艰辛、反复、曲折的过程，需要人的坚持、专一、并适时对行为进行符合天理的校正。古人论述处事之法，讲究耐惊、耐怕、耐烦、耐反复、耐白眼、耐流言、耐一时之误解。当一个人需要忍受这么多去追求一个东西的时候，说明这个东西的价值足以弥补上述付出的所有代价，而这个东西就是自己良知被“致”的那种问心无愧，也就是阳明遗言中所说的那种“此心光明”的境界。

从阳明对“知行并进”的注解中，我们可以得出如下两种有益的启示：从克制私念的角度看，一旦心中有不良的念头，此时就要注意，心头泛起此念就已经是“行之始”了，所以要克私念于既萌，这是防微杜渐的用意。从完成“致知”全过程的角度看，我们心中有了“善念”，也不要沾沾自喜，因为这种“善念”如果不投入艰辛的努力将其付诸实施，那么这种善念将永远以一种“致良知”的半成品状态存在，而一个烂尾楼是永远无法住进去人的。从人好逸恶劳之天性以及“致良知”的失之易、得之难出发，我们得出这两点教益。

致知正是为穷理

原文

来书云："教人以致知、明德，而戒其即物穷理，诚使昏暗之士，深居端坐，不闻教告，遂能至于知致而德明乎？纵令静而有觉，稍悟本性，则亦定慧无用之见。果能知古今，达事变，而致用于天下国家之实否乎？其曰：'知者意之体，物者意之用[①]'，'格物如格君心之非之格'。语虽超悟，独得不踵陈见，抑恐于道未相吻合？"

区区论致知格物，正所以穷理，未尝戒人穷理，使之深居端坐而一无所事也。若谓即物穷理，如前所云务外而遗内者，则有所不可耳。昏暗之士，果能随事随物精察此心之天理，以致其本然之良知，则虽愚必明，虽柔必强。大本立而达道行，九经之属，可一以贯之而无遗矣。尚何患其无致用之实乎？彼顽空虚静之徒，正惟不能随事随物精察此心之天理，以致其本然之良知，而遗弃伦理，寂灭虚无以为常，是以要之不可以治家国天下。孰谓圣人穷理尽性之学，而亦有是弊哉？心者，身之主也，而心之虚灵明觉，即所谓本然之良知也。其虚灵明觉之良知应感而动者，谓之意。有知而后有意，无知则无意矣。知非意之体乎？意之所用，必有其物，物即事也。如意用于事亲，即事亲为一物，意用于治民，即治民为一物，意用于读书，即读书为一物，意用于听讼，即听讼为一物。凡意之所用，无有无物者。有是意即有是物，无是意即无是物矣。物非意之用乎？"格"字之义，有以"至"字训者，如"格于文祖[②]"、"有苗来格[③]"，是以"至"训者也。然"格于文祖"，必纯孝诚敬，幽明之间，无一不得其理，而后谓之"格"。有苗之顽，实以文德诞敷而后格，则亦兼有"正"字之义在其间，未可专以"至"字尽之也。如“格其非心④”、“大臣格君心之非”之类，是则一皆“正其不正以归于正”之义，而不可以“至”字为训矣。且《大学》“格物”之训，又安知其不以“正”字为训，而必以“至”字为义乎？如以“至”字为义者，必曰“穷至事物之理”，而后其说始通，是其用功之要，全在一“穷”字，用力之地，全在一“理”字也。若上去一“穷”字，下去一“理”字，而直曰“致知在至物”，其可通乎？夫“穷理尽性”，圣人之成训，见于《系辞》者也。苟格物之说而果即穷理之义，则圣人何不直曰“致知在穷理”，而必为此转折不完之语，以启后世之弊邪？盖《大学》“格物”之说，自与《系辞》“穷理”大旨虽同，而微有分辨。穷理者，兼格、致、诚、正而为功也。故言穷理，则格、致、诚、正之功皆在其中。言格物，则必兼举致知、诚意、正心，而后其功始备而密。今偏举格物而遂谓之穷理，此所以专以穷理属知，而谓格物未常有行。非惟不得格物之旨，并穷理之义而失之矣。此后世之学所以析知行为先后两截，日以支离决裂，而圣学益以残晦者，其端实始于此。吾子盖亦未免承沿积习，则见以为于道未相吻合，不为过矣。(《传习录（中卷）·答顾东桥书》)

注释

①“知者”二句：此二句不见于《王阳明全集》，日本注释家认为出于已佚的《大学旁释》。“体”指本体、本源、根据，“用”指作用、表现、功能。

②格于文祖：语出《尚书·舜典》，原文：“归，格于艺祖，用特。”大意是：（舜）归来后，到尧的太庙祭祀，用一头牛作祭品，“艺祖”，即“文祖”。

③有苗来格：语出《尚书·大禹谟》，原文：“七旬，有苗格。”“苗”，指苗人。

④格其非心：语出《尚书·同命》。

译文

来信说：“（先生您）教人致知、明德，但却禁止他们即物穷理，这真的能让那些昏庸的人深居端坐，不接触外界的教导，却能做到致知、明德吗？就算是他们在静坐中有所觉悟，稍能悟到自己本来具有的天性，则也是佛家那些定学、慧学之类无用的见解。（这些见解）果真适用于天下国家的实务吗？您所说的‘知者意之体，物者意之用’，‘格物’的‘格’字如同‘格君心之非’的‘格’字，这些话虽然说得超尘脱俗，有独到之处且不囿于旧说，但只怕与儒道不相吻合？”

鄙人所说的致知、格物，正是用来穷理的，未曾禁止人穷理，让人深居端坐而无所事事啊！所说的即物穷理，就如同前面所说的务求于外而遗弃了内在一样，如此就不对了。昏庸的人，果真能随事随物来体察自己心中的天理，从而致其本来就具有的良知，则愚昧的也可以变为聪明的，柔弱的也会变为强大的。只要把最根本的原则确立了，天下的五种达道就可以实行了，像九经之类，也就可以触类旁通，一以贯之而没有遗漏了。如此又何患其不能在实事上致用呢？像那些冥顽不化，空守虚静的一类人，正是不能随事随物缜密体察自己心中的天理，以致他本来就具有的良知，而又遗弃了伦常之理。以寂灭虚无作为常久（的持守之道），所以邀请他们来也不能齐家、治国、平天下。谁又能说圣人穷理尽性的学问，也有此弊端呢？心是身的主宰，而心的虚灵明觉，就是（我）所说的人本来就具有的良知。人的虚灵明觉之良知（接受了外界境遇而产生）感应所发动的，就叫做意。人有生来就具有的知（觉），然后才会有意，没有知（觉），也就没有意了。（如此说来），知不就是意的本体吗？意能产生，必定有其所产生的对象，（这个对象称之为物），物就是事。比如意用于事奉双亲，事奉双亲就是一个物；意用于治理民众，治理民众就是一个物；意用于读书，读书就是一个物；意用于听诉讼，那么听诉讼就是一个物。凡是意的起用，不会没有与其相应之物的。有这个意就有这个物，没有这个意就没有这个物了。物难道不就是意的作用吗？“格物”的“格”字的意思，有解释成“至”之意的，比如《尚书》中说的“格于文祖”（中的“格”字），“有苗来格”（中的“格”字），就是解释成“至”的意思。然而“格于文祖”，一定要（从内心发出）纯孝诚敬（之心），无论是幽暗独知之地，还是通衢公众之前，没有（一丝一毫）的念头不切中事理的。具有这些条件之后，才能称之为“格”。“有苗来格”句中，因为有苗氏的顽钝不化，才要着实修文德去感化他们，然后才能称之为“格”，那么也是有“正”的意思在其中的，不是专以“至”的意思就可以将其含义完全解释尽的。像《尚书》中说的“格其非心”、“大臣格君心之非”之类，这其中的“格”字全部是“正其不正以归于正”的意思，而不能解释成“至”的意思了。既然如此，《大学》中“格物”的“格”字之意，又怎么能确定不能用“正”的意思来解释，而必须要用“至”的意思来解释呢？如果用“至”的意思解释，必定要理解成“穷至事物之理”，然后整个文意才能解释得通，要是这样的话，则下功夫的要点，全在一个“穷”字上，下功夫的地方，全在一个“理”字上。如果上文去掉一个“穷”字，下文去掉一个“理”字，而直接说“致知在至物”，这样可以讲得通吗？“穷理尽性”，是圣人的训则，见于《易经·系辞》里。假如格物的说法果真就是穷理的意思，那么圣人为什么不直接说“致知在穷理”，而一定要在这里绕圈圈，说些意思不完整的话，为后世留下（没法完整理解）的弊病呢？《大学》中的“格物”，和《易经·系辞》中的“穷理”其大意虽然是相同的，但是也稍有差异。“穷理”兼有了格物、致知、诚意、正心的功夫，所以说到“穷理”，默认的就是格物、致知、诚意、正心的功夫都包含在其中了。说到“格物”，则必须兼顾提到致知、诚意、正心，然后功夫才完备和严密。现在单单举出了“格物”来而就称其为“穷理”，这样也就是只把穷理认为是“知”，而“格物”中不包含“行”。（这样理解的话）不但不能抓住“格物”的要旨，并且连“穷理”的意思也丢失了。后世求学的人，之所以将“知”与“行”分割为有先有后的两截，以导致儒学日益割裂，日益碎片化且晦涩难通，其原因实肇始于此。亲大概也不免沿袭旧说，所以闻听我的观点后，就认为和儒道不相切合，这也是可以理解的。

解 析

一幅图胜过千言万语，请看下图，基本涵盖了这节阳明想要表达的意思，我们看图来说明此节的含义，就会容易多了。

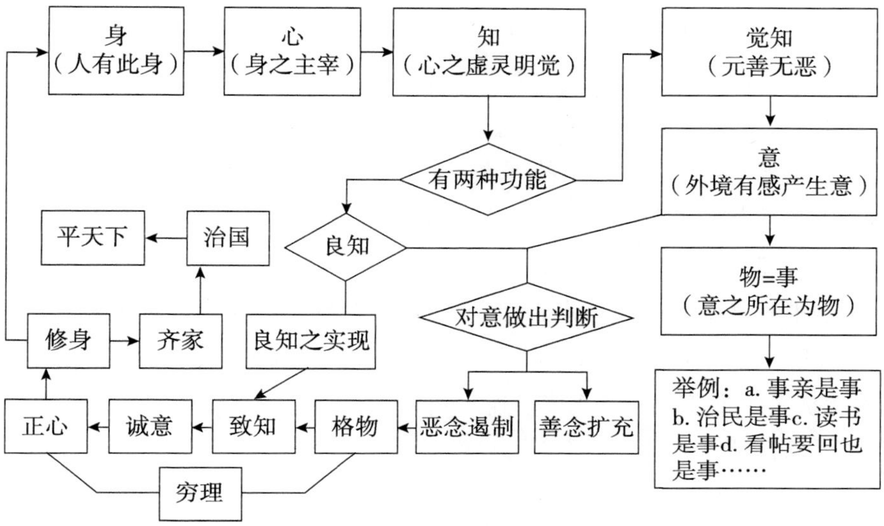

阳明心学体系图

这幅图是按照阳明在这节所阐释的内容而画的，可以看到，阳明所理解的穷理，包含了格物、致知、诚意、正心四个环节。而顾东桥认为，格物就属于穷理了，如此理解的话，除去阳明在本节所反驳的话，我认为还可以从这样的角度来反驳。

因为顾东桥理解的“格物”其实就是即物穷理，那么，我会反问他，世界上的事物万万千千，你所选的要“格”物的标准是什么？也就是说，面对着这个丰富多彩的世界，你现在要“格”甲物，而不去“格”乙物，你做出这个选择的依据是什么？如此一问顾东桥必然要往上追溯，随后可以得出，是自己的“知”对自己的“意”做出的选择，这个可以在自己的“意”中选出切合事理之事而去执行的东西，就是“良知”。

按照图示，可以看出，“良知”也是人的“知”派生出来的具有善恶判断功能的知；同时人的“知”还会派生出另一种无善无恶的“觉知”，或者称其为“感知”也行。这个“知”和外界事物接触后，就产生了“意”。良知在“意”产生的同时，就可以对其进行善恶判断。在“对意做出判断”这个环节，我只列出了两种选择分支，一个是“善念扩充”，一个是“恶念遏制”，其实这两种选择都可以说是通向“圣贤之梯”的选项。而事实上，世间的大多数人在很多情况下，会选择“凡夫之梯”，那就是既不会扩充善念，也不会去遏制恶念，而是选择按照自己最习惯的、最喜欢的方式来放任自己的“意”。这就是阳明在《传习录》后文所说的“气拘物蔽”造成的后果。虽然我没有在图上标出，但是大家要知道，在现实状况下，踏向这个选项的不在少数，而且在大多数踏向“凡夫之梯”的人中，又有很多会认为做自己想做的、喜欢做的，不正是“从吾良知”吗？岂不知正是这种认贼作子的误判，不知道耽误了多少天下英雄！这里是心学中的重点，也是难点，但却不是这节要详细谈到的，我们点到为止，别的地方我们会再谈。另外，还有一条线我图上没有画出，那就是“善念扩充”环节之后，也应该连接到“格物”这一环节中，其中的原因，大家可以自己思考一下，我不再多说。

通过上面的梳理，就可以看出，顾东桥孤零零地将一个“格物”当作“穷理”看，就像是在荒天野地搭凉棚，前不着村，后不着店。也可以比喻为无源之水，无本之木。而阳明认为的“格物”，只不过是他的一套严密的心学体系中的一个重要环节，就像是一个人的手，只有长到人身上才具有意义，才能称其为“手”，一个脱离了活人躯体的手，是没有任何意义的。顾东桥就是犯了只见树木，不见森林的毛病。

致良知

原文

来书云：“道之大端，易于明白，所谓良知良能，愚夫愚妇可与及者。至于节目时变之详，毫厘千里之缪，必待学而后知。今语孝于温凊定省，孰不知之。至于舜之不告而娶[①]，武之不葬而兴师[②]，养志、养口[③]，小杖、大杖[④]，割股[⑤]，庐墓[⑥]等事，处常处变，过与不及之间，必须讨论是非，以为制事之本。然后心体无蔽，临事无失。”

道之大端易于明白，此语诚然。顾后之学者忽其易于明白者而弗由，而求其难于明白者以为学，此其所以“道在迩而求诸远，事在易而求诸难[⑦]”也。孟子云：“夫道若大路然，岂难知哉？人病不由耳[⑧]。”良知良能，愚夫愚妇与圣人同。但惟圣人能致其良知，而愚夫愚妇不能致，此圣愚之所由分也。节目时变，圣人夫岂不知，但不专以此为学。而其所谓学者，正惟致其良知，以精审此心之天理，而与后世之学不同耳。吾子未暇良知之致，而汲汲焉顾是之忧，此正求其难于明白者以为学之弊也。夫良知之于节目时变，犹规矩[⑨]尺度之于方圆长短也。节目时变之不可预定，犹方圆长短之不可胜穷也。故规矩诚立，则不可欺以方圆，而天下之方圆不可胜用矣；尺度诚陈，则不可欺以长短，而天下之长短不可胜用矣；良知诚致，则不可欺以节目时变，而天下之节目时变不可胜应矣。毫厘千里之缪，不于吾心良知一念之微而察之，亦将何所用其学乎？是不以规矩而欲定天下之方圆，不以尺度而欲尽天下之长短，吾见其乖张谬戾，日劳而无成也已。吾子谓语孝于温凊定省，孰不知之。然而能致其知者鲜矣。若谓粗知温凊定省之仪节，而遂谓之能致其知，则凡知君之当仁者，皆可谓之能致其仁之知，则天下孰非致知者邪？以是而言可以知致知之必在于行，而不行之不可以为致知也，明矣！知行合一之体，不益较然矣乎？夫舜之不告而娶，岂舜之前已有不告而娶者为之准则，故舜得以考之何典，问诸何人，而为此邪？抑亦求诸其心一念之良知，权轻重之宜，不得已而为此邪？武之不葬而兴师，岂武之前已有不葬而兴师者为之准则，故武得以考之何典，问诸何人，而为此邪？抑亦求诸其心一念之良知，权轻重之宜，不得已而为此邪？使舜之心而非诚于为无后，武之心而非诚于为救民，则其不告而娶与不葬而兴师，乃不忠不孝之大者。而后之人不务致其良知，以精察义理于此心感应酬酢之间，顾欲悬空讨论此等变常之事，执之以为制事之本，以求临事之无失，其亦远矣。其余数端，皆可类推，则古人致知之学，从可知矣。(《传习录（中卷）·答顾东桥书》)

注释

①不告而娶：语出《孟子·万章上》，原文“万章问曰：‘舜之不告而娶，何也?’孟子曰：‘告则不得娶，男女居室，人之大伦也；如告，则废人之大伦，对怼父母，是以不告也。”

②不葬而兴师：指周武王未葬其父周文王，就兴兵讨伐殷纣王。事见《史记·伯夷列传》卷六十一。

③养志、养口：语出《孟子·离娄上》，原文“曾子养曾皙，必有酒肉；将彻，必请所与，问有余，必曰，‘有’。曾皙死，曾元养曾子，必有酒肉；将彻，不请所与，问有余，曰，‘亡矣。’将以复进也。此所谓养口体者也。若曾子，则可谓养志也，事亲若曾子者，可也。”曾元，曾参之子，曾皙之孙。大意是：曾子奉养父亲曾皙时，吃饭时必定有酒肉，将要撤去时，必定请示剩下的酒肉给谁食用，如果曾皙问有没有多余的，必定回答说“有”（唯恐其父以为酒肉不多而不肯食用，故必曰“有”）；曾皙死后，曾子的儿子曾元奉养曾子，必定有酒肉，将要撤去时，不请示将剩下的酒肉给谁食用，如果曾子问有没有多余的，曾元就回答说“没有了”，实际上是将剩下的酒肉留在下顿再给父母吃。像曾元这种做法，就叫做奉养口舌和身体。像曾子这种做法，就可以称之为奉养了父母的心志。

④小杖、大杖：事见《孔子家语·六本》，原文“曾子耘瓜，误斩其根。曾皙怒，建大杖以击其背。曾子仆地。久之，退而就房援琴而歌。欲

令曾晳闻之，知其体康也。孔子闻之而怒曰；‘舜之事瞽叟，小仗则待过，大仗则逃走，姑瞽叟不犯不父之罪，而舜不失烝烝之孝。今参事父委身以待暴怒，殪而不避，既身死而陷父于不义，不孝孰大焉?”

⑤割股：二十四孝中的割股疗亲典故，指孝子割舍自己腿上的肉来治疗父母的疾病。

⑥庐墓：古人在父母或者老师过世后，服丧期间在墓旁搭盖小屋居住，守护坟墓，称之为庐墓。

⑦“道在”二句：语出《孟子·离娄上》。

⑧“夫道”二句：语出《孟子·告子下》。

⑨规矩：指规和矩，规是校正圆形的工具，矩是校正方形的工具。

译文

来信说：“道的大旨容易明白。像您所说的良知良能，就连愚夫愚妇都具有。而至于具体执行的步骤，以及依据时机变化所做出的应对策略，(不同的人做起来) 就会有毫厘和千里之大的差距，(所以) 必须有待学习才能知晓。现在您举例说温凊、定省之类关于孝道的事，谁不知道呢？像舜不禀告父母而娶亲，周武王不葬其父而出兵讨伐商纣，曾子奉养父母的心志而曾元奉养父母的口舌和身体，小仗就承受大仗就逃走，割股疗亲，筑庐守墓等事，或者持守常规，或者适当权变，在其中的过与不及之间，必须评判出一个是非，以作为行事的标准。这样，才能做到心体不被蒙蔽，临事才没有过失。”

道的大旨容易明白，这话很对。不过后世求学的人忽视了这容易明白的地方而不去实行，反而汲汲以求那些难以明白的，然后将其当作学问。这也就是《孟子》中所说的“道在迩而求诸远，事在易而求诸难（道在近处却到远方寻找，事情在容易的地方却到难的地方寻求)。”孟子还说“夫道若大路然，岂难知哉？人病不由耳（道就像大路一样，哪里会难以知晓呢？只怕人不去践行（道）而已)。”

良知良能方面，愚夫愚妇和圣人共同具有。但是只有圣人能致其良知，而愚夫愚妇不能致，这就是圣人和愚人之间的区别，具体执行起来的行动步骤，以及依据时机变化所做出的应对策略，圣人怎么会不知道？但是他们不专门把这些当作学问的根本，而圣人所说的求学的人，正是指那些能致其良知，能精详地审查自己心中天理（的人），这和后世所说的那些学问是不同的。没有顾得上致自己的良知，反而汲汲于具体执行的行动步骤，以及依据时机变化所做出的应对策略上求索，这正是犯了上面说的求那些难以明白的，然后将其当作是学问之弊病。良知相对于具体执行的行动步骤，以及依据时机变化所做出的应对策略，就像是规、矩、尺度相对于方、圆、长短一样。具体执行的行动步骤，以及依据时机变化所做出的应对策略不可以预定，就像是世间的方、圆、长短是不胜枚举的一样。所以只要规和矩一旦确立，方形和圆形就无法作假，然后测量天下的方和圆就会不可胜用了；一旦尺度（单位长度）确立，长的、短的距离就不能作假，然后测量天下的长短就会不可胜用了；只要良知被“致”了，具体执行的行动步骤，以及依据时机变化所做出的应对策略就不能作假，然后实行具体的行动步骤，以及依据时机变化所做出的应对策略也就不可胜用了。毫厘和千里之间的误差，不用我心中良知的一念之微去体察，又将凭借什么作为依据去应用其所学呢？如果不用规和矩而想要去测定天下的方和圆，不用尺度而想要去测定天下的长和短，我只能看出这些行为中的乖张和荒谬，终日忙碌而终归一事无成而已。说温清、定省之类关于孝道的事，谁不知道呢？但是“知道”却不能致其“知”的却不少啊！如果说粗略知道了温清、定省中的仪节和程序，而就称他们能致其知，那么凡是知道作为君主当仁的，皆可以称其为能致他的仁的知了；知道作为臣子当忠的，皆可以称其为能致他的忠的知了，如此天下又有谁是不能致他的知的呢？由此而言就知道要致知就必须要行动，而不行动就不可以称之为致知，这是很明白的了！“知行合一”这个说法的体系，不就是很清楚了吗？像舜的不禀告父母而娶亲，哪里是舜之前就有人不禀告父母就娶亲，以作为（舜效法的）准则的呢？所以说舜是考证了什么典籍，向何人请教，而做出这种举动呢？还是他反求于自己心中一念之良知，权衡其轻重和适宜与否，不得已而做出这种举动呢？周武王不葬其父而出兵讨伐商纣，难道是周武王之前就有人不葬（其父）而就兴兵的（例子）作为准则吗？所以说周武王考证了什么典籍，向何人请教，而做出如此举动呢？还是他反求于自己心中一念之良知，权衡其轻重和适宜与否，不得已而做出这种举动呢？假如说舜的心不是真挚地担心没有后嗣，周武王的心不是真挚地要拯救百姓，那么舜的不禀告父母而娶亲，周武王不葬其父而出兵讨伐商纣，就是极大的不忠不孝。而后世的人不下力气在致其良知，以精详地审查自己心中的天理以用于应事接物之间，反而想凭空地讨论那些权变情况下的应对之事，以此作为处理事情的准则，以企求处理事情时没有过失，那就偏差太远了。所举的其他事例，皆可以此类推，那么古人所说的致知学说，也就可以知晓了。

解　析

顾东桥首先说了“道之大端，易于明白。”这一点得到了阳明的认可，从此前提推论出圣人和愚人都具有良知良能，在这里两人也达成了共识。

但接下来，分歧就来了，顾东桥表达了两层意思，来说明“节目时变”中的详细内容必须通过学习才能掌握。第一层，他诘问阳明，你说的温清、定省之类关于孝道的事，谁不知道呢？意思就是关于孝道几乎人人都知道，但是世间大不孝的人依然比比皆是，所以要做到孝还必须通过学习。第二层，他举了舜之不告而娶，武之不葬而兴师，养志、养口，小杖、大杖，割股，庐墓等事例，来说明现实世界中人所面对的孝亲情形的绚烂多姿性，来进一步证明学习“节目时变之详”的必要性。

顾东桥举的这些例子，每一则后面都埋藏着一段或关于爱情，或关于战争，或关于虐童，或关于自残等内容的逸事，而这些经过我们古人的剪裁加工，全成了孝亲的案例。这些典故中所传达的一些思想倾向，以现代的眼光看，很多都可以视作是封建礼教中的糟粕，这些东西早就被我们批得体无完肤。比如割股疗亲，作为吃人封建礼教的典型案例一直被今人厌弃，其中的大仗、小仗的典故，放在现代，也只能作为虐童门事件而登上新闻媒体的头版。所以说，这些典故细谈起来也是争议一大堆，我们就不要去蹚这浑水了，只需要知道，顾东桥不过是举了一些孝亲方面比较反常的例子就行了。

再来看阳明的回复，他首先道出了世人的通病：“道在迩而求诸远，事在易而求诸难。”，这是《孟子》中的原话。《道德经》也说过类似意思的话：“大道甚夷，而民好径。”意思是大路非常平坦，但是人们偏偏不喜欢走大路，就喜欢找那些坑坑洼洼，歪歪曲曲的小路走。所以，不论是儒家的亚圣还是道家的始祖，都对人类这种有点“贱”的德性洞若观火。从这里阳明引出了下面的结论，良知良能虽然愚夫愚妇同圣人一样都具有，但是只有圣人能致其良知，而愚夫愚妇不能致。真理往往就是如此简单，如此朴素。

“节目时变之详”这些东西，圣人不是不理会，而是没有将他们作为头等大事来理会。头等大事依然是致自己的良知。世界上太多的人，连自己手边那些已知的、该做的事情都没有做好，却踮着脚去眺望那些远处的、模糊不清的、未知的事情。所以良知之不能致，也就可想而知了。然后阳明将良知比喻为规、矩、尺，将天下的“节目时变之详”比喻为“方形、圆形、长短”，只要有了与之对应的工具，就可以丈量天下所有的方形、圆形、长短。

通过这个比喻，我们可以看出，在这里，阳明是把良知放到了一个最最基本的底层来看待，如果将人比喻为是一台计算机的裸机，阳明心学中的“良知”就像是安装在这台计算机上的操作系统，所以说它是最基本，最底层的软件。而“节目时变之详”就好像是具体的应用软件，只要你的操作系统没有漏洞和病毒，运行流畅，那么任何应用软件都可以在这个系统上运行良好。而现实中的情况是：许多人的思想就好像是一个布满了漏洞或病毒的操作系统，却不去想着如何实现操作系统的健康运行，而是玩了命地在那里做能让应用软件正确运行的努力。这岂不是头痛医头，脚痛医脚了吗？

所以说，阳明和顾东桥的分歧，就在于，顾东桥是在说应用软件这个层次的问题，而阳明是在说操作系统这个层次的问题。阳明强调操作系统，正是为了更流畅地运行应用软件，所以看似没有谈论应用软件，其实已经谈了，而顾东桥在那里大谈应用软件，却忽略了操作系统本身的毛病，才导致了应用软件的运行不畅，所以看似在那里谈问题的症结，其实是没有找到病根。

按照阳明的说法，像顾东桥说的“今语孝于温凊定省，孰不知之”，这句话中说的“知”其实是“觉知”，而不是良知。世人大多情况下所说的“知”，都是被局限在了“觉知”这里。所以，阳明就得出了他学说中最有力的一句结论——“以是而言可以知致知之必在于行，而不行之不可以为致知也，明矣！”只有通过行，才能“致”良知判断为正确的“觉知”，才是真正的知，这才是“知行合一”。最后，阳明又拿顾东桥举的那些孝亲特例中的情形，解释人在解决“节目时变之详”这些问题时，所依据的判断标准依然是自己内心的良知，除了良知，真的没有第二个标准可以作为圣人恪守不渝的准则了。

必有事焉

原文

来书云："事上磨练，一日之内，不管有事无事，只一意培养本原。若遇事来感，或自己有感，心上既有觉，安可谓无事？但因事凝心一会，大段觉得事理当如此，只如无事处之，尽吾心而已。然仍有处得善与未善，何也？又或事来得多，须要次弟与处，每因才力不足，辄为所困，虽极力扶起而精神已觉衰弱。遇此未免要十分退省。宁不了事，不可不加培养。如何？"

所说功夫，就道通分上也只是如此用，然未免有出入在。凡人为学，终身只为这一事。自少至老，自朝至暮，不论有事无事，只是做得这一件，所谓"必有事焉"者也。若说宁不了事，不可不加培养，却是尚为两事也。"必有事焉而勿忘勿助"，事物之来，但尽吾心之良知以应之，所谓"忠恕违道不远①"矣。凡处得有善有未善，及有困顿失次之患者，皆是牵于毁誉得丧，不能实致其良知耳。若能实致其良知，然后见得平日所谓善者未必是善，所谓未善者，却恐正是牵于毁誉得丧，自贼其良知者也。(《传习录（中卷）·答周道通书》)

注释

①"忠恕"句：语出《中庸》。

译文

来信写道："在事上磨练，就是在一日之内，无论有事无事，只专心致志地栽培本源。如果有事来找我，或自己产生念头，如此心中就会有想法，怎么能认为是无事呢？但是，若依循着这些事情凝神想一下，一般会觉得道理本该如此。只是把它当没事儿一样看待，尽我的心罢了。然而，为何还有处理得好与处理得不好的情况呢？有时事情特多，需要一件一件地处理。往往因才力不够，被事情所困，虽竭力挺住，但精神已疲惫不堪。碰到这种情况，难免要静下来反省自己，宁可不把事情处理完，也不可不去栽培本源，这样做正确吗?”

所说的功夫，就你的情况而言，也只能这样下了，但出入有时也在所难免。人做学问，终身只是为了这一件事。自少至老，从早到晚，不管有事无事，也只是做这一件事，正是所说的“必有事焉”。如果说，宁可不把事情处理完，也不可不培养本源，却还是把它当成两件事了。“必有事焉而勿忘勿助”，事情来了，只是尽我的良知去应对，这就是所说的“忠恕违道不远”。处理事情出现时好时不好的情况，并伴有困顿失序的毛病，都是由于被毁誉得失的心所连累，不能切实地致他的良知。若能切实地致他的良知，然后就能看到，平常所认为的善不一定就是善，所认为的不善（其实是善）的那个念头，却恐怕正是因为牵系于毁誉得失，而摧残其良知的东西。

解　析

这节进入了“实战”案例的讨论。道通的提问很好，非常有代表性，也是广大心学拥趸者在现实中经常遇到的疑惑。对于有事和无事这两种情况的应对，古人说过一句很好的格言：无事时，常照管此心，兢兢然若有事；有事时，却放下此心，坦坦然若无事。无事如有事提防，才可弭意外之变；有事如无事镇定，方可消局中之危。

大多人的情况是，没有事情时，杂念百出，也就是所谓的心没有在腔子里，饱暖思淫欲的原因就在这里。心是一个很奇怪的东西，他就犹如一个容器，总要盛上点什么东西才能安生。没有事情时，私欲就会主动侵占你的心体，色心、惰心、傲心、怠心等较少出现在一个筚路蓝缕的创业者身上，但是，一个身居显位，大权在握，一呼百应，腰包充裕且处在监管乏力环境里的政府官员，绝对有心情在闲暇无事时去和小三开房。

正因为古人对人性有如此深刻的洞察，才提出了“无事时，常照管此心，兢兢然若有事。”不要以为无事时就真的无事，此时的事大着呢！什么事呢？照管好自己的心，别被私欲主宰了此心。但是照管好“无事”时的心也是一个很讲求技术的活儿。从前，有一个人想做到不让一块地长上杂草，他就经常去这块地除草，但是草除掉了又会长出，让他不胜其烦，后来一个智者给他出了一个主意，让这块地真的不再长杂草了，智者的建议是将这块地种上庄稼。

所以，“无事”这种情况，从某种意义上对心体而言，的确是一件非常危险的事情。“人心惟危”的原因正在这里，但是，解决办法总是有的，也就是智者那个让地里长上庄稼的办法，没有事情时，心要主动让那些符合事理的有意义的事情所占据，而不是任由私欲自由泛滥，这个选择权就在于你的良知，从这里也可以看出，良知是唯一能决定人是踏上庸人之梯还是圣贤之梯的枢纽。

再说说“有事”，就道通这里所谈的感受而言，“或事来得多，须要次弟与处，每因才力不足，辄为所困，虽极力扶起而精神已觉衰弱。”他这里的烦恼还仅仅是“辄为所困”，“精神已觉衰弱”等，对我等兢兢度日的小民来说，“有事”时，如果处理不好，比如工作上的事产生差错，是会直接造成被老板克扣工资的，更严重点，可能被老板炒鱿鱼，这可是影响我们生计的大事。不仅仅是“感情受伤了”那种略带小资气质的一句轻佻抱怨。

因此，古人针对有事的情况，提出了“有事时，却放下此心，坦坦然若无事。”就算遇到了天大的事情，道理该怎么样还是怎么样，你自己如果方寸先乱，不能循理而行，无疑会乱上添乱。凡事皆讲求一个“无愧”，就算遇到了非常倒霉的事情，事后你反省一下，如果自己在这件事情中处置得当，即便遭遇了难以避免的损失，也同样可以问心无愧，这种无愧正是因为遵循了良知的正确指引。

现在总结一下，无事和有事的正确应对之法有一个共同点，那就是此心要遵循良知的指引，所以阳明才说“凡人为学，终身只为这一事。”道通将“事”和“培养本源”分为两件看，显然不符合阳明学说的本意。至于对事情处理的好或者不好，以及困顿失次的毛病，阳明认为原因都可以从“不能实致其良知”的根上找。最后又说，人若能实致其良知，平日自己认为是对的不一定真的就对，平日认为是不对的，那个认为不对的念头恐怕正是那个戕害自己良知的东西。

阳明最后这句话最好举个例子来解释，比如一个上高三的学生，即将参加高考了，学习上一点时间都不敢浪费，每天晚上都熬夜苦读到很晚，夜里十二点依然不肯睡觉，并且坚定地认为，自己多学一会儿就是按照自己良知的指引在“致良知”啊，岂不知，你的身体已经抵挡不住困倦侵袭的情况下还如此强学，导致身体生病了，得不偿失，已经是“违理而行”了，你自己误将其当做了致良知。正是阳明这里说的“平日所谓善者未必是善”。

再说一个将“善”当作“不善”的例子，战国时期，赵武灵王最初要求胡服骑射之时，国中反对者甚众，这项改革对于那些反对者而言，可谓是“不善”，但是正是胡服骑射的改革让赵国的军事力量日益强大，最终跻身“战国七雄”之列。所以众人都认为的不善未必就真是不善。

颜回的乐和七情的乐

原文

来书云："昔周茂叔[①]每令伯淳[②]寻仲尼、颜子乐处[③]。敢问是乐也，与七情之乐同乎？否乎？若同，则常人之一遂所欲，皆能乐矣，何必圣贤？若别有真乐，则圣贤之遇大忧、大怒、大惊、大惧之事，此乐亦在否乎？且君子之心常存戒惧，是盖终身之忧也，恶得乐？澄平生多闷，未尝见真乐之趣，今切愿寻之。"

乐是心之本体，虽不同于七情之乐，而亦不外于七情之乐。虽则圣贤别有真乐，而亦常人之所同有，但常人有之而不自知，反自求许多忧苦，自加迷弃。虽在忧苦迷弃之中，而此乐又未尝不存，但一念开明，反身而诚，则即此而在矣。每与原静论，无非此意，而原静尚有何道可得之问，是犹未免于骑驴觅驴之蔽也。(《传习录（中卷）·答陆原静书》)

注释

①周茂树：即周敦颐。

②伯淳：即程颢。

③"寻仲尼、颜子乐处"：《河南程氏遗书》卷二上有"昔受学于周茂树，每令寻颜子、仲尼乐处，所乐何事。"孔颜乐处，指以孔子为代表的乐天、超然境界。其原出见《论语·雍也》："子曰：'贤哉，回也！一箪食，一瓢饮，在陋巷，人不堪其忧，回也不改其乐。'"另在《论语·述而》中有："子曰：'饭疏食饮水，曲肱而枕之，乐亦在其中矣。'"

译文

来信写道："过去，周敦颐经常要求程颢寻觅孔子与颜回的快乐之处。请问这种乐趣与七情之乐是相同还是不同？若是相同，那么普通人只要满足了欲望都能快乐，又何必再去寻觅圣贤之乐呢？若是说（除去七情之乐外）另有真正的乐，那么圣贤碰到大忧、大怒、大惊、大惧的事情，这个（真正的）乐还存在吗？况且君子的心常存戒惧，这应该说终生都在忧虑中，又何从得到乐呢？我这个人平常比较郁闷，还没有体会过真正的（圣人之）乐的趣味，现在，急切希望能找到这种乐趣。"

乐是心的本体，虽然不同于七情之乐，却也不在七情之乐之外。圣贤虽然可以说有真正的乐，但这种乐也是普通人所共同具有的，只是普通人有了这种乐自己却不知道，反而要自寻烦恼忧苦，自加迷弃，即便在忧苦迷弃之中，这种乐也未尝不在。只要一个念头认得准、辨得清，反躬自问诚实无欺，那么就能体会到这种乐了。每每和你谈论，也无非都是这个意思，而你仍要询问用什么方法可以得到这种乐，这就不免坠于骑驴找驴的蔽障了。

解　析

先看两副曾国藩写的对联，其一：天下无易境，天下无难境；终身有乐处，终身有忧处。其二：战战兢兢，即生时不忘地狱；坦坦荡荡，虽逆境亦畅天怀。这两副对联所要表达的含义正好是这节内容的最好注脚。"忧处"以及"战战兢兢"正是向天理——也就是阳明这里说的"心之本体"——主动靠拢时所用的功夫，"乐处"与"亦畅天怀"正是能遵循天理所受到的情感奖赏。痛并快乐着，圣人之乐的景况大体可以这样表述。

这节用来做对比的两种乐，一个是"七情之乐"，一个是"圣人之乐"。"七情之乐"在《传习录》前文曾经提到过。眼睛爱好美色，美人在抱，是肉欲之乐；嘴巴爱好美味，佳肴在口，是食欲之乐；耳朵爱好美音，丝竹悦耳，是音声之乐。耳口身之乐，是常人最基本的求乐之途。再往上一点层次的，出行要车，香车宝马，是出行之乐；安歇要屋，广厦千间，是安歇之乐；处众好名，名闻海内，是好名之乐。陆澄就是分不清这些乐和圣人的乐到底有什么不同，才发出这里的提问。

阳明首先指出了“乐是心的本体”，自然“圣人之乐”也就是心的本体之乐，随即指出此乐“亦不外于七情之乐”，这句很关键，是儒学有别于佛学的地方，佛学要求人斩断七情之乐，而儒学却肯定了“七情之乐”的合理性。

从“拉拢”最广大的人民组成最广泛的“为学统一战线”的角度看，儒学这点宗旨比佛学要争取的人多得多。古典文学中，曾经对和尚有过这样的描述：色中恶鬼。意思就是和尚比起普通人，在色欲方面的欲求更加强烈。佛家强行要求人六根清净，却滑入极端，反而违背了天地大道的自然之理，所以实际效果反而适得其反，人的性欲需求也是自然之理的一部分，和饥要求饱，寒要求暖一样，都是人的自然诉求，强行压抑合理诉求，实际是违理而行。儒家的“圣人之乐”不离七情，但也绝对不被七情之乐所羁绊，那是因为圣人之乐有更高的遵循准则，那就是“循理”，也就是阳明说的“心之本体”。

因为人人具有此心，所以普通人的“七情之乐”中，其实就孕育着“圣人之乐”的萌芽，只是在圣人那里，这个萌芽才能长成参天大树，而在普通人那里，有的刚发芽就遭到了自己私欲的戕害，有的长成了灌木却由于主人疏于灌溉施肥而裹足不前。所以普通人要做功夫，就是去掉“自求”的“许多忧苦”，去掉“自加”的诸般“迷弃”，将此乐的萌芽培育成大树，方能体验到“圣人之乐”。

情顺万事而无情

原文

来书云："《大学》以心有好乐、忿懥、忧患、恐惧为不得其正，而程子亦谓'圣人情顺万事而无情①。'所谓有者，《传习录》中以病疟譬之，极精切矣。若程子之言，则是圣人之情不生于心而生于物也。何谓耶？且事感而情应，则是是非非可以就格。事或未感时，谓之有则未形也，谓之无则病根在有无之间，何以致吾知乎？学务无情，累虽轻，而出儒入佛矣，可乎？"

圣人致知之功，至诚无息。其良知之体，皦如明镜，略无纤翳，妍媸之来，随物见形，而明镜曾无留染：所谓情顺万事而无情也。"无所住而生其心②"，佛氏曾有是言，未为非也。明镜之应物，妍者妍，媸者媸，一照而皆真，即是生其心处。妍者妍，媸者媸，一过而不留，即是无所住处。病疟之喻，既已见其精切，则此节所问可以释然。病疟之人，疟虽未发，而病根自在，则亦安可以其疟之未发，而遂忘其服药调理之功乎？若必待疟发而服药调理，则既晚矣。致知之功，无间于有事无事，而岂论于病之已发未发邪？大抵原静所疑，前后虽若不一，然皆起于自私自利、将迎意必之为祟。此根一去，则前后所疑，自将冰消雾释，有不待于问辨者矣。（《传习录（中卷）·答陆原静书》）

注释

①"圣人"句：语出《河南程氏文集》卷二《答横渠张子厚先生书》。

②"无所住"句：语出《金刚经》第十品。

译文

来信写道："《大学》中认为，心有好乐、忿懥、忧患、恐惧，就不能平正，而程颢先生也说过：'圣人情顺万事而无情'。所谓的有情，《传习录》中用疟疾作比喻，非常精切。若依照程颢先生所说，那么，圣人的情是产生于物而非产生于心了。为何如是说呢？有事来感，则相应的情感就随之产生，然后其中的是非对错可以去格了。但是，在事情还没有到来之时，说有情吧，它还并未显露出来；说无情吧，可情就像病根一样存在着，若有若无，又该从何处来致我的良知呢？为学要致力求得'无情'，这样，拖累虽然少了，但是又脱离了儒学而坠入于佛学了。这也行吗？"

圣人致知的功夫是至诚不息的。圣人良知的本体，皎洁如明镜，没有丝毫的掩蔽。将美的、丑的放在镜子面前，镜子就应物现形，过后，镜子上并未留下什么。这正是所说的"情顺万事而无情"。"无所住而生其心"，佛家曾说过这句话，话说得不错。明镜照物，美的美，丑的丑，一照进去所成的像都是真实的，这就叫"生其心"。丑的为丑，美的为美，照过之后而不留丝毫在镜中，这就是"无所住"。有关疟疾的比喻，既然你认为贴切精当，那么，这一节所产生的问题就可以解决了。患疟疾的人，病虽未发作，而病根依然在，又怎么能因为疟疾还没有发作而不去服药调治呢？如果一定要等到疟疾发作之后才服药调治，就已经晚了。致知的功夫不分有事与无事，怎能再区分是发病还是未发病呢？你的主要疑虑，虽然好像前后不同，但都是自私自利、逢迎固执的毛病在作怪，这个病根一旦除去，那么，你前后的诸多疑问，自然会冰消雾释、云破天开，也就不用再去求教探讨了。

解　析

程颢的那句"圣人情顺万事而无情"，其中第一个"情"，是一个中性词，指人的本性之情，第二个"情"，指那些由于好乐、忿懥、忧患、恐惧而偏移了自然之理，流于私意的情。中国古代的文字用之至简，同一个字哪怕在同一个句子，也需要仔细辨析其中意义的差别。这里陆澄提到了《传习录》，因为《传习录》的上卷是先行刊刻传世的，所以，这里提到的

《传习录》指的是我们今天看到的《传习录》的上卷，而非今天的全本《传习录》。陆澄所说的比喻为“疟疾”的“情”，自然就是我们上面辨析中所说的第二个“情”字的意思。

陆澄从程颢的话中，得出了一个“圣人之情不生于心而生于物”的结论，他的论据是，有事情来感时，心中才会产生和那件事情相对应的情。接着，陆澄进一步说，只有当随着事而来的情产生，良知才能对产生的“情”做一个判断，合理的情，可以扩充，不合理的情，可以克除。如此，良知也才有个着力之处。然后从反面说，事情还没有来时，要是说心中有“情（私意）”吧，却看不到影子，要是说无“情（私意）”吧，明明知道已经成为痼疾沉疴的私意之情遇到事情肯定还会显现，因此，陆澄感到此时的病根若有若无，不知道该从何处着手来致自己的良知。最后，陆澄又问了“务无情，累虽轻，而出儒入佛矣，可乎？”他这个问题本身就有问题。下面我们层层解析。

对于陆澄的“圣人之情不生于心而生于物”这个结论，从阳明的回答中我们是找不到正面回应的，但我相信今天的诸位肯定很想知道阳明该如何正面回答这个问题，因为这个问题，实质上是很委婉地涉及到以今天学术观点区分的两大哲学流派的一个核心争执，这个争执就是到底物质是第一位，还是意识是第一位。非常遗憾，阳明先生没有对这个问题进行直接评论。

我们就依据阳明学说的一贯思想立场，来对这个结论进行一个“探微”式解读。先说明一下，在“圣人之情不生于心而生于物”这句中，陆澄所说的“物”是偏重于现代意义“物质”的意思，不然，他就没有必有将其和“心”并提而区分对照。首先，从阳明心学的角度，阳明首先就不会承认今天学术界的以“物质”和“意识”到底谁是老大来区分出两大哲学流派的做法，在阳明看来，这是一种毫无意义的划分。阳明心学，甚至可以说中国古代哲学的特点，就是“心物一体”，谈“心”必然有“物”，谈“物”必然有“心”，这种哲学观从来不把“心”和“物”到底谁是第一位的问题放在心上。

陆澄这里的结论，显然有一种跨时代的先见性，他从经验上得出了心中之情必须有相应的“物”才会产生，所以疑心“物”是“主”，“情”

是宾，但是“情”是心和物交融的一刹那产生的，这其中，“心”和“物”在导致“情”产生的这件事情上，其实是具有同等作用的。现在仅仅把“情”的产生独独归功于“物”，显然不恰当。所以，阳明如果要正面回答陆澄的话，那就是：情的产生是心物交融的共同作用，二者等量齐观，融为一体，不分伯仲。

陆澄最后的疑问“学务无情，累虽轻，而出儒入佛矣，可乎?”其实是一个“伪问题”，这里陆澄说的“无情”，其中的“情”字，不但涵盖了私欲之情，而且也误杀了顺应天理的自然之情，所以才有“出儒入佛”的疑虑，但是通过上面的辨析，我们已经知道程颢说的“无情”，是指没有私欲之情，这里陆澄却偷换概念，一下子将“情”字的覆盖面扩大化。所以问题本身就有问题，不过阳明本人也没有心思去具体探究陆澄在言语字面上的矛盾。还是千年不变的老一套，直接说所有的问题还都是你的私欲作祟，还是老老实实克服自己的私欲吧。

为学终身只一事

原文

来书又云："师云：'为学终身只是一事，不论有事无事，只是这一件。若说宁不了事，不可不加培养，却是分为两事也。'窃意觉精力衰弱，不足以终事者，良知也。宁不了事，且加休养，致知也。如何却为两事？若事变之来，有事势不容不了，而精力虽衰，稍鼓舞亦能支持。则持志以帅气可矣。然言动终无气力，毕事则困惫已甚，不几于暴其气已乎？此其轻重缓急，良知固未尝不知，然或迫于事势，安能顾精力？或困于精力，安能顾事势？如之何则可？"

宁不了事，不可不加培养之意，且与初学如此说亦不为无益。但作两事看了，便有病痛。在孟子言"必有事焉"，则君子之学终身只是"集义"一事。义者，宜也，心得其宜之谓义。能致良知则心得其宜矣，故集义亦只是致良知，君子之酬酢万变，当行则行，当止则止，当生则生，当死则死，斟酌调停，无非是致其良知，以求自慊而已。故"君子素其位而行"，"思不出其位"[①]。凡谋其力之所不及，而强其知之所不能者，皆不得为致良知。而凡"劳其筋骨，饿其体肤，空乏其身，行拂乱其所为，动心忍性以增益其所不能"[②]者，皆所以致其良知也。若云宁不了事，不可不加培养者，亦是先有功利之心，计较成败利钝而爱憎取舍于其间，是以将了事自作一事，而培养又别作一事，此便有是内非外之意，便是自私用智，便是义外，便有"不得于心，勿求于气"[③]之病，便不是致良知以求自慊之功矣。所云鼓舞支持，毕事则困惫已甚，又云迫于事势，困于精力，皆是把作两事做了，所以有此。凡学问之功，一则诚，二则伪。凡此皆是致良知之意，欠诚一真切之故。《大学》言"诚其意者，如恶恶臭，如好好色，此之谓自慊。”曾见有恶恶臭，好好色，而须鼓舞支持者乎？曾见毕事则困惫已甚者乎？曾有迫于事势，困于精力者乎？此可以知其受病之所从来矣。（《传习录（中卷）·答欧阳崇一》）

注释

①“思不”句：语出《论语·宪问》，原文“子曰：‘不在其位，不谋其政。’曾子曰：‘君子思不出其位。’”

②“劳其”五句：语出《孟子·告子下》。

③“不得”句：语出《孟子·告子上》。

译文

来信又说：“先生说‘为学终身只是一事，不论有事无事，只是这一件。若说宁不了事，不可不加培养，却是分为两事也。’愚见以为，感到精疲力竭，不能将事情处理完，就是良知（的判断）。宁可不处理事情，先去休养，这是致知。这怎么成了两件事呢？如果事情来了，事态不容不去处理，就算筋疲力尽，但只要自我激励，强打精神，也能支持着处理完事情。由此可知，让意志统领着气力还可行。不过，此时的言行举止毕竟是有气无力，待处理完事情就会疲惫不堪，这不和滥用精力差不多吗？这期间的轻重缓急，良知固然不会不知道。然而，有时被事势所逼，又怎么能顾及精力？又有时困于精力，又岂能顾及事势？该怎么办才好？”

宁可不去处理事情，也不可不去培养本源，这句话对初学者来说也不无裨益。但是，把处理事情和培养本源看作两件事就有了问题。孟子说：“必有事焉”，那么，君子终生的学问就只有“集义”这一件事情了。义，就是宜，心做到它应当做的叫做义。能够致良知，那么心就能“得其宜”。所以，集义也就是致良知。君子应酬万变，应该做的就去做，应该停的就停下，应该生时就生，应该死时就死，斟酌调停，也无非是致良知，以求问心无愧罢了。因此，“君子素其位而行”，“思不出其位”。大凡谋求力所不及的事，勉强做智力不能完成的事，都不能称之为致良知。而凡是“劳其筋骨，饿其体肤，空乏其身，行拂乱其所为，动心忍性以增益其所不能”的，都可以称之为是致良知的事情。如果说宁可不去处理事情也不可不去培养本源，也是因为先有了一个功利心，去计较其中成败利钝，尔后再在其中作出私意上的爱憎取舍。这样是把处理事情当成一件事，把培养本源当成另一件事，这就是有了看重内在而忽视外在的心态，这就是师心自用，就是处于义之外了，这便有了“不得于心，勿求于气”的毛病，就不是致良知以求问心无愧的功夫了。你所说的自我激励，强打精神坚持下去，处理完事情后就会疲惫不堪，又说被事势所逼，被精力所限，都是把处理事情和培养本源当成两件事看了，所以才有这样的困惑。大凡做学问的功夫，只要持念如一就会真诚，心有旁念就会虚伪。以上你所谈及的情况，均是由于致良知的心意缺乏诚恳、专一、真切。《大学》中说“诚其意者，如恶恶臭，如好好色，此之谓自慊。”你曾经见过厌恶恶臭，喜好美色时，还要自我激励，强打精神才能坚持下去的人吗？曾经见过这些事情过后而人极度困乏疲惫的情况吗？曾经有过被事势所逼，被精力所限的人吗？从这几点你就会找出病根到底从何而来了。

解 析

欧阳崇一的问题十分尖锐，而他所说的情形对世上大多数人而言也都是感同身受。举例子来说，周末，劳累了一周的你期待着明天可以好好休息一下，在差五分钟就要下班的时候，老板突然宣布，明天有紧急的业务，需要几个员工加加班，由于老板对你平时的工作能力十分欣赏，特意点中了包括你在内的几个同事。相信此时的这个“惊喜”会让你犹如被当头浇了一桶凉水，从精力上来说，劳累了一周的身体急需休息，但是从工作上来说，公司的业务需要加班，而且违背老板的决定甚至有丢掉饭碗的可能。此时，良知该何去何从呢？

被形势所限制，你会十万个不情愿地答应加班。只能按这里欧阳崇一所说的那样，自我激励，强打精神，硬着头皮去加班，本来是强弩之末的精力在经过一天的操劳后，更是疲惫之极。崇一想问的就是，这种情况的实际结果不是和滥用精力差不多吗？

阳明的回答中，有这样几句：“君子之酬酢万变，当行则行，当止则止，当生则生，当死则死，斟酌调停，无非是致其良知，以求自慊而已。”夺人眼球的是“当生则生，当死则死”这八个字，连生死这样的大事也仅仅是为致良知而服务。当然，如果“良知说”在涉及到生死的问题时就绕过去，良知说也就辜负了天下千万信众对他的笃信，也算不上是“血统纯正”的学说了，甚至会被人冠以“伪学”的称号。生存，还是死亡，这是生命无法逃避的终极问题，也是人类哲学必须面对的问题。

阳明当然不只是随便说说，他用行动诠释了自己的生死观，用半生的言行（因为龙场悟道是在阳明先生中年，故说“半生”）践履了自己的良知说。当然，我们知道，阳明先生的归宿不是马革裹尸，战死沙场，而是病逝的。但是，先生去世时的遗言足以光耀千秋——“此心光明，夫复何言？”他是在没有任何遗憾的情况下驾鹤西去的，对于一个以文臣封侯拜将，半辈子戎马倥偬，在平叛战争中杀人无数的人来说，可以死而无憾，这该是一种何等纯粹的学养？何等磊落的气概？

从对待生死的态度来看，阳明是当之无愧的随时可以杀身成仁、舍生取义的仁人志士。但另一个问题来了，朱熹也有“饿死事小，失节事大”的名言，但是我们知道，就是这句名言几乎成了朱熹在当代遭遇人人喊打的最著名罪证之一。从形式上来看，朱熹也是主张舍生取“义”，这和阳明相同啊，为何众人不指责阳明，却都不放过朱熹？我们下面接着看。

如果阳明是秉承朱熹那般迂腐的生死观，那他就不配叫王阳明了，在《王阳明全集》中，可以看到大量的王阳明向朝廷请求告病还乡，省亲致仕的奏章，阳明请求归退的原因主要有两个，第一，我们知道，先生身体不好，痰嗽之症一直伴随着他的后半生，此病用今天的话来说，很可能是肺结核之类，但在当时，这就是不治之症。其二，阳明先生从小受其祖母抚养，与祖母感情很深，他常年在外做官，无法在祖母膝下承欢，尽孝心。但是，在《王阳明全集》当中，类似这样告退的上奏实在太多，从反面我们也可以推知，朝廷在大多数情况下都没有允许他的奏请，否则，阳明也就不用一而再，再而三上这些内容雷同的奏折了。

从以上情况我们可以得知，阳明是非常重视健康的，反诘者会带着鸡蛋里面挑骨头的语气问阳明，你不是说“当生则生，当死则死”吗？怎么到了国家需要你效力的时候，你却要告病而退？回答这些问题，就要具体情况具体分析了，阳明上告退奏章的时机，都是在局面绥靖之下，按照阳明的说法，此时的情形，换作别人来顶替自己的职位也完全可以搞得定，而自己病躯残喘，思亲成疾，留之并不能对国家有更多补益，而去之于国事并没有损失，对自己则诚如旱禾得雨，此时，为自己争取应有的权利就是该做的“义（宜）”事。

相反，在平定宸濠之乱这件事上，阳明却忠实践履了自己“当行则行”的言论宗旨，当时，他只是路过叛乱发生之地，当地发生的事情是不属于他管辖的，且宸濠之乱刚起之时声势浩大，阳明手中并没有正规军队。如果只是从自身的利害关系着想，阳明完全可以不管这件事，反正出了事情朝廷追究责任也追不到自己头上，而组织平叛对当时两手空空的阳明而言难度太大，而且失败后很可能会丢掉性命。但是，阳明认为，这件事从良知上来说，就必须去做，这就是对“当生则生，当死则死”的注解了。理该如此，虽刀山火海，也在所不避。当然，我们知道，对于“知行合一”的阳明来说，他的勇气绝对不是来自一种盲目的血气之勇，良知既然能告诉他该做什么，同样也能够告诉他该怎么做。

这样，就引出了阳明下面说的话：“凡谋其力之所不及，而强其知之所不能者，皆不得为致良知。”有了这句话做补充，阳明“舍生取义”的内涵就和朱熹“舍生取‘义’”的内涵有了很大不同。并不是我吝惜生命，而是热爱生命，不到最后的关头，决不轻言战斗，忍无可忍的时候，我会挺身而出，我挺身而出的时候，我会依从良知的判断找到击败敌人的最佳途径。忠义，不仅仅是勇气与血性，而是勇气和智慧的双重化身，这东西，在我这里，我叫它良知。

机诈孙猴儿，良知如来掌

原文

来书又有云："人情机诈百出，御之以不疑，往往为所欺。觉则自入于逆、亿[①]。夫逆诈，即诈也。亿不信，即非信也。为人欺，又非觉也。不逆不亿，而常先觉，其惟良知莹彻乎。然而出入毫忽之间，背觉合诈者多矣。"

不逆不亿而先觉，此孔子因当时人专以逆诈、亿不信为心，而自陷于诈与不信。又有不逆、不亿者，然不知致良知之功，而往往又为人所欺诈，故有是言。非教人以是存心，而专欲先觉人之诈与不信也。以是存心，即是后世猜忌险薄者之事。而只此一念，已不可与入尧、舜之道矣。不逆、不亿而为人所欺者，尚亦不失为善。但不如能致其良知，而自然先觉者之尤为贤耳。崇一谓其惟良知莹彻者，盖已得其旨矣。然亦颖悟所及，恐未实际也。盖良知之在人心，亘万古、塞宇宙而无不同。"不虑而知"，"恒易以知险"，"不学而能"，"恒简以知阻"，[②]"先天而天不违，天且不违，而况于人乎？况于鬼神乎？[③]"夫谓背觉合诈者，是虽不逆人，而或未能无自欺也。虽不亿人，而或未能果自信也。是或常有先觉之心，而未能常自觉也。常有求先觉之心，即已流于逆、亿，而足以自蔽其良知矣。此背觉合诈之所以未免也。君子学以为己，未尝虞人之欺己也，恒不自欺其良知而已。是故不欺则良知无所伪而诚，诚则明矣。自信则良知无所惑而明，明则诚矣。明、诚相生，是故良知常觉、常照。常觉、常照则如明镜之悬，而物之来者自不能遁其妍媸矣。何者？不欺而诚，则无所容其欺，苟有欺焉而觉矣。自信而明，则无所容其不信，苟不信焉而觉矣。是谓"易以知险"，"简以知阻"，子思所谓"至诚如神，可以前知[④]"者也。然子思谓“如神”，谓“可以前知”，犹二而言之，是盖推言思诚者之功效，是犹为不能先觉者说也。若就至诚而言，则至诚之妙用，即谓之“神”，不必言“如神”。至诚则无知而无不知，不必言“可以前知”矣。(《传习录（中卷）·答欧阳崇一》)

注释

①逆、億：语出《论语·宪问》，原文“子曰：‘不逆诈，不億不信，抑亦先觉者，是贤乎。’”“逆”，预先怀疑。“億”，通“臆”随意猜测。

②“不虑”四句：语出《孟子·尽心上》，原文“人之所不学而能者，其良能也；所不虑而知者，其良知也。”《易·系辞下》中有“夫乾，天下之至健也，德行恒易以知险。夫坤，天下之至顺也，德行恒简以知阻。”

③“先天”四句：语出《易·乾·文言》。

④至诚如神，可以前知：语出《中庸》，原文“至诚之道，可以前知。”

译文

来信又写道：“人情机诈无穷，如果用诚信来对待，往往受到它的欺骗。要想警觉人情的机诈，自己就会坠入‘逆诈’和‘臆不信’。逆诈就是诈，臆不信就是不守信。被别人欺骗了，又不能觉察到。能够不事先怀疑别人欺诈，不无故臆想别人不诚信，而又常常能预先觉知一切的，唯有晶莹剔透的良知才做得到。但是，良知的先觉和‘逆诈’、‘臆不信’之间的差别十分细微，背离先觉而暗合欺诈的事情多有发生。”

“不逆诈、不臆不信，抑亦先觉”，是孔子针对他那个时代这样的情况而说的：当时，许多人一门心思想着去逆诈、去臆不信，从而使自己陷于欺诈和不诚信；同时也有人虽不逆不臆，但不懂得致良知的功夫，往往又受人欺骗，因此孔子才说了这番话。孔子的本意并不是教人以此存心，而一味去发现别人的欺诈和不诚信。存心去留意别人，正是后世猜忌险薄的人所做的事。只要存有这个念头，就不能进入尧舜之道。不逆诈、不臆不信，却被人欺骗，尚且还不失为善。但是不如那些能致其良知的，自然能预先觉知的人贤明。你认为只有良知晶莹剔透的人才能这样，可知你已领悟了孔子的宗旨了。但是，这只是凭你的聪明颖悟领略到的，恐怕还不能落实到实践之中去。良知在人的心中，万古横亘，充盈宇宙，无不相同。此正是古人所说的“不虑而知”、“恒易以知险”、“不学而能”、“恒简以知阻”、“先天而天不违，天且不违，而况人乎？况于鬼神乎？”你所说的背离先觉而暗合欺诈的情况，虽能不欺诈人，却不能没有自欺。虽然不臆不信，但是却不能做到自信；他们或许常常希望能够先觉，却还常常不能做到自觉；常常有寻求先觉之心，这样却已陷入了逆诈和臆不信，就已足够蒙蔽他的良知了。这就是背离先觉而暗合欺诈的事情不能避免的原因。君子求学是为了自己，不是为了防备别人欺骗自己，只是永远坚守不欺骗自己的良知罢了。所以，君子不自欺，良知就没有虚假而能真诚，良知真诚就能光明。君子自信，良知没有迷惑而能光明，良知光明就能真诚。光明和真诚彼此促进，因此良知能常觉、常照。常觉、常照就仿佛明镜高悬，任何东西在明镜前都不能遮掩其美丑。什么原因呢？因为没有自欺而自然会诚，也就容不下外人的欺骗，若有欺骗就能觉察。良知自信而光明，也就容不得外人不诚信，如果有外人不诚信就能觉察到了。这就是所谓的“易以知险”，“简以知阻”，也就是子思讲的“至诚如神，可以前知”。但是，子思所说的“如神”、所说的“可以前知”，还是当两件事看待了，因为这是从思诚的功效上来说的，仍然是给不能事先觉知的人说的。如果就至诚上来说，那么，至诚的妙用即为“神”，而不必说“如神”了。至诚就能无知但又无所不知，也就不必再说“可以前知”了。

解　析

这节讨论欺诈与诚信的问题。从反面而言，可见欺诈与不诚信自古以来就从未远离过人类社会，而我们现在所处这个时代，遭遇了空前的诚信危机。

这节文字虽然读起来有点绕口，但是阳明把自己的意思还是表达得很清楚，天天良知不离口的阳明先生是如何面对别人的欺骗的呢？他是如何识破的呢？又是如何对待的呢？我们就说说他剿匪的一点往事。

当年，阳明被安排到江西当巡抚以平定当地匪患，到任之后，土匪们和王大人经过几番交手，很快发现这个对手和前任的官员大大不同，几个回合下来，竟然一点便宜都没有占到，这种窘境极大挫伤了横行地方数十载的土匪们的自尊心。他们痛定思痛，穷极思变，就想出了一个新点子——诈降。

正面战场上既然玩不过你，我们就来点阴的。土匪们显然已经从侧面了解到阳明先生是一个读书人，一个天天良知不离口的读书人。那很好，只要你是人，你就有弱点。讲良知的读书人的弱点应该就是心善吧，那我们就当一回东郭先生遇到的狼——土匪中的智囊人士就是如此这般对阳明进行性格分析的。他们对自己是狼的定位，拿捏的还是比较准的，只是将阳明先生目测为东郭先生，显然是出现了严重的误判，他们最终要为这个误判付出代价。

对于土匪们的请降要求，王大人以出乎土匪们意外的爽快答应了，本来土匪们认为王大人就算再善良，也要先考察一下自己归顺的诚心后再受降吧，起码还不得搞个歃血为盟什么的？没想到所有麻烦都免了，唉！读书人就是读书人啊，心眼就是实诚，土匪心中闪现了一丝对“老实巴交”的王大人表示同情的怜悯，但是刹那间就将这丝怜悯丢到了九霄云外，凶残、狡诈的本性又重新附体。

王大人一边好言安抚这些“归降”的土匪，一边暗地里调查这些土匪的底细，不久之后，就以迅雷不及掩耳之势杀掉了其中几个人，这下整个诈降的土匪群体都傻眼了。杀掉这几个人的原因就是：从官府的存档看，这些人都有过多次归降又多次反叛的污点记录，而这几个人就是这些土匪的元凶首恶。这样一来，达到了如下效果：第一，杀鸡儆猴，今后谁再敢反复无常，欺骗官府，下场就是死，这样那些原本打算假降的人变成了真降。第二，元凶首恶没了，这些人没了领导者，群龙无首，再作乱也缺少了之前的凝聚力。

从形式上来说，阳明在使诈啊。在这节里，他一直让人不要逆诈，不要“臆不信”。但是，就阳明这方面来说，他能识破土匪的诈降之计，并不是因为先生本身奸诈，而是他的良知能常觉、常照，能将实际情况洞悉无疑。他前面的几任官员都搞不定这里的匪患，肯定有原因啊，知行合一的阳明到了江西，肯定会调查匪患不除的根本原因。唯物主义者喜欢挂在嘴边的一句话是“没有调查就没有发言权”，而在阳明这里，走访调查的行动就是他良知的自然指引，心如明镜，丑俊皆照，土匪们的虚虚实实又怎能瞒过他的眼睛呢？世间的机诈，因为本身违反常理，其中的蛛丝马迹自然难逃对万事洞明无碍的良知，这就犹如孙猴儿本事再大，也难以翻出如来佛的手心一样。

运用之妙，存乎一心

原文

“億”、“逆”、“先觉”之说，文蔚谓“诚则旁行曲防[①]，皆良知之用”。甚善甚善！间有搀搭处，则前已言之矣。惟濬之言，亦未为不是。在文蔚须有取于惟濬之言而后尽，在惟濬又须有取于文蔚之言而后明。不然，则亦未免各有倚著之病也。舜察迩言[②]而询刍荛[③]，非是以迩言当察，刍荛当询，而后如此。乃良知之发见流行，光明圆莹，更无挂碍遮隔处，此所以谓之大知。才有执著意必，其知便小矣。讲学中自有去取分辨，然就心地上着实用工夫，却须如此方是。(《传习录（中卷）·答聂文蔚》)

注释

①曲防：委曲防御。

②迩言：《中庸》第六章有“舜好问，而好察迩言（浅近之言）”。

③刍荛（chú ráo）：割草打柴的人。

译文

诸如“不億不信”、“不逆诈”、“先觉”等说法，您认为只要能诚，即便是旁支小道、委曲防御，也均为致良知的运用。这种认识很对很对，偶尔有掺和搭配之处，我在前面已经提到过了。惟濬（陈九川）所言，也不能说不对。就您来说，应该汲取惟濬的说法才完备，而对惟濬来说，又需要汲取您的主张才能明确，要不然，则难免各有偏颇的毛病。舜思考浅近的话，并且向割草打柴的人请教。这并不是说浅近的话应当思考，割草打柴的人应该请教，所以他才这样做。而是因为良知的显现运用，光明圆莹，没有一点障碍和阻隔，这就是被称为“大知”的原因。只要带了一点执着和“意必”，他的“知”就小了。在讲学中，自然有取舍和分辨，但是，在心地上切实用功，只有这样才行。

解　析

“诚则旁行曲防，皆良知之用”，聂文蔚的这一主张得到了阳明的认可，意思是只要内心坚守良知的准则，即便在具体的手段上，以曲为直，也都是良知的作用。

比如汉武帝时的宠臣东方朔，性格诙谐，言辞敏捷，滑稽多智，常常在武帝面前耍宝取乐，武帝也一直把他当作排忧解闷的俳优看待。而事实上，东方朔是一个有着远大政治抱负的大好人，只不过时势使然，一直没有被汉武帝重用。不过东方朔并没有因为政治上不被重用而就像贾谊那样，郁郁寡欢，忧思成疾，壮年夭折；也不像陶渊明那样官场失意，就赌气不为五斗米折腰，挂印而去，归隐田园。他采取了一种大隐隐于朝的策略，并且以见缝插针的积极向上的人生态度，找到了一个能够最大限度展现自己存在价值的位置。他不在乎自认为是正人君子之人的讪笑侧目，坚持自己正确的信念和做事方式，高高山顶立，深深海底行！

他的滑稽搞笑，更像是一种取信于皇帝的手段。借助高超的进谏艺术，东方朔多次规劝了汉武帝在治国施政方面的过失，而又不用上演一场场“文死谏”的老把戏。其于国于民于己，都做到了问心无愧，这不也正是良知之用的体现吗？

随后，阳明又谆谆教诲聂文蔚，要和陈九川相互学习，取长补短，共同进步，只要保持良知明澈显现，则智慧、能力自然会日进。

真专一和真持敬

原文

又问："用功收心时，有声有色在前，如常闻见，恐不是专一。"

曰："如何欲不闻见？除是槁木死灰，耳聋目盲则可。只是虽闻见而不流去便是。"

曰："昔有人静坐，其子隔壁读书，不知其勤惰。程子称其甚敬。何如？"

曰："伊川恐亦是讥他。"（《传习录（下卷）·陈九川录》）

译文

九川又问："用功收敛此心时，如果有美声、美色在面前，用平时的心态去听、去看，恐怕就不是'专一'的功夫了。"

阳明先生说："面对声色，怎么能做到不想去听，不想去看呢？除非这个人是槁木死灰，或者是耳聋目盲才能做到。关键是要做到虽然听到了、看到了但是不陷溺进去就行了。"

九川说："从前有人静坐，他儿子在隔壁读书，这个人不知道儿子到底是在用功还是在偷懒。程颐先生称赞这个人能'持敬'。这件事您怎么看？"

阳明先生说："程伊川恐怕是在讥讽他。"

—— 解　析 ——

欢迎大家进入《传习录》中难得一见的轻松一刻，陈九川就程颐先生对某人某事的评价请教阳明先生，不经意间碰撞出了乌龙效果的喜感。

对“声色”之类的外诱，陈九川的看法是很有代表性的，那就是担心这些外诱妨碍自己做“专一”的功夫，基本上初学心学的人都有类似的担心。但是我们知道，心学最强调的不是躲进深山老林，在与世隔绝的情况下自我修炼，而是强调“花繁柳密处拨得开，才是手段；风狂雨急时立得定，方见脚跟”。（明·陈继儒《小窗幽记》）所以，阳明向陈九川强调“虽闻见而不流去便是。”

阳明所回答的虽然也是事实，但是这里面还有一个适用对象的问题，对于初学者来说，之前阳明也曾强调从静坐息心入手。《菜根谭》上有这样一句：把握未定，宜绝迹尘嚣，使此心不见可欲而不乱，以澄吾静体；操持既坚，又当混迹风尘，使此心见可欲而亦不乱，以养吾圆机。这句讲的就比阳明这里的回答要系统得多，对于初学者，还不能做到在“声色”外诱之下站稳脚，就主动和外诱保持距离，先用“静坐息心”的功夫。等到静中养心的功夫稍微纯熟了，就可以“混迹风尘”，在花繁柳密处试炼此心，做到“见可欲而亦不乱”，功夫才算做完整了。这里阳明先生显然没有将陈九川当做初学者来看，而是直接给他指点出了下半截的功夫。

从前有人在家中静坐，他儿子在隔壁读书，这个人只顾得自己“持敬”，连儿子到底是在用功还是在偷懒都不知道，程颐说，你看这位老兄多么“敬”啊！程颐的本意到底是在讥讽此人还是夸赞此人，后人倒也不完全认同阳明这里的看法，我们仅仅按照阳明的思路分析这里的意思。

那位老兄一心修持心中的“敬”，完全是一副两耳不闻窗外事的姿态，他所用的功夫其实正是我们上面讨论的功夫的上半截，即“绝迹尘嚣”的功夫，这种功夫虽然也不能说是错，但是毕竟还是没能养得心体圆满，只能说是一种阶段性的修心途径。况且，如果沉湎于这一阶段的功夫而不知道往更高一层的“见可欲而亦不乱”的阶段迈进，同样也是走入了歧途。

正是从这层意义上，阳明认为程颐是在讥讽这位老兄。因为在静中“持敬”，用功稍久，会感到“敬”的对象缺失所造成的虚无感，此时，心习惯于“虚寂”，从个人内心感受上，可能会误认为这种“虚寂”是功夫所达成的境界，殊不知，这种惯于“虚寂”实质是私欲作祟。所以，守静的功夫一旦做久了，一定要知时知量地“走出去”，不失时机地投入到“事为”上来，这就好像是一个人小学毕业了，绝对不能再在小学空耗下去，一定要升到更高一级的初中去学习一样。

所以，阳明的意思不外是，与其在那里空守一个“敬”，还不如在管教儿子这种具体的“齐家”的实际事物上去“持敬”，因为一味沉湎于静中的那个“敬”，遇到事变之来，依然是丝毫派不上用场。

陆子之学有点粗

原文

又问："陆子[1]之学何如？"

先生曰："濂溪、明道之后，还是象山。只是粗些。"

九川曰："看他论学，篇篇说出骨髓，句句似针膏肓，却不见他粗。"

先生曰："然，他心上用过功夫，与揣摹依仿、求之文义自不同，但细看有粗处。用功久，当见之。"（《传习录（下卷）·陈九川录》）

注释

①陆子：即陆九渊，号象山。

译文

陈九川又问："陆九渊的学说怎么样？"

阳明先生说："周濂溪、程明道之后，还数得着陆象山（的学说）。只是（他的学说）有些粗。"

陈九川说："看他讨论学问，篇篇都说出了精髓，句句都鞭辟入里，却看不出讲得粗。"

阳明先生说："对啊，他在心上用过功夫，和那些揣摩仿照、只在文义上求索的学者自然不同，但是细看他的学说还是有粗的地方。你用功久了，自然就看出来了。"

解　析

陈九川让阳明谈谈对陆九渊学说的观感，后人常常"陆王"并称，指的就是陆九渊和王阳明，他们二位是“陆王学派”的代表性人物。阳明对陆九渊的评价是很高的，但是指出了他的学说有点“粗”，但是又并没有就这个“粗”字做展开的详解。就引发了后人对这个“粗”字的无限遐想。

阳明这里又不点名地顺手敲打了一下那些“揣摹依仿、求之文义”的人，我们依稀看到远方的朱熹先生在不停地擦汗。阳明虽然没有就陆九渊的“粗”处做详细说明，但我们还是可以根据他的话意进行一番推理，因为他对陈九川说了“用功久，当见之”这句话。

可见，要理解陆九渊学说的“粗”，阳明认为要通过实际下功夫才能体验到，他并不满意于在口头文意上去解释通。既然说陆九渊的学说“粗”，那么和“粗”字相对的是“精”，而“精”字在《传习录》前文里，阳明常常“精一”并提，而“精一”的理念用之于实际的功夫，自然就是“知行合一”这一重要话头。陆九渊虽然在“心即理”这个观点上和阳明相同，但是在实际的践行功夫上，还没有明确“知”与“行”的合二为一。所以阳明说他的学说“粗”，而“知行合一”这四个字，看似简单，其实没有亲身的体验和实践，是无法把握个中况味的，故此阳明让陈九川通过实地做功夫来慢慢体验自己学说的“惟精惟一”之处，体验到了其中的“精一”，自然就懂得了陆九渊学说的“粗”处。

只是致知

原文

庚辰[1]往虔州[2]再见先生，问："近来功夫虽若稍知头脑，然难寻个稳当快乐处。"

先生曰："尔却去心上寻个天理，此正所谓理障[3]。此间有个诀窍。"

曰："请问如何？"

曰："只是致知。"

曰："如何致知。"

曰："尔那一点良知，是尔自家底准则。尔意念著处，他是便知是，非便知非，更瞒他一些不得。尔只不要欺他，实实落落依着他做去，善便存，恶便去，他这里何等稳当快乐。此便是格物的真诀，致知的实功。若不靠着这些真机，如何去格物？我亦近年体贴出来如此分明，初犹疑只依他恐有不足，精细看，无些小欠阙。"（《传习录（下卷）·陈九川录》）

注释

①庚辰：正德十五年（1520年），时年阳明四十九岁。

②虔州：即赣州，今江西赣县。

③理障：以理阻碍正知。语出《圆觉经》。

译文

庚辰年到虔州再次见到先生，问："近来做功夫虽然像是稍微知道了头脑，然而却很难找到稳当快乐之所在。"

阳明先生说："你只在心上去寻找天理，这正是所说的'理障'。这里面有个诀窍。”

陈九川问：“请问是什么诀窍？”

阳明先生说：“就是致知。”

陈九川问：“怎么去致知？”

阳明先生说：“你那一点儿良知，是你自己的准则。你的意念所在之处，对的，良知就知道是对的，错的，良知就知道是错的，一点儿都欺瞒不了良知。你只要不欺骗自己的良知，踏踏实实依着良知做去，善念就存养，恶念就去除，这该是何等的稳当快乐啊！这就是格物的诀窍，致知的实际功夫。若不靠着这些真机，如何去格物？我也是近年来才体会得如此清楚的，开始犹然怀疑只依此做恐怕还有不足之处，仔细察看，没有一丝欠缺之处。”

解 析

陈九川说，如果按照阳明先生做功夫的方法行去，也能做到“稍知头脑”，但问题是“难寻个稳当快乐处”。这里说的“稳当快乐”，是一种心理感受，因为人若切实去做克去私欲，恢复天理的功夫，做到言行举止皆符天理，这应该是天下至乐之事，可是我为什么体验不到“稳当快乐”呢？这是陈九川的疑惑，也是很多心学学习者的疑惑。

阳明对陈九川说“尔却去心上寻个天理，此正所谓理障。”解释一下什么是“理障”，“私欲、邪念”会成为心体恢复天理的障碍，这都比较容易理解，但是，有时候，“公心、正念”也会成为心体恢复天理的障碍，这种情况就称之为“理障”。

陈九川肯切实用功，自然值得肯定，但在用功的过程中，他又过于关心内心的感受，这种毛病，就像你在地里种了一颗花儿的种子，然后你每天又刨开土去察看种子到底发芽了没有，本来这种期待种子发芽的心也是向善的正念，但是无形中却打乱了种子自然生长的节奏，这种用心就成了“理障”。

我们再来看一下阳明开出的破除理障的验方——“只是致知”。然后又有对致知的详细解释，很容易理解，我们不再作一一分析。阳明让陈九川将“去心上寻个天理”的心抛掉，只在“意念起处”去做“致知”的功夫，这等于说不要天天去刨土察看种子发芽与否，而只灌注于浇水、施肥、培土等工作就可以了。

“致知”可以说是心学功夫中非常具体化的一环，阳明从早年的强调“诚意”到后来的强调“致知”，反映了先生学说往“真切”方向发展的趋势，这一点前文已经言及。现代许多人抱怨阳明心学的可操作性差，而先生学说的成熟阶段最终落在“致知”二字上，已经无比明确地指出了下功夫的具体操作方法——那就是随时随地就意念发起之处做克私复理的功夫。

大家可能还对阳明先生这种“理学气”十足的表述存有隔膜感，那我们引述一下现代西方著名成人教育专家卡耐基所说的一句名言，来贯通阳明先生强调“致知”的用意。卡耐基是这样说的：“最重要的不是去看远方模糊的事，而是动手去做手边清楚的事。”卡耐基这句话是为了解除世人产生的各种忧虑而发的，文义甚是浅白，含义却极其深刻，而且与阳明的“致知”主张不谋而合。

卡耐基强调去做“手边清楚的事”，不正是阳明强调的“就意念发起之处做致知功夫”的另一种表述吗？“手边清楚的事”是经过良知判断后的行为对象，“做手边清楚的事”实际就是“致知”的另一种表述方式，二者的共同之处有如下三点：

一、当下性。都不喜欢谈过去和未来，只谈现在，现在！只有现在是真实的，其他一切都是虚妄。

二、明确性。在当下的这一刻，你不可能将万里长城在眨眼的时间内建成，但是必定会有一件明确的行动步骤是你可以采取的，你需要做的就是抓住这明确的一点。

三、执行力。二者都强调在时间、目标都明确后，必须有排除其他干扰后的行动。阳明用一个“致”字表示这个行动，卡耐基用“去做”表示这个行动。

实践出真知

原文

先生问："九川于致知之说体验如何？"

九川曰："自觉不同。往时操持常不得个恰好处，此乃是恰好处。"

先生曰："可知是体来与听讲不同。我初与讲时，知尔只是忽易，未有滋味。只这个要妙再体到深处，日见不同，是无穷尽的。"

又曰："此'致知'二字，真是个千古圣传之秘，见到这里，'百世以俟圣人而不惑'。"(《传习录（下卷）·陈九川录》)

译文

阳明先生问："九川你对于致知之说的体验如何？"

陈九川说："自己觉得（和以往）不同。以前用功的时候，常常拿捏不到一个恰好之处，现在却能做到恰好。"

阳明先生说："（由此）可知自己体会到的和听讲到的是不同的。我开始与你讲（致知）的时候，知道你只是存一个忽视轻易（之心），还没有体验到其中的真滋味。只要拿着这个致知的妙诀再往深处去体会，就会日日不同，（其中的妙用）是无穷尽的。"

阳明先生又说："这'致知'二字，真是个千古以来圣贤们的不传之秘，看透了这里，就能'百世以俟圣人而不惑'"。

解　析

陈九川现身说法，讲述自己在"致知"上切实用功的心得体会，阳明先生又亲做点评，再次强调"致知"的无穷妙用。阳明先生这种让人先实际践行，然后再加以点拨的教学方法，在佛家中可以找到类似的案例。

唐朝时有一个著名的高僧崇信法师，初入佛门时，跟随当时天皇寺的道悟禅师修行，但是在最初的几年里，道悟并没有向崇信传授一言半语的口头上的佛法，只是让他每日担水砍柴做饭。

终于有一天，崇信再也忍不住了，他跑到道悟跟前诉说："弟子跟随师父出家多年，可是没有得到师父一次的开示，眼看我的大好年华蹉跎而逝，就请师父发发慈悲，传授弟子真正的佛法吧！"

道悟禅师听后，用更受伤的语气质问："我好冤枉啊，你想想看，自从你随我修行以来，我哪一天没有在教你佛法啊？"

崇信愈加丈二和尚摸不着头了，问："弟子愚笨，不知道您传授给了我什么？"

"你端茶给我，我为你喝；你捧饭给我，我为你吃；你向我合掌，我就向你点头。我何尝一日懈怠，不都在指示心要给你吗？"崇信听了，当下领悟。

这则佛门的小故事说明，最上乘的心法，并不是靠语言可以表达出来的，需要你亲自去行，亲自去做，亲自去体验，所有这些，都不是他人所能代替的，必须求学的人亲力亲为。

“格物”常见问题答疑

原文

九川卧病虔州。

先生云：“病物亦难格，觉得如何？”

对曰：“功夫甚难。”

先生曰：“常快活便是功夫。”

九川问：“自省念虑，或涉邪妄，或预料理天下事。思到极处，井井有味，便缱绻难屏。觉得早则易，觉迟则难。用力克治，愈觉扞格①。惟稍迁念他事，则随两忘。如此廓清，亦似无害。”

先生曰：“何须如此？只要在良知上著功夫。”

九川曰：“正谓那一时不知。”

先生曰：“我这里自有功夫，何缘得他来。只为尔功夫断了，便蔽其知。既断了，则继续旧功便是，何必如此？”

九川曰：“直是难鏖，虽知，丢他不去。”

先生曰：“须是勇。用功久，自有勇。故曰‘是集义所生者’，胜得容易，便是大贤。”

九川问：“此功夫却于心上体验明白，只解书不通。”

先生曰：“只要解心。心明白，书自然融会。若心上不通，只要书上文义通，却自生意见。”（《传习录（下卷）·陈九川录》）

注释

①扞格（hàn gé）：互相抵触。

译文

陈九川卧病于虔州。

阳明先生说："病中去'格物'也很难，你觉得如何？"

陈九川回答说："做功夫很难。"

阳明先生说："保持乐观向上，就是功夫。"

陈九川问："自己省察心中的念虑，有时候会涉及到邪念妄想，有时会设想去料理天下的事。考虑到极致处，就感到津津有味，萦绕于心，难以割断。觉察（这种念头之非）早，则（克去这种念头）就容易，觉察（这种念头之非）迟，则（克去这种念头）就难。（在感到难的时候再）用力去克制，更感到思虑互相抵触。只有稍微将思虑转移到其他事情上来，才能将这种妄念和克制妄念的念头都忘记。用这种方法清除心中的妄念，好像也没有什么害处。"

阳明先生说："何必这样做呢？只要在良知上下功夫就行。"

陈九川说："我所说的（情况）正是那一时良知不能觉知。"

阳明先生说："我这里自有一套功夫，为何抱怨说有良知不知道的时刻呢？只因为你的功夫间断了，就遮蔽了你的知。既然断了，就接续上去，还用原来的功夫就行，又何必像你说的那样（去做）呢？"

陈九川说："只是这真是一场（自我心地上）的苦战啊！虽然知道（妄念在心），却清除不掉。"

阳明先生说："必须要有勇气。用功久了，自然就有勇气。所以说'是集义所生者'，到了能很容易战胜（妄念）的时候，就是大贤者了。"

陈九川问："这个功夫只有在心上体验才能明白，但是用来解释书本上文意，就解不通了。"

阳明先生说："只要在心上清楚即可，心里明白了，书上的东西自然会融会贯通。如果心上都不清楚，只是在书上的字面意思上解释通，反而心中会产生误解。"

解　析

首先谈一下生病时"格物"的问题，人健健康康，才能神清气爽，用起“格物致知”的功夫也才会容易些，而在忧病之中，可能会自顾不暇，哪里还有心思去“格物”呢？大多数人对于“格物”的理解可能就是这样，但是，联想到前文的一个事例，我们也就能明白阳明让人在病中格的是个什么物了。《陆澄录》中提到，有一次，陆澄收到家书一封，说他的儿子病情很严重，于是陆澄忧苦不堪，当时阳明对他说“此时正宜用功，若此时放过，闲时讲学何用？”

心学最看重乱极时、苦极时、闷极时、怒极时、怕极时等情形下保持此心冷静应对的功夫。如果套用《陆澄录》中的原话，我们可以这样说：“病时正宜用功，此时放过，健康时讲学何用？”但是在病中如何用功？难道阳明的意思是让人在病中也要挣扎着去战斗在工作或者生活的一线吗？比如某园丁带病教学，某公仆带病为人民服务等。当然不是，这里阳明说的是“常快活便是功夫”，生病了自然要修养，此时对于具体的事物应酬可能会有一种无力感，但是你唯一能把控的还有你的态度，在病中，要鼓励自己保持一种乐观向上的心态，能保持住这种心态，就是在“格物”了，就是在“致知”了。即使从现代心理学的角度看，保持乐观向上的心态对于身体恢复和疾病的治愈也都是有百利而无一害的。

再谈下面一段，陈九川说的念虑“或涉邪妄，或预料理天下事”，总之都是一种私欲根源上产生的病症，我们暂且通称之为“私欲”。陈九川认为一旦在私欲的泥潭里陷入太深，就会抽身太难。他的解决办法是用另外一些“符合理”的念头去置换这些私欲，他这种方法说起来也没有问题，用心中的“善念”去替代“私欲”，也是《传习录》前文提到过的一种行之有效的方法。

如果把陈九川的这种去除私欲的修心方法称为“曲线救国”，那么这里阳明提议的另一种方法就是“正面战场”。他对陈九川说“何须如此？只要在良知上著功夫。”

陈九川的回答是“正谓那一时不知。”这句很值得玩味，我们知道，良知是常醒常觉的，可是陈九川提到了“一时不知”，他这里说的“不知”，并不是说自己连分辨善恶的意识都没有了，而是说“致良知”的那个执行者，也就是我们前面说的“孟子良知（参见《操舍皆在我心田》的解析）”不知。

阳明说他这里有一套可以将“孟子良知”找回来的功夫，但是，这里我不得不说一句，由于古人用语的简练，阳明本人也从来没有将良知细分为“阳明良知（参见《操舍皆在我心田》）”和“孟子良知”，虽然陈九川实际说的丢失的是“孟子良知”，但是阳明还是笼统地将其和“阳明良知”混为了一谈，所以他才反问陈九川，为何抱怨说有良知不知道的时刻呢(何缘得他来)？

阳明接下来说“只为尔功夫断了，便蔽其知。”，只因为陈九川“致良知（此良知指‘阳明良知’）”的功夫中断了，所以才遮蔽了（孟子）良知。而解决的办法是“既断了，则继续旧功便是”，从这句话里我们就可以看出眉目了，陈九川既然说“一时不知”，此时要接着用功夫，做出这一正确行动的发起者又是什么呢？答案是“阳明良知”，因为“阳明良知”是一直存在的，不会产生“一时不知”的问题。正是这个长明灯一般的“阳明良知”才能作为找回“孟子良知”的引子，正因为“阳明良知”如此关键，所以阳明在前文才说它是“千古圣传之秘”。

陈九川说继续致知的功夫很难，并感叹是一场心兵交锋的苦战，他前面说了“一时不知”，这里又说了“虽知”，这里的“知”正是指“阳明良知”，可见他并没有否认“阳明良知”会“一时不知”，他承认了“阳明良知”的监督性依然在，只是没有办法克去私欲。

话说到这里，道理已经很明白了，再谈下去，就不是智慧不足的问题了，所以阳明提到了“勇”字，并且补充说“用功久，自有勇”，可见勇气也是可以培养的，而培养勇气的前提是需要假以时日下切实功夫。并引用孟子的话头，说勇气也是靠“集义”而生成的。等到勇气足够的时候，在修心的“正面战场”上也能很容易战胜自己的私欲，此时就能跻身于大贤人的行列了。

“曲线救国”和“正面战场”这两种克治私欲的方式，其适用对象是有所不同的，既然陈九川将克治私欲比作是心兵交锋的战场，我们就还拿战争来比喻。《孙子兵法》中说过这样的话：十则围之，五则攻之，倍则战之，敌则能分之，少则能守之，不若则能避之。大意就是，十倍于敌人的兵力就包围他们，五倍于敌人的兵力就进攻他们，两倍于敌人的兵力就和他们交战，和敌人势均力敌就设法分化瓦解他们，自己兵力少于敌人就要防守，和敌人实力差距太大就要避免作战。这句话的主旨，就是在战场上采取何种作战方式完全依据敌我力量之对比而定，换作心兵交锋的战场，道理亦然。“曲线救国”的克治私欲方式，就是在修心者犹然没有在正面克治掉私欲的前提下采取的方式，可以认为适用于初学者。而“正面战场”的克治私欲的方式，就是在修心者已经有了一定的道德修养时所采用的，此时采取正面突破的方式效率更高，在此处，阳明明显是根据九川的实际情况而言的，因为陈九川已经不是一个初学者，而是一个修养基础比较扎实的“中级生”了。

最后，陈九川说了“此功夫却于心上体验明白，只解书不通。”大家从以上可以看出，为了解释明白，我也不得不将“良知”细分为“阳明良知”和“孟子良知”，而古人是没有做这种划分的，所以在那种情况下，想要在书面上解释清楚确实是件很难的事情。阳明解释说“只要解心。心明白，书自然融会。”这也是阳明心学一贯的风格了，不注重字面，只注重内心的真实体悟。

属官很忙咋求学

原文

有一属官，因久听讲先生之学，曰："此学甚好，只是簿书讼狱繁难，不得为学。"

先生闻之，曰："我何尝教尔离了簿书讼狱，悬空去讲学？尔既有官司之事，便从官司的事上为学，才是真格物。如问一词讼，不可因其应对无状，起个怒心；不可因他言语圆转，生个喜心；不可恶其嘱托，加意治之；不可因其请求，屈意从之；不可因自己事务烦冗，随意苟且断之；不可因旁人谮毁罗织，随人意思处之。这许多意思皆私，只尔自知，须精细省察克治，惟恐此心有一毫偏倚，枉人是非，这便是格物致知。簿书讼狱之间，无非实学。若离了事物为学，却是着空。"（《传习录（下卷）·陈九川录》）

译文

有一位下属官员，长期听阳明先生讲学，他说道："这个学说真好，只是因为文书诉讼（等公务）太繁杂，没有时间去学习。"

阳明先生听后，说："我何尝教你脱离文书诉讼，而悬空去讲学？你既然有官司上的事务，就从官司上的事上学习，这才是真正的格物。比如在审理一个案子时，不能因为当事人应对无礼，就升起怒心；不能因为对方言语婉转，就升起喜心；不能因为厌恶他的（私下）嘱托，就刻意整治他；不可因为他的（私下）请求，就徇私顺从他；不可因为自己的事务繁重，就随心所欲去决断；不可因为旁人罗织罪名加以诋毁，就依据旁人之言处置。这里所说的各种情况都是私欲，只有你自己知道，必须精细省察，加以克治，唯恐心中有一毫的偏颇，而不能正确处置当事人的是非，这就是格物致知。处理文书与诉讼，无不是实实在在的学问，如果脱离具体事物去学，却是落得个空虚寂无。”

解　析

这一节全是谈学心学不能脱离具体的事情，实质上仍然是在强调“事上磨”，不过这次阳明先生是针对一个具体的人，一个具体的职业——断案的官吏，做出了具体的指导。大家联系自己具体的职业和实际生活，根据阳明这里的归纳模式，就可以总结出自己工作生活的指导细则，然后按照这些细则笃实行去，才是心学真正带给我们的教益之处。

循序渐进致此知

原文

先生曰："我辈致知，只是各随分限所及。今日良知见在如此，只随今日所知扩充到底。明日良知又有开悟，便从明日所知扩充到底。如此方是精一功夫。与人论学，亦须随人分限所及。如树有这些萌芽，只把这些水去灌溉。萌芽再长，便又加水。自拱把以至合抱，灌溉之功皆是随其分限所及。若些小萌芽，有一桶水在，尽要倾上，便浸坏他了。"（《传习录（下卷）·黄直录》）

译文

阳明先生说："我们这些人要致知，只是各自随着自己（当下）所能达到的程度尽力而为。今天良知的见地到了这个程度，只随着今天良知所达到的见地去扩充到底。明天良知又有新的领悟，就从明天良知新的领悟处扩充到底。这样才是惟精惟一的功夫。和人讨论学问，也必须顾及到别人所能达到的程度。比如树有这么多萌芽，就把这些（和这么多萌芽相适应的）水灌溉上去。萌芽再成长一些，就又多加些水去灌溉。树从两手合围般大小到双臂合抱般大小，灌溉的多少都是根据树所能承受的程度而定。如果只有一个小小的萌芽，有一桶水在，就要全部浇上去，就会把萌芽浸泡坏了。

解　析

这节谈做致知功夫的层次问题，虽然良知人人具有，但是每个人的实际情况还是千差万别。从黄直前面就急于探知"知之全体"的情况看，可以隐约感到这位老兄是个急性子，有种妄图一口吃成个胖子的躁进心态。这其实也是求学之人的通病，都巴不得在立谈之间，洞悉世间的大道，一劳永逸。所以阳明这番论述，正是指示黄直认清自己的实际情况，一切从实际出发，做积跬步、纳细流的功夫。古人将这种教育方法称为"渐教"，借用《道德经》上的话来总结，就是"图难于其易，为大于其细"，修心的原则和做世间所有事情的原则是相同的，都要从小处着手，从容易处开始，脚踏实地，层层递进。如果有"好高欲速"之心，那么在修心的征程中，第一个应该被拿来"祭旗"的，就该是这个"好高欲速"之心。

圣人只是知天理

原文

“圣人无所不知，只是知个天理；无所不能，只是能个天理。圣人本体明白，故事事知个天理所在，便去尽个天理。不是本体明后，却于天下事物都便知得，便做得来也。天下事物，如名物度数、草木鸟兽之类，不胜其烦。圣人须是本体明了，亦何缘能尽知得？但不必知的，圣人自不消求知，其所当知的，圣人自能问人。如‘子入太庙，每事问’①之类。先儒谓‘虽知亦问，敬谨之至’②。此说不可通，圣人于礼乐名物，不必尽知。然他知得一个天理，便自有许多节文度数出来。不知能问，亦即是天理节文所在。”（《传习录（下卷）·黄直录》）

注释

①“子入”句：语出《论语·八佾》，原文：“子入太庙，每事问。或曰：孰谓鄹人之子知礼乎？入太庙每事问。子闻之，曰：是礼也。”

②“虽知”句：语出朱熹《论语集注》，注引尹和靖语：“礼者，敬而已矣。虽知亦问，谨之至也。”

译文

“圣人无所不知，也只是知道个天理；无所不能，也只是能遵循个天理。圣人的本体明澈豁亮，所以对每一件事都知道其天理所在，便去尽其天理。但也并不是说本体明澈豁亮后，就对天下的事物全部通晓，便全部能做得来。天下的事物，比如名物、度数、草木、鸟兽之类，数不胜数。圣人也只是做到本体明澈豁亮，又怎么能都知道呢？那些不必要知道的，圣人自然也不用去求知，那些应该知道的，圣人也自然能问别人。像孔子入太庙，每事都要问这类。先前的儒家学者认为是‘虽知亦问，敬谨之至’。这种说法讲不通，圣人对于礼乐名物，不必全部懂得。但是他知道一个天理，便自然有许多仲裁取舍的章程出来，不知道能问于别人，也即是依据天理所作出的仲裁取舍之体现。”

解 析

这节的意思很容易懂，阳明强调圣人之所以为圣人，并不是因为他们的知识渊博，而是因为他们的智慧通融无碍，智慧才是常用常有的活水，而智慧常驻的根源还在于“知个天理”、“能个天理”。天理是比知识（名物度数等）更具有根本性的东西。

汉高祖刘邦能战胜项羽，一统天下，被称为“汉初三杰”的萧何、张良、韩信起到了至关重要的作用，刘邦曾亲口对群臣说：“运筹帷幄之中，决胜千里之外，吾不如张良；镇守国家，安抚百姓，不断供给军粮，吾不如萧何；率百万之众，战必胜，攻必取，吾不如韩信。吾能用之，此吾所以取天下者也。”

“吾能用之”这四个字，被刘邦举重若轻地说了出来，而真能用好，驾驭好人，其中又需要多么高超的用人之道，也只有刘邦自己才能体会到。三杰之中，除了萧何是从刚起事时就追随刘邦之外，张良、韩信二人都是从别人那里跳槽过来的。

在秦末天下大乱、群雄逐鹿的形势下，项羽的势头在最初远比刘邦好得多，张良、韩信在自己人生的前半程，都曾经尝试过辅佐项羽，但项羽的问题正是“不能用之”。项羽的个人能力很强——力拔山兮气盖世，但是他的能力也仅仅局限于军事才能方面。群雄并起之初，各以武力争短长，此时项羽恰好如鱼得水。所以，在这场争夺天下的长跑赛中，一开始项羽是拔得头筹的。

正因为项羽这颗冉冉升起的新星最初的光芒过于夺目，当时不少能人异士都想投靠他而成就大事。张良、韩信就是这批人中的翘楚，但是见面不如闻名，项羽当时如日中天的势头掩盖了他自己的一个致命缺点——刚愎自用。在项羽看来，自己既然可以破釜沉舟，击败当时最强大的秦朝最后的守护神章邯，让那个宿命般的预言——楚虽三户，亡秦必楚——变为现实，就一定可以扫除夺取天下的其他障碍，扫灭六国的强秦都可以击败，天下还有比强秦更可怕的敌人吗？

张良、韩信都曾经在项羽手下度过一段打酱油般的职场生涯，这期间他们的献言进策被项羽挥一挥衣袖，连只言片语都没有带走，他除了自己的主观臆断，谁的话都不会相信。而豪杰之士的共同特点是，你让他们屈什么都行，但就是别让他们屈才。怀才不遇和老母鸡怀蛋而不能下的感受是一样的——都是憋得慌。最终，张、韩二人都先后决定换一个窝去下蛋，他们不约而同将目光投向了未来的真命天子刘邦。

刘邦这个人，小缺点是很多的，仅举一例，他第一次见韩信就是边做足疗（洗脚）边接见的，愣是把肚量大得足以忍受胯下之辱的韩信气得扭头就走，后来幸亏和事佬萧何两边撮合，韩信才半推半就同意在刘邦这里干下去。但是刘邦这个人有他最大的优点——从谏如流，知人善任。刘邦自述中的“吾能用之”倒是句句不虚。

表面看来，刘邦只是能用人，项羽不能用人，他那边只有一个被称之为亚父的范增，还被他活活气死。而“能用人”这一条往深处看，实际是“能个天理”的具体表现形式，刘邦不是无所不知无所不能，但他知道将正确的人放到正确的位置，他能从群臣庞杂的意见中选择出正确的去实行，这就是他最大的本事，而这个本事项羽没有。

也就是说，刘邦对于事理（即“天理”的表现形式）有不受主观私欲干扰的洞察，再举一例，刘邦的军队是第一个攻下秦朝首都咸阳的，攻下秦国皇宫后，看到那么巍峨的宫殿和如云般的美女，刘邦走不动了，他对手下说，晚上你们先回军营吧，今晚上我就住在皇宫了，晚饭不用给我留了。此时，人性淫逸好色的私欲在刘邦身上表露无遗，但是，马上有下属给刘邦分析了他这个行为的不当之处，刘邦听后，立即克治了自己的私欲，乖乖和众将回军营安歇去了。这就是刘邦心体的通融无碍之处——有过即改。

刘邦的这个特长，正是项羽的软肋，项羽坚信真理都在自己这边，直到乌江自刎，他犹然说是老天爷要亡他，不是他自己的过错。他对别人合理化的建议置之不理，手下的人不敢放心大胆委以重任，致使人心涣散，众叛亲离。他自以为击败强秦，天下再没有比强秦更强大的敌人，其实他错了，比强秦更可怕的敌人不在外面，而正是他心中的固执、自以为是——破山中贼易，破心中贼难！

我们拿刘、项做对比来解释这节，昭昭史实也向我们揭示了良知之学在事功上的大用，老话说的“顺天者昌，逆天者亡！”其中的“天”正是阳明先生反复强调的天理，心体只有时时处处遵循天理，才是圣人之道的真谛。

动止最难是得体

原文

门人在座，有动止甚矜持者。先生曰："人若矜持太过，终是有弊。"

曰："矜持太过，如何有弊？"

曰："人只有许多精神，若专在容貌上用功，则于中心照管不及者多矣。"

有太直率者。先生曰："如今讲此学，却外面全不检束，又分心与事为二矣。"

（《传习录（下卷）·黄直录》）

译文

门人在座的时候，有人举止过于矜持。阳明先生说："人要是过于矜持，终究是有弊端。"

有人问："矜持过头了，为什么有弊呢？"

阳明先生说："人的精力只有这么多，如果专门在容貌上用功夫，内心就会有许多照管不到的地方。"

又有人过于直截率性。阳明先生说："现在在这里讲良知之学，却对外面（的言行举止）全然不加检点，又是将心和事割裂为二了。"

解 析

阳明分别点评了"甚矜持者"和"太直率者"这两种人，黄直特意将这两种评语放在一起，就是告诉我们，必须综合起来看，才能抓住阳明先生教诲人的主旨。先生教人的主旨还是中庸之道，不偏不倚，恰恰好，才是真的好。

矜持太过，用现在的话来说，就是太能装，一切真性情都用拘束的言行举止包装起来，处事接物，像个演员一样处处拿捏。阳明反对这样，理由是人的精力有限，将有限的精力浪费到无用的虚处，暴殄天物。

过于率性的弊端，我们前面曾经谈过了，正好和矜持太过相反，三国时刘劭在他著的《人物志》中，对过于率性者的评价是“朴露径尽，质在中诚，失在不微。”译为现代的话，大意就是太直的人，优点在于诚实不欺，缺点在于行事不密。而行事不密很容易因为鲁莽而败事。

去恶善自来

原文

黄勉叔[1]问："心无恶念时，此心空空荡荡的，不知亦须存个善念否？"

先生曰："既去恶念，便是善念，便复心之本体矣。譬如日光被云来遮蔽，云去光已复矣。若恶念既去，又要存个善念，即是日光之中添燃一灯。"（《传习录（下卷）·黄直录》）

注释

①黄勉叔：即黄修易，字勉叔，生平不详。

译文

黄修易问："心中没有恶念的时候，这个心是空空荡荡的，不知道此时是否还需要另存个善念？"

阳明先生说："既然去除了恶念，就是善念，就是恢复了心的本体了。就像日光被云给遮蔽了，云去了日光就会重现。若是恶念已经去除了，又要另外去存养一个善念，就像是在日光之下再点燃一盏灯。"

解　析

按照黄修易的理解，心的状态应该有三种，一种是恶念，一种是善念，一种是空空荡荡。所以他问阳明，心中没有恶念时，此心空空荡荡，是否还需要另外存个善念。

阳明却认为心的状态只有两种，一种是恶念，一种是善念（去除恶念即善念）。所以，他告诉黄修易"若恶念既去，又要存个善念，即是日光之中添燃一灯。"从阳明的意思来理解，好像是告诉黄修易，不需要在"空空荡荡"的心上另加一个善念，事实真的是这样吗？

其实不然，阳明只是告诉黄修易不要在去除恶念的情况下，另外去加一个善念，但是并没有肯定黄修易说的"空空荡荡"的心体就是善念的状态。"心无恶念时，此心空空荡荡的"是黄修易本人的表述，阳明明明把心体的状态只划分为了两种，黄修易为何在这两种状态之中凭空又臆造出第三种状态——空空荡荡？所以，黄修易将空空荡荡时的心体认为是去除了恶念，就一定是有问题的。

什么是恶念？凡是不符合天理的念头皆是恶念，黄修易所体验到的空空荡荡的心体，其实已经不符合天理了。因为符合天理的念头，是一种"必有事焉"的状态，心永远是充实的，生机盎然的。而黄修易所说的空空荡荡的心体，从他还尝试引入善念而加以补充的说法去解读，实际上是坠入了枯寂一端，而不是真的去除了恶念时的善念。而枯寂状态的心体，依然是私欲状态下的心体，即恶念，黄修易将这种状态认为是"心无恶念"，显然是一种误判。正是在这一错误的认知前提下，他才产生了"不知亦须存个善念否？"这一伪问题。

阳明如果先点破他这个问题的前提就不成立的话，可以直接对他说，需要去存个善念，因为本来你心中的恶念都还没有去除，自然还需要一个善念来将恶念置换清除。

着实用功自受益

原文

又曰："诸君功夫，最不可助长。上智绝少，学者无超入圣人之理。一起一伏，一进一退，自是功夫节次。不可以我前日用得功夫了，今却不济，便要矫强做出一个没破绽的模样。这便是助长，连前些子功夫都坏了，此非小过。譬如行路的人遭一蹶跌，起来便走，不要欺人做那不曾跌倒的样子出来。诸君只要常常怀个'遁世无闷，不见是而无闷'[①]之心，依此良知忍耐做去，不管人非笑，不管人毁谤，不管人荣辱，任他功夫有进有退，我只是这致良知的主宰不息，久久自然有得力处。一切外事亦自能不动。"又曰："人若着实用功，随人毁谤，随人欺慢，处处得益，处处是进德之资。若不用功，只是魔也，终被累倒。"（《传习录（下卷）·黄直录》）

注释

①"遁世"句：语出《易经·乾卦》。

译文

阳明先生又说："诸位下功夫，最要不得的是助长。上等智慧的人非常少，求学的人没有直接达到圣人境界的道理。一起一伏，一进一退，是做功夫过程中不可少的程序。不能因为我前日将功夫做到位了，今天却做不到，便要装扮出一副没有破绽的模样。这样做就是助长了，会将前些日子所积累的功夫也给破坏掉了，这不是小过错。譬如走路的人跌倒了，站起来就走，不要骗人，做出未曾跌倒的样子出来。诸位只要常常怀着'遁世无闷，不见是而无闷’的心，依据自己的良知，忍耐着做下去，不管别人的非难和嘲笑，不管别人的诋毁和诽谤，不管别人是夸奖还是侮辱，任凭做功夫有时进步有时退步，我只是坚持致良知的原则不停息，时间久了，自然有受益之处。一切外部的事物也自然不能动摇我致良知之心。”阳明先生又说：“人若是切实用功，随便别人诋毁诽谤，随便别人欺负轻慢，（皆能）处处受益，处处作为自己增长德行的条件。若不用功夫，（外在的挫折）都将成为魔鬼，也终归会被其累倒。”

解 析

这节描述致良知道路上的曲折和艰辛，并且指出，对于绝大多数的普通人而言，这是致良知过程中不可或缺的组成部分，勉励人不要急于求成，要坚毅有恒。面对毁谤荣辱，阳明用了“忍耐去做”四个字。世路风霜，人情如纸，没有一个忍辱负重的胸怀，如何能撑过漫漫人生长途？阿里巴巴集团的创始人马云说过一句话：“男人的胸怀是被委屈撑大的。”所以，当上天要剥夺掉你许多东西时，那仅是因为他想要给你更多。

战国时期的纵横家苏秦，初出茅庐时，出师不利，落魄归来，回到家中，妻子正在织布，连织机都没有下，嫂子也不给他做饭，父母也不搭理他。此情此景，换作抗打击能力差的人，不是想着投河上吊，就是恼羞成怒，和亲人反目成仇。但是苏秦只说了这样一句话：“妻不以我为夫，嫂不以我为叔，父母不以我为子，是皆秦（苏秦自称）之罪也!”这就是豪杰的胸怀，受挫了，不抱怨亲人，不仇视社会，更没有毒杀同宿舍的同学。一切责任一肩担，将苦难当作激励自己进步的动力。具有这样的胸襟，苏秦后来若不能成功，真就没天理了。

苏秦的事例，正符合阳明这里所说“人若着实用功，随人毁谤，随人欺慢，处处得益，处处是进德之资”。阳明又说“若不用功，只是魔也，终被累倒”。人若不能将外部的挫折转化为正能量，这些挫折的破坏性就会肆虐，就会像魔鬼一样控制人心，最终被其累倒。

阳明谈占卜

原文

问："《易》，朱子主卜筮，程传主理，何如?"

先生曰："卜筮是理，理亦是卜筮。天下之理，孰有大于卜筮者乎?只为后世将卜筮专主在占卦上看了，所以看得卜筮似小艺。不知今之师友问答，博学、审问、慎思、明辨、笃行之类，皆是卜筮。卜筮者，不过求决狐疑，神明吾心而已。《易》是问诸天，人有疑，自信不及，故以《易》问天。谓人心尚有所涉，惟天不容伪耳。"(《传习录（下卷）·黄直录》)

译文

有人问："对于《易》，朱熹先生主要从卜筮方面解释，程颐在他著的《伊川易传》中主要从理的方面解释。先生怎么看呢?"

阳明先生说："卜筮是理，理也是卜筮。天下之理，还有什么能大于卜筮的吗?只因为后世将卜筮专从占卦的方面看待了，所以将卜筮看做是小技艺。却不知道今天师友间的问答，博学、审问、慎思、明辨、笃行之类，都是卜筮。卜筮（的本质），不过是求得决断心中的疑惑，让自己的心神明而已。《易》是向天询问，人有了疑惑不能相信自己（的判断），所以才用《易》来向天询问。因为人心尚且有所偏颇，只有天是不容作假的。"

解　析

我们从后往前解读。现代的教科书，动不动将一个"唯心主义者"的大帽扣到阳明先生头上。但阳明在这里明白无误地说了"易是问诸天，人有疑自信不及，故以易问天。谓人心尚有所涉，惟天不容伪耳。”这里透露出两层意思，明显不同于他以往讲学的风格。

其一，将心和天分开来谈。我们知道阳明心学提出“心即理”，而天实际上就是“理”的另一个名称，谈到心必然涉及到天，谈到天也必然绕不过心。但这一次，他是将心和天做出了区分，对于总倾向于万法归一来讲的阳明来说，做到这一点十分难得。

其二，指出了天相对于心所独具的特点。人心的缺点是“尚有所涉”，而天却“不容伪耳”，这般“拔高”天而“矮化”心，正好投合唯物主义哲学的口味，唯物主义哲学中，最被奉为圭臬的一条基本原则是“物质决定意识”。在这里，阳明承认了人心靠不住的一面，同时又承认了“天不容伪”，所以人才“有疑自信不及”，才“以易问天”，完全是“物质决定意识”这句话的阳明版表述。

假如不参照阳明心学的其他内容，仅仅孤立地看待阳明在这节所说的最后两句话，我们基本上可以对王阳明这个人做出这样一个印象判断：这家伙显然就是唯物主义学派门下的“一条走狗”。

上面的两点分析可以归为是同一个层面上的，现在我们逆流而上，继续追溯上一个层面的意思。

阳明说“易是问诸天”，他淡化了主语，即淡化了“谁在问”这个至关重要的问题，不过这也不言自明，肯定是人在问，河边的石头不会问，更具体一点儿，是人心在发问。人用卜筮的方式向天询问，而发出这一指令的依然是人心。那么人心发出这个指令的依据是什么？是私欲吗？有人说，卜筮是迷信，搞封建迷信，应该是私欲作祟。但阳明说卜筮是迷信了吗？没有！他只说卜筮的本质是“求决狐疑，神明吾心而已”，此心求取光明之理，又怎么能说是私欲呢？所以发出卜筮指令的心不是私欲，反而是良知。

比如说，现在我们每天都在听的天气预报，本质上也是卜筮，是“求决”未来的天气情况。从来没有人将想要了解明天天气的念头看作私欲，又凭什么说想要通过占筮来“决狐疑”的念头就是私欲呢？从广义上来说，阳明将“博学、审问、慎思、明辨、笃行”之类，皆归为“卜筮”，因为这些活动的宗旨都没有越出“求决狐疑，神明吾心”的范围。从这一层次的意思出发，良知依然处于主导权的位置。

综述一下，卜筮是人心向天求理，因为人心对自己不自信。在这一层意思中，天是老大，人心是小弟。但是发起“卜筮”之念的依然是良知，我们姑且对“卜筮”程序合不合理这一层追问按下不表，人去“卜筮”的初衷是“决狐疑，神明吾心”，无疑这是良知之发，那么“卜筮”活动本质就是“致良知”的过程。这样一来，“向天求理”终究还是被纳入了“致良知”的统摄之下，所以从这个层次的意思上来看，依旧没有脱离阳明心学所一贯宣扬的“心即理”的窠臼。

卜筮这一活动，在阳明先生那X光般穿透力的目光下，绝不是一种只配被街头巷尾跑江湖的算卦先生所把玩的“小艺”，而是人类一切探索现实世界的实践活动。为了表述清楚自己的意思，阳明不得已“屈就”了一下唯物主义观的视角，在《那“道”却在灯火阑珊处》节，谈论“道无精粗，人之所见有精粗”的时候，他已经采取过这一视角了。这次不同的是，阳明先生收放自如地将“以易问天”这个活动重新收伏到“致良知”的大旗之下。

思无邪

原文

问："'思无邪'[①]一言，如何便盖得三百篇之义？"

先生曰："岂特三百篇？六经只此一言便可该贯，以至穷古今天下圣贤的话，'思无邪'一言也可该贯。此外更有何说？此是一了百当的功夫。"（《传习录（下卷）·黄省曾录》）

注释

①思无邪：语出《论语·为政》，原文"子曰；'《诗》三百，一言以蔽之，曰：思无邪。'"

译文

问："'思无邪'一句话，为什么（孔子说）能涵盖《诗经》中三百篇的含义呢？"

阳明先生说："岂止是三百篇，六经也只要这一句话就能涵盖，以至于去穷究古今天下圣贤的话，'思无邪'一句话也都可以涵盖。除此之外还有什么可说的呢？这是一了百当的功夫。"

解析

"思无邪"这三个字最早出现在《诗经·鲁颂》中，其中的"思"字本来是没有实际意义的语音词，但是孔夫子借用过来，将这个"思"字做"思想"来解释了。所以，这节提到的"思无邪"，大意就是思想纯正，没有邪念。

阳明先生话不离口的三字真言本来是“致良知”，这里被人问到了“思无邪”，他同样给予了这三个字极高的评价，原因在于，“思无邪”在阳明看来就是“致良知”，思想要完全纯正，需要做的就是克治掉私欲，而克治掉私欲，就是致我心中之良知的过程，按照阳明万法归一的传统，这两个名词完全就是指同一个东西，不同的叫法而已。

六经和古今天下所有的圣人之言，都可以用“思无邪”三个字来代表，但是我觉得阳明这样说还不够“生猛”，站在宣扬阳明心学的立场上，我认为人类所有的文明都可以用“思无邪”三个字涵盖，科技、文化、政治、体育、工商等，凡是你能够想到的属于人类文明范畴的东西，都脱离不了“思无邪”这三个字。

近年流行一个新词汇——正能量，什么是正能量？“正能量”就是思无邪，就是致良知，老祖宗几千年前就说过的东西，今天被改头换面以一个时髦的字眼表达了出来，其实骨子里想要表达的东西，前人早已经说尽了。推动世界进步的力量是人，人的力量来自于心，心的力量来自我们心中的良知。

圣人仪态自雍容

原文

王汝中[①]、省曾[②]侍坐。

先生握扇命曰："你们用扇。"

省曾起对曰："不敢。"

先生曰："圣人之学不是这等捆缚苦楚的，不是装做道学的模样。"

汝中曰："观'仲尼与曾点言志[③]'一章略见。"

先生曰："然。以此章观之，圣人何等宽洪包含气象！且为师者问志于群弟子，三子皆整顿以对。至于曾点，飘飘然不看那三子在眼，自去鼓起瑟来，何等狂态！及至言志，又不对师之问目，都是狂言。设在伊川，或斥骂起来了。圣人乃复称许他，何等气象！圣人教人，不是个束缚他通做一般。只如狂者便从狂处成就他，狷者便从狷处成就他，人之才气如何同得？"（《传习录（下卷）·黄省曾录》）

注释

①王汝中：即王畿（1498—1583年），字汝中，别号龙溪。山阴（今浙江绍兴）人。王阳明得意弟子，官至南京兵部郎中，后辞官，讲学四十余年，传播王学。著有《龙溪集》。

②省曾：黄勉之的名字。

③曾点言志：出自《论语·先进》。

译文

王汝中和黄省曾陪侍阳明先生坐着。

先生拿扇子给他们，说："你们用扇吧！"

黄省曾站起来说："不敢。"

阳明先生说："圣人之学不是这般拘束困苦的，不是装作一副道学的模样。"

王汝中说："从（《论语》中的）'仲尼与曾点言志'这一章可以大致看出来。"

阳明先生说："对。从这章看来，圣人具有何等宽宏包容的气度啊！而且，作为老师，向自己的众位弟子询问志向，有三个学生都毕恭毕敬地回答。至于曾点，却洒脱脱地连看都不看那三个人一眼，自行去鼓起瑟来，这是何等狂放不羁之态啊！

等到他谈论志向，又不正面回答老师的问题，说的都是些狂言。换做（老师是）程颐的话，很可能就训斥责骂起来。而（孔）圣人却又称赞曾点，这是何等的气度啊！圣人教育人，不是将他们束缚得像一个模子里脱出来的一样。比如狂放的就从狂放之处来造就他，耿直的就从耿直之处来造就他，人的才能气质怎么能完全相同呢？"

解　析

本节提到了程颐先生，是作为反面教材提出来的，不过这也不是阳明恶意的中伤，而是有据可依，《二程外书》中记载了这么一则故事：

一天，程颐程颢二兄弟和朋友韩维一同去西湖游玩，韩维让自己的一些弟子随行，在行程中，韩维的弟子中有人说说笑笑，惹得程颐老先生不高兴了，他回头训斥道："你们这些小字辈，跟随长辈出行竟敢如此放浪形骸，有说有笑，老韩家孝顺而恭谨的家风全被你们败坏完了！"看到朋友发怒了，韩维脸上也挂不住了，立即将他的弟子们撵走了。

对这个故事，一般的解读是认为程颐先生方正端庄，不苟言笑，一副师道尊严的道学模样，进而感佩程颐先生修身谨严。但是阳明从中看出了道学作风对人的不必要的礼节束缚，本来，程颐程颢和韩维一行三人，无非就是到西湖去游玩，又不是参加什么重大的活动，年轻后生们生性活泼，说说笑笑和休闲娱乐的气氛本来就是协调的。现在被程颐先生这么一搞，只剩下二程兄弟和韩维三个人游览，个个绷着个脸游西湖，哪里还有什么气氛，您到底是游玩还是去扫墓啊？

从另一方面来说，程颐和韩维的交情有多深厚我们不得而知，但是，当着朋友的面，训斥人家的弟子，虽然碍于情面韩维不好说什么，但是俗话说打狗还要看主人，韩维的弟子有了不是，从人情远近亲疏的角度看，开口训斥的也应该是韩维。您现在开口就训，还真没拿自己当外人，说好听点，您是方正耿直，说难听点，就是个二愣子。

程颐先生的学问虽然一直被世人所敬仰，但是从这件小事情上，可以看出其学问失之于迂，学问和做人依然没能打成一片，令人敬而难亲，终究和圣人的气象还差一截，也难怪阳明先生要顺手拿程颐来揶揄。

大道至简

原文

先生语陆元静[①]曰："元静少年亦要解五经[②]，志亦好博。但圣人教人，只怕人不简易，他说的皆是简易之规。以今人好博之心观之，却似圣人教人差了。"（《传习录（下卷）·黄省曾录》）

注释

①陆元静：即陆澄。

②五经：指《诗》、《书》、《礼》、《易》、《春秋》。六经原包括《乐经》，《乐经》早佚，宋儒以《周礼》代之，以足六经。

译文

阳明先生对陆澄说："元静年纪轻轻，也要去注解五经，志向可以说很广博。但是圣人教人，只恐怕人（的用功之法）不简易，他说的也都是简易的规则。以现在人们爱好广博的心来看，却好像是圣人教育人的方法错了。"

解　析

《易经·系辞》中有这样一段话：

易则易知，简则易从，易知则有亲，易从则有功，有亲则可久，有功则可大；可久则贤人之德，可大则贤人之业。易简而天下之理得矣，天下之理得，而成位乎其中矣。

将其大意翻译一下：容易就便于理解，简易就便于遵从，便于理解就有人亲附，便于遵从就能出实效，有人亲附则可以长久被遵循，能出实效就能成就伟大的事业，可以长久遵循就是贤人的德行，可以成就伟大的事业就是贤人的功业。《易》的道理如此简易，却能涵盖天下之理，能够得知天下之理，参赞天地之化育的大功业自然就能实现了。

老实说，翻译为现代文，比起原文来，韵味要差多了，只是为了便于大家理解，勉强译了过来。从这里我们也可以理解阳明先生为什么一直以来这么钟情于将万理合一来讲，他就是唯恐将自己的学说搞得太复杂，而让人产生畏惧，难以被世人学习遵从。而更关键的是，世上最重要的真理原本就是简易的。

睡着如何致良知

原文

问："通乎昼夜之道而知[①]。"

先生曰："良知原是知昼知夜的。"

又问："人睡熟时，良知亦不知了。"

曰："不知何以一叫便应？"

曰："良知常知，如何有睡熟时？"

曰："向晦宴息[②]，此亦造化常理。夜来天地混沌，形色俱泯，人亦耳目无所睹闻，众窍俱翕，此即良知收敛凝一时。天地既开，庶物露生，人亦耳目有所睹闻，众窍俱辟，此即良知妙用发生时。可见人心与天地一体，故'上下与天地同流'[③]。今人不会宴息，夜来不是昏睡，即是妄思魇寐。"

曰："睡时功夫如何用？"

先生曰："知昼即知夜矣。日间良知是顺应无滞的，夜间良知即是收敛凝一的，有梦即先兆。"

又曰："良知在夜气。[④]发的方是本体，以其无物欲之杂也。学者要使事物纷扰之时，常如夜气一般，就是'通乎昼夜之道而知。'"（《传习录（下卷）·钱德洪录》）

注释

①"通乎"句：语出《易经·系辞上》，大意是通晓了昼夜的"道"就可以获得"知"，一说"知"通"智"，是智慧的意思。

②向晦宴息：语出《易经·随卦·象传》，原文"君子以向晦入

宴息。”

③“上下”句：语出《孟子·尽心篇》，原文“夫君子所过者化，所存者神，上下与天地同流。”

④夜气：夜间产生的善良气息。语出《孟子·告子上》，原文“夜气不足以存，则其违禽兽不远矣。”

译文

有人问：“（《易经》上说的）‘通乎昼夜之道而知’（该如何理解）?”

阳明先生说：“良知原本就是能知道白天知道黑夜的。”

问：“人睡熟的时候，良知岂不也不知道了?”

阳明先生说：“若是不知道的话，为何一叫就会答应?”

问：“良知如果时常知道，为何又有睡熟的时候?”

阳明先生说：“到了晚上就应该睡觉，这也是自然规律。夜晚来临，天地间一片混沌，（万物的）形状和色泽都泯灭了，人的耳目也就没有什么可听可看，人的感觉器官也都闭合了，这就是良知一时的收敛凝聚。一旦白昼来临，万物显露，人的耳目也就有东西能听有东西能看了，人的感觉器官也就全部打开了，这就是良知的妙用可以产生作用之时。由此可见，人心和天地是一体的，所以，（《孟子》中说）‘上下与天地同流’，现在的人不能善用晚上的休息，夜晚来了，不是昏昏大睡，就是胡思乱想（失眠）多梦。”

问：“睡觉时功夫如何下呢?”

阳明先生说：“知道白天也就知道黑夜了。白天良知是顺应（众理）而无所凝滞的，夜间良知就是收敛凝聚的，有梦就是（良知仍在）的先兆。”

阳明先生又说：“良知在夜间生成的善良之气中产生的才是本体，因为其中没有私欲掺杂。求学的人要做到在事情纷扰之时，良知要保持为如在夜间生成的善良之气下一般，这就是（《易经》中说的）‘通乎昼夜之道而知。’”

解　析

这节的问答可以认为是对良知之学的“极限测试”，提问者有意提出一些极端条件——熟睡时——来测试良知之学在非正常条件的表现。我们先看一下当代词典对“睡眠”一词的一种解释是：高等脊椎动物周期性出现的一种自发的和可逆的静息状态，表现为机体对外界刺激的反应性降低和意识的暂时中断。另一种解释是：睡眠是由于脑的功能活动而引起的动物生理性活动低下，给予适当刺激可使之达到完全清醒的状态。

提问者问“人睡熟时，良知亦不知了？”从现代对睡眠的定义上来看，侧重指出了人的机体对外界刺激的反应性降低和意识的暂时中断，可以认为是一种客观的视角。但是，阳明为了证明人即便是在睡眠状态，良知依然在起作用，特意举出了睡着的人也可以被叫醒的特性，以证明良知的“不息”，可以认为是一种主观的视角。

但是提问者显然不愿意钻进阳明设定的语境背景下与之交锋，他又站在客观的视角逼问，“良知常知，如何有睡熟时？”至此，阳明算是被逼到死胡同了，他再也无法用主观视角的语境来回答这个客观视角下的问题，不得已，他站到了对方的主场——客观视角的位置来回答这个问题，他说“向晦宴息，此亦造化常理”，天黑了人就睡觉，这是自然规律，他说出了“造化”二字，承认了“造化”，也就等于承认了客观规律。但是假如就这样站在对方的主场被对方牵着鼻子绕圈子，他也就不叫王阳明了，于是，他开始将话往自己主场的范围内圆。

阳明开始描述夜晚的情况，一片混沌，万物形色俱泯，至此，算是将话圆到自己的主场了，因为感受到天地混沌和万物形色俱泯的，是人，人的主宰又是心。良知一时的收敛凝一只是为了配合造物所安排的“常理”，这本身也可以说是良知之用，这种情况下良知之用的特殊性在于，他是通过降低良知本身的灵敏性而实现着致良知。接着又描述白昼到来，良知之用的功能全开时的状态，这本身也是良知在配合造物所安排的“常理”。最后的结论是“人心与天地一体”，睡着也好，醒着也好，都是完全依据造物的“常理”而行，没有一丁点儿人的私欲，此情此景，人就是天地，天地就是人，所以可以说是一体。

提问者最后问睡着时功夫如何下，又是非常尖锐的问题，因为人在睡眠时，意识是处于一种暂时中断的状态。显而易见，此时做致良知的功夫，明明是狗咬刺猬——无处下口。但是阳明仍然能自圆其说，他要求人效法昼夜之道，睡眠时你就好好睡，这本身就是致良知了，不要胡思乱想，避免产生腰膝酸软，失眠多梦等情况，就是睡觉的功夫。据统计，中国居民睡眠障碍的患病率高达42.7%，阳明先生在四百多年前就劝诫我们睡要好好睡，我们当代人读之当更有切身之感。没有好的睡眠，连饱满的精神状态都保证不了，又如何能在白昼竭尽全力做致知的功夫呢？

阳明最后补充说的“夜气”，和上面想要表达的意思实际上关联不大，更像是另一层意思，也很可能是阳明先生跳跃式的思维造成的。其中强调的“学者要使事物纷扰之时，常如夜气一般。”功夫的要求是非常高的，像历史上指挥淝水之战的谢安在收到前线捷报之时，轻描淡写说了句“小儿辈破贼归矣！”然后继续下棋，这种静气就颇吻合这里表述的“纷扰之时，常如夜气一般。”当然，阳明先生在指挥作战之时，也常常是前堂处理完军机大事，回来后堂继续神态自若地讲学，这也是保持“夜气”于“纷扰之时”的极好例子。

“厚”与“薄”

原文

问：“大人与物同体，如何《大学》又说个厚薄[①]？”

先生曰：“惟是道理自有厚薄。比如身是一体，把手足捍头目，岂是偏要薄手足？其道理合如此。禽兽与草木同是爱的，把草木去养禽兽，又忍得？人与禽兽同是爱的，宰禽兽以养亲，与供祭祀，燕[②]宾客，心又忍得？至亲与路人同是爱的，如箪食豆羹，得则生，不得则死，不能两全，宁救至亲，不救路人，心又忍得？这是道理合该如此。及至吾身与至亲，更不得分别彼此厚薄。盖以仁民爱物皆从此出，此处可忍，更无所不忍矣。《大学》所谓厚薄，是良知上自然的条理，不可逾越，此便谓之义；顺这个条理，便谓之礼；知此条理，便谓之智；终始是这个条理，便谓之信。”（《传习录（下卷）·钱德洪录》）

注释

①厚薄：语出《大学》，原文“其所厚者薄，而其所薄者厚，未之有也。”大意是该重视的不重视，不该重视的却重视，没有这样的道理。

②燕：同“宴”。

译文

有人问：“大人与物同为一体，为何《大学》中又做一个‘厚’和‘薄’的区分呢？”

阳明先生说：“只是从道理上来说自然有一个‘厚’和‘薄’的区分。比如人身是一个整体，（遇到危险）用手脚去捍卫头部和眼睛，哪里是偏偏要轻视手脚？（不过是）道理合该如此。飞禽走兽与草木同样是我所爱的，用草木去喂养飞禽走兽，难道我心中就忍得？人和飞禽走兽同样是我所爱的，宰杀禽类兽类来奉养父母，来供奉祭祀，来宴请宾客，难道我心中就忍得？至亲之人和路人同样是我所爱的，如果只剩下少量食物，得到就能活下来，得不到就死去，不能两全，宁可去救至亲，不救路人，难道我心中就忍得？这不过是道理合该如此。至于我自身和至亲之间，更不能分别彼此的厚薄。大致上，‘仁民爱物’的心都是从这里生发出来的，这里能忍心，也就没有什么不能忍的了。《大学》中所说的‘厚薄’，是良知上自然的道理，不能逾越，这就被称之为‘义’；顺着这个道理，就称之为‘礼’；知道这个道理，就称之为‘智’；始终遵循这个道理，就称之为‘信’。”

解　析

我们举一个历史上的例子，来说明出现“其所厚者薄，而其所薄者厚”这种反常情况时，会产生什么后果。

齐桓公（前716—前643年），春秋时期齐国国君，春秋五霸之首，在位前期，由于任用历史上有名的贤相管仲，实现了富国强兵，称霸一时。齐桓公晚年，管仲病重，将不久于人世，桓公就问管仲：“你不在了的话，群臣之中谁可以接替你的相位？”管仲对桓公说：“了解臣下没有人比得上君主了。”他把球踢给了桓公，桓公就说：“易牙如何？”

介绍一下易牙这个人，他本来是为齐桓公做饭的厨师，厨艺不凡，被后世尊奉为厨师的祖师。但齐桓公特别喜欢他的原因，还不仅仅是因为他的饭做得好，更是由于他的人“做得好”，易牙尤其善于逢迎桓公，其善于逢迎的最经典例子是这样的，一天，桓公对易牙说：“寡人吃遍了天下的美味，唯独没有吃过人肉，倒是一件憾事啊！”桓公这么说，并不一定因为他是重口味，而很可能就是一句戏言。但说者无心，听者有意，易牙把这句话牢牢记在了心中。

一日午餐时，齐桓公喝到了一小金鼎鲜嫩无比的肉汤，却愣是喝不出来是什么肉熬制的，就询问易牙：“此系何肉？”易牙口未开，泪先流，说：“人肉，我四岁儿子的肉！”原来易牙为了讨好桓公，真就做出了杀子献主这种骇人听闻的举动，也不知道齐桓公听后有没有想呕吐的冲动。换作今天的正常思维，首先就要把易牙交给司法部门，按照法律以杀人罪处理。但是在那个礼法制度和现在完全不同的时代，齐桓公没有这样做，反而被易牙的行为所深深打动，一个爱自己胜过了爱他亲生儿子的人，能不让人感动吗？此后，桓公更加宠信易牙。

就是这样的一个人，齐桓公想让他接替管仲的相位，管仲是何等人物，他立即对齐桓公说："杀掉自己的亲骨肉来讨好君主，不合人情，不可以让他接替相位。"

眼见管仲否定了自己提议的第一个人选，桓公又问："开方如何？"再介绍一下开方，他来路不小，原本是当时卫国的太子，他父亲是卫懿公——一位动物饲养爱好者，喜欢养仙鹤。齐桓公在建立霸业的征程中曾经伐卫，卫国战败后，卫懿公就派他的儿子开方携带大量金帛到齐军讲和，开方看到了齐国的强盛，志愿到齐国当官。他表面上做出一副对齐桓公忠心耿耿的样子，楞是十五年没有回家，父母去世也没有回国奔丧。

管仲回答说："开方背弃自己的父母双亲，以讨好国君您，不符合人情，不能亲近。"

于是桓公推出了自己的第三个人选，问："竖刁如何？"竖刁，有史记载的第一位宦官，不过这哥们并不是家里穷得过不下去被逼为宦的，而是挥刀自宫的，理由是他想要更好地为齐桓公尽忠，只有为宦，才可能掌管内侍及女宫等。管仲说："人之常情，没有人不爱惜自己的身体，竖刁连自己的身体都不爱惜，还能指望他爱国君您吗？"最后，管仲还语重心长地劝告桓公，这三个人不但不能重用，在他死后还应该被驱逐。

管仲归天后，桓公真的按照管仲的话驱逐了这三个人，但是，不久后又十分想念他们，就又召回来给予了重用，至此，三人终于实现了梦寐以求的人生理想——专权擅政。齐桓公四十三年（前 643 年），桓公病重，他的五个儿子各率自己的党羽忙着争位，易牙、开方、竖刁为了矫托王命，将王宫用高墙垒起，只留一个小洞，给桓公以递送饮食，后来干脆连饭也不递送了，可怜的桓公就这样被活活饿死，直到六十七天后才为其发丧，此时他的尸身已经腐烂不堪，恶臭熏天，蛆虫乱爬。

管仲向桓公否决这三个人继承相位的对答，可以说是一针见血，洞彻人情，这三个人其他方面表现如何先按下不表，但说其做出了这种“其所厚者薄，而其所薄者厚”这样违背常理的事情，本身就甚是乖谬，所以这种货色怎能授以一人之下万人之上的相位？但是，齐桓公对人的判断就无脑得多，就认定了对我好才是真的好这个理儿，而根本没有去想过人家为什么对你好，结果欲令智昏，身死奸佞之手，为天下所笑。

治病良方莫作践

原文

一友问："欲于静坐时，将好名、好色、好货等根，逐一搜寻，扫除廓清，恐是剜肉做疮否?"

先生正色曰："这是我医人的方子，真是去得人病根。更有大本事人，过了十数年，亦还用得着。你如不用，且放起，不要作坏我的方子。"

是友愧谢。

少间曰："此量非你事，必吾门稍知意思者为此说以误汝。"

在座者皆悚然。(《传习录（下卷）·钱德洪录》)

译文

一位朋友问："想要在静坐时，将好名、好色、贪财等病根，逐一搜寻出来，清除干净，恐怕是剜肉补疮吧?"

阳明先生严厉地说："这是我治病救人的药方，真正能去除人的病根。像一些做出了巨大成就的人，过了十几年，仍然还用得着这个药方。你如果不用，就放在一边，不要糟蹋了我的药方。"

这个朋友很惭愧地向先生道歉。

停了一会儿阳明先生说："我想讲出这话也不怪你，必定是我门人中有稍微懂得一点儿意思的用这种说法来误导你。"

在座的门生们都悚然动容。

解　析

这节提问者提出的"剜肉补疮"的疑问，的确是很有代表性的，可惜的是阳明先生没有给予正面回答。我们先看一个笑话：

某人问医生："请问医生，我怎么才能活到100岁?"

"第一，戒酒。"

"我从不喝酒。"

"第二，戒色。"

"我一点儿不讨女人喜欢。"

"第三，少吃肉。"

"我是个素食者!"

"那你活那么久干吗?"

我觉得这其实是一个严肃的笑话，对于大多数人来说，活在世上就是为了名气、财富、女人。现在阳明先生让他将这个也克治了，那个也克治了，岂不等于剥夺了他做人的全部趣味了吗？如果心学就是造就出这样了无生趣的人生的话，我不学也罢，相信这能代表相当多数人的心态。我们再看另一个关于酒色财气的故事，故事的真实性我们不深究，只取其义理来讨论。

北宋大文豪苏东坡到大相国寺拜访他的好友佛印和尚，恰值佛印外出，苏东坡就在禅房住下，无意中看到了禅房墙壁上留有一首佛印题的诗，其诗云：

"酒色财气四堵墙，人人都在里面藏。谁能跳出圈外头，不活百岁寿也长。"

苏东坡看后，另有所思，就提起笔来在佛印的诗旁边附和了一首，他写的是：

"饮酒不醉是英豪，恋色不迷最为高；不义之财不可取，有气不生气自消。"

苏东坡次日就离去了。又一日，宋神宗赵顼在王安石的陪同下，来到大相国寺游览，他们看到了佛印和苏东坡的题诗，感到颇有趣，神宗就对王安石说："爱卿，你何不和一首?"王安石何等高才，他随即应命，挥毫泼墨，写道：

"无酒不成礼仪，无色路断人稀；无财民不奋发，无气国无生机。"

宋神宗大为赞赏，也乘兴题写了一首，他写的是：

“酒助礼乐社稷康，色育生灵重纲常；财足粮丰家国盛，气凝太极定阴阳。”

佛印的诗从个人养生方面来谈，提倡完全和酒色财气相绝缘，完全是佛家一派的思路。苏东坡的诗强调对待酒色财气关键是把握一个度，风格亦道亦儒，不过依然是局限于个人修身方面来谈。王安石和宋神宗则从酒色财气对国家社稷的正面作用方面来谈，肯定了酒色财气中所蕴含的积极因素。

阳明先生让人克治“好名、好色、好货”，关键在于那个“好”字，单纯说“名、色、货”，其实都有合于理的因素在内，王安石和宋神宗的诗就是抓住这其中合于理的因素来说的，佛印的诗完全只注意到了“酒色财气”中对人具有破坏性作用的因素，所以主张完全与之断绝，但是这种完全断绝就像倒洗澡水时将孩子也倒掉一样，在道理上难以行得通。苏东坡的观点就显得八面玲珑，滴水不漏，细究起来，其中说的“不醉”、“不迷”、“不可取”、“不生气”实际就是阳明先生所说的克治私欲功夫的一种举重若轻之表述。

良知只是是非心

原文

“良知只是个是非之心，是非只是个好恶。只好恶就尽了是非，只是非就尽了万事万变。”

又曰：“是非两字是个大规矩，巧处则存乎其人。”（《传习录（下卷）·钱德洪录》）

译文

“良知只是个分辨是非的心，是非只是个喜好和厌恶。只要明白了喜好和厌恶也就明白了是非，只要明白了是非也就能把握万事万物的变化。”

阳明先生又说：“‘是非’这两个字是个大原则，而灵巧掌握则在于每个人的造化了。”

解　析

“是非只是个好恶”这一句必须正确理解，王门后学者流派众多，一些步入歧途者，往往就是在“是非只是个好恶”句的理解上产生了偏差，他们认为，阳明先生说了，自己心中的好恶就是良知，所以一味听任自己的主观直觉，不做克己致知的实功，将放任沉溺于私欲误认为是遂我是非之心的洒脱。所以，尽管阳明先生说了“是非两字是个大规矩”，但是我们更要明白，世上怕的并不是没有规矩，而是怕没有“必行”之规矩，因此，阳明先生又补充说“巧处则存乎其人”，没有能正确履行规矩的人，再大的规矩也只是一文不值的空文。

阳明一语解纠纷

原文

乡人有父子讼狱[①]，请诉于先生。侍者欲阻之，先生听之，言不终辞，其父子相抱恸哭而去。

柴鸣治[②]入问曰："先生何言，致伊感悔之速？"

先生说："我言舜是世间大不孝的子，瞽叟[③]是世间大慈的父。"

鸣治愕然请问。

先生曰："舜常自以为大不孝，所以能孝；瞽叟常自以为大慈，所以不能慈。瞽叟只记得舜是我提孩长的，今何不曾豫悦我？不知自心已为后妻所移了，尚谓自家能慈，所以愈不能慈。舜只思父提孩我时如何爱我，今日不爱，只是我不能尽孝。日思所以不能尽孝处，所以愈能孝。及至瞽叟底豫时，又不过复得此心原慈的本体。所以后世称舜是个古今大孝的子，瞽叟亦做成个慈父。"（《传习录（下卷）·钱德洪录》）

注释

①父子讼狱：据《王阳明全集》中年谱所记载，正德五年（1510年），阳明先生三十九岁，任江西庐陵县知府七个月。据载"为政不事威刑。……慎选里正（乡村基层小吏），……使之委曲劝谕，民胥悔胜气嚣讼，至有涕泣而归者。"即指此事。

②柴鸣治：不详。

③瞽叟：舜的父亲，性顽劣，对其子舜不满，数次和后妻以及后妻所生的儿子象相勾结，想杀死舜，舜几次侥幸脱逃后，仍然孝顺地侍奉瞽叟，后来瞽叟和后妻、象陷害舜的计划暴露，舜没生三人的气，反而对三

人比以前更好，三人感动，从此再不怀陷害舜之心。

译文

乡下有父子二人相互告状，请先生断案。阳明先生的侍卫想要阻止他们，阳明先生接受了案子并听诉审案，先生调解这对父子的话还没有说完，其父子二人就互相抱头痛哭，然后离去了。

柴鸣治进来问道："先生说了什么话，令他们这么快就感动悔悟？"

阳明先生说："我说舜是世间最不孝的儿子，瞽叟是世间最慈爱的父亲。"

柴鸣治非常惊讶，问为什么。

阳明先生说："舜常常自以为是最不孝的人，所以能够孝；瞽叟常常自以为是最慈爱的父亲，所以不能做到慈爱。瞽叟只认为舜是自己一把屎一把尿拉扯大的，现在为什么他不能令我顺心呢？不知道自己的心已经被后妻所蛊惑，尚且称自己能慈爱，所以更加不能慈爱。舜只想着父亲拉扯我长大时何等疼爱我，现在不疼爱了，只是因为我不能尽孝。日日所思的都是自己所做的还不够孝顺的地方，所以更加能孝顺了。等到了瞽叟对舜感到顺心满意时，又不过是恢复了此心原本就有的慈爱的本体。所以后世称舜是个古今难得的大孝子，瞽叟也成为了一个慈爱的父亲。"

解　析

过去，我们喜欢将矛盾划分为人民内部矛盾和敌我矛盾，阳明没有明确提到过类似的分类方法，但是从先生实际带兵为政的行事来看，他心中自有一个依据良知对矛盾进行划分的标杆。在对待穷凶极恶、冥顽不化的土匪时，先生该出手时就出手，在他眼中这应该就是敌我矛盾，必须雷厉风行，锄恶惩奸，解民困于倒悬。

但是面对父子二人相互告状这种民事纠纷，自然就可以断定是人民内部矛盾了，人民内部矛盾重在调解、感化、教育。这节就是阳明如何成功调解好人民内部矛盾的生动一课。先生感化人的方法说起来很简单，但是非常有效，那就是让每个人都认识到自己的初心，儿子刚生下来，父亲将其抚养长大，这个初心出自一种本然之理的慈爱。儿子被父亲养育，恩重如山，也应该还以孝道，以报养育之恩，这也是天经地义的人之伦常。但是后天某些人事上的纠纷会让人忘记这个父慈子孝的初心。

阳明引用古人事例，就是让父子二人认识到自己的不对，各自回到自己心灵的原点，不要被一时一事的意气蒙蔽了为人父为人子的大义，勿因小怨而失大爱。这里，可以引用另一个类似的案例来解释这种“还原初心”以调节人事矛盾的例子。

汉武帝时，曾经喂养过武帝的一位乳母犯了罪，武帝一时异常恼怒，要将她送到有关部门按法令治罪。乳母向东方朔求救，东方朔说：“这不是靠口舌能争得来的事，你若希望有人能帮你，只可这样做，临走时，只可连连望着皇帝，千万不要说话，这样也许能有万一的希望呢?”乳母全部记下东方朔的话，等到她进来给武帝辞行之时，东方朔也陪侍在武帝身边，乳母就在临走之时频频回顾武帝。东方朔就冲她喊道：“你还犯傻啊，皇帝现在根本不用吃你的奶了，快点走吧!”就这一句话，一下子触动了武帝心中最柔软的部分，恻隐之心油然而生，随即将乳母叫回来，赦免了她的罪过。

苏张之智圣人资

原文

先生曰："苏秦[①]、张仪[②]之智，也是圣人之资。后世事业文章，许多豪杰名家，只是学得仪、秦故智。仪、秦学术善揣摸人情，无一些不中人肯綮，故其说不能穷。仪、秦亦是窥见得良知妙用处，但用之于不善尔。"（《传习录（下卷）·钱德洪录》）

注释

①苏秦：（？—前317年），战国时洛阳人，起初游说秦惠王，未被采用，后来游说燕、赵，联合六国以合纵之势抗秦，后来合纵之势被张仪所破。

②张仪：（？—前309年），战国时卫国人，辅佐秦惠王，以连横之策游说六国，以分化瓦解六国的合纵之约。

译文

阳明先生说："苏秦、张仪的智慧，也具备圣人的资质。后世人的事业文章，许多豪杰名士，也只是学到了张仪、苏秦的老智慧。张仪、苏秦的学术善于揣摩人情，没有一丝不触动人的要害，所以他的学说难以穷尽。张仪、苏秦也是窥探到了良知的妙用之处，只是用到了不善的地方罢了。"

解　析

苏秦、张仪在传统儒家学者的眼中，一直都是被鄙弃的角色，原因很简单，苏张二人立身行事，纯粹以一己之功名富贵为归依，这与儒家一贯倡导的民胞物与之胸怀格格不入。二人以合纵连横之术游说当时列国，走的是极端注重现实的霸道的路子，这与儒家一贯提倡的王道之治又背道而驰。

二人这种追求过把瘾就死的处世方式，虽然一直不被正统儒家所肯定，且二人后来的下场都不太好，更留给后人以“阴谋之术不足学”的口实。但是就战国末期的实际政治效果看，当时列国被这两位同门师兄弟（相传二人都是鬼谷子的学生）玩弄于股掌之间，却维持了难得的近二十年的和平，这在那个尔虞我诈，战事连绵的时代颇为难得，从拯救无数生灵于刀兵之下的实际效果来看，二人之功德也不容抹杀。

阳明正是看到了二人在功业上的实效，进而总结苏张之学的特点，“善揣摩人情，无一些不中人肯綮”，跳出了传统儒家对二人一棒子打死的窠臼式评价。将做人和做事分开探讨，这在阳明一贯的言论中颇为少见，以至于后人中有人怀疑这一节不是阳明先生的言论，是别人说的话混在了《传习录》中。但是从阳明先生一生行事的轨迹来看，先生身上也可见纵横家“善揣摩人情”之遗风，只不过先生之心不是为了一己之私利，而是出于为国为民之公心，这就和苏张二人之境界有了天壤之别。先生既然有“揣摩人情”之切身体验，自然可以判断出此心用之于正，就是“圣人之资”，用之于邪，虽然令人惋惜，却也仍然是“良知之妙用”。

后人对阳明先生的诟病之处，我认为就是出自于“良知”的“良”字上，苏秦张仪的用心，明明是不良，为什么能将他们的智慧说成是“良知之妙用”呢？关于这点疑问，请大家参看《心外绝无“事”与“理”》节关于“至善”的解释内容。

性善性恶再交锋

原文

问："古人论性，各有异同，何者乃为定论？"

先生曰："性无定体，论亦无定体。有自本体上说者，有自发用上说者，有自源头上说者，有自流弊处说者。总而言之，只是一个性，但所见有浅深尔。若执定一边，便不是了。性之本体，原是无善无恶的，发用上也原是可以为善，可以为不善的，其流弊也原是一定善一定恶的。譬如眼，有喜时的眼，有怒时的眼，直视就是看的眼，微视就是觑的眼。总而言之，只是这个眼。若见得怒时眼，就说未尝有喜的眼；见得看时眼，就说未尝有觑的眼。皆是执定，就知是错。孟子说性，直从源头上说来，亦是说个大概如此。荀子性恶之说①，是从流弊上说来，也未可尽说他不是。只是见得未精耳。众人则失了心之本体。"

问："孟子从源头上说性，要人用功在源头上明澈。荀子从流弊说性，功夫只在末流上救正，费力了。"先生曰："然。"（《传习录（下卷）·钱德洪录》）

注释

①荀子性恶之说：荀子（前313—前238年）战国末期赵国人，儒家代表人物之一，提倡性恶说，在其著述《荀子·性恶》中有关于性恶论的详细阐述。

译文

有人问："古人对'性'的议论，各有异同，谁说的才是定论呢？"

阳明先生说："性没有固定的体例，（不同人对其）议论也就没有固定的体例。有从本体上来说的，有从生发运用上来说的，有从源头上来说的，有从流弊处来说的。总而言之，只有一个性，只是人们所见有浅有深。若是执定于一点，就不对了。性的本体，原本是无善无恶的，在生发运用上也原本是可以为善，可以为不善的，但是其中的流弊就是执定为善和执定为恶。比如眼睛，有喜悦时的眼，有发怒时的眼，直视的时候就是正视的眼神，微视的时候就是眯着的眼神。总而言之，都是这一个眼（在看）。如果看到发怒的眼时，就说不曾有喜悦时的眼；看到直视时的眼时，就说不曾有眯着看的眼。都是执定一端，就知道这种认识是不对了。孟子说性，是从源头上来说的，也只是说个大概如此。荀子的'性恶'说，是从流弊上来说的，也不能完全说他讲的不对。只是他的见地不够精当。普通人则是失去了心的本体。"

问："孟子从源头上说性，要人做功夫以追求源头上的明澈；荀子从流弊方面说性，做功夫只在末流上去补救，就比较费力了。"先生说："对。"

解　析

此节值得注意的是阳明提到了荀子的"性恶"说，后一句拿孟子和荀子就"性"的不同阶段做功夫做了比较，得出荀子"只在末流上救正，便费力了"的结论。

有意思的是，孟子和荀子正好是先秦时期"性善论"和"性恶论"的代表人物，将二者放在一起探讨一直都是后人津津乐道的话题。避免枝蔓过多，我们就结合本节的内容管窥一下二者的皮里春秋。

先引用一段《资治通鉴》中的话：夫事未有不生于微而成于著，圣人之虑远，故能谨其微而治之，众人之识近，故必待其著而后救之；治其微则用力寡而功多，就其著则竭力而不能及也。

这段话的大意是：事情没有不是从细微的兆头开始而逐渐变得显著的，圣人的思虑深远，所以能在细微的兆头开始之时就治理，普通人的见识浅陋，所以必须等到事情变得显著了然后再去补救，在兆头刚开始的时候去治理就会用力少而功效大，在事情变得显著的时候往往竭尽全力也不能补救过来。

孟子做功夫的方法，用阳明的良知说来解释，就是在良知的萌发之时（源头上）就做功夫，做什么功夫呢？自然是善念扩充，恶念遏制的功夫。荀子虽然主张性恶，但是他也强调约束人性的恶，使之归于善，与孟子不同的是，他的去恶为善的功夫是在恶已经发酵了之后才加以实施。这就好像是在救火，孟子在星星之火的状态下只要浇上一小杯水就可以扑灭，荀子却要在大火已经燎原的情况下再开着救火车赶来，二者哪个费力哪个省力也就一目了然了。

如此看来，同样作为救火队员，孟子比荀子要高明得多。但是，实际情况是用孟子功夫的人比用荀子功夫的人要少得多，原因就在于“圣人之虑远”而“众人之识近”，本来良知是人人具有的，“众人”和“圣人”就其自带的“操作系统”而言，原本是没有差异的，后来这个“虑远”和“识近”的距离又是如何拉开的呢？我们再看下面一则小故事。

和阳明先生同时代的学者王廷相，曾经讲了一次乘轿的见闻，一次他乘轿进城遇雨，一轿夫穿了双新鞋，开始时小心翼翼地循着干净的路面走，择地而行，后来轿夫一不小心踩进泥水坑里，由此便“不复顾惜”了。

普通人的心理和这个轿夫类似，一旦被“私欲”所“折节”之后，往往就会破罐子破摔，不再用力致心中之良知，甘愿让良知之明镜日益锈垢蒙尘，且美其名曰“与世同浮”。所以，阳明先生在前面谈到做克治私欲的功夫时说“更有大本事人，过了十数年，亦还用得着。”大本事人尚且如此，更何况私欲环绕的普通人呢？但是普通人并不是不做克治功夫，只是他们做克治的功夫，往往要等到私欲带来了切身体会的痛楚之后，才知道回头自省，更多时候，是需要灾难或者法律帮他们去自省，也就是这节说的“只在末流上去补救。”

其实这节说的“用功在源头上明澈”和“只在末流上救正”可以从很多方面加以发挥，比如我们现在讲的“以德治国”和“以法治国”就是分别对应的“用功在源头上明澈”和“只在末流上救正”，而隐藏在这些国策背后的思想正是孟子的“性善论”和荀子的“性恶论”，为了不牵扯过广，我们不再详谈。

四句教

原文

丁亥[①]年九月，先生起复征思田[②]。将命行时，德洪与汝中[③]论学。汝中举先生教言曰：“无善无恶是心之体，有善有恶是意之动，知善知恶是良知，为善去恶是格物。”

德洪曰：“此意如何?”

汝中曰：“此恐未是究竟话头。若说心体是无善无恶，意亦是无善无恶的意，知亦是无善无恶的知，物亦是无善无恶的物矣。若说意有善恶，毕竟心体还有善恶在。”

德洪曰：“心体是天命之性，原是无善无恶的。但人有习心，意念上见有善恶在。格、致、诚、正、修[④]，此正是复那性体功夫。若原无善恶。功夫亦不消说矣。”

是夕侍坐天泉桥，各举请正。

先生曰：“我今将行，正要你们来讲破此意。二君之见，正好相资为用，不可各执一边。我这里接人，原有此二种。利根之人，直从本原上悟入，人心本体原是明莹无滞的，原是个未发之中。利根之人，一悟本体，即是功夫。人己内外，一齐俱透了。其次不免有习心在，本体受蔽，故且教在意念上实落为善去恶，功夫熟后，渣滓去得尽时，本体亦明尽了。汝中之见，是我这里接利根人的；德洪之见，是我这里为其次立法的。二君相取为用，则中人上下皆可引入于道。若各执一边，眼前便有失人，便于道体各有未尽。”既而曰：“已后与朋友讲学，切不可失了我的宗旨。无善无恶是心之体，有善有恶是意之动，知善知恶是良知，为善去恶是格物。只依我这话头，随人指点，自没病痛，此原是彻上彻下功夫。利根之人，世亦难遇。本体功夫一悟尽透，此颜子、明道所不敢承当，岂可轻易望人？人有习心，不教他在良知上实用为善去恶功夫，只去悬空想个本体，一切事为俱不着实，不过养成一个虚寂。此个病痛不是小小，不可不早说破。”

是日德洪、汝中俱有省。(《传习录（下卷）·钱德洪录》)

注释

①丁亥：嘉靖六年（1527 年），时年阳明五十五岁。

②思田：思，思恩，今广西武鸣县北。田，田州，今广西田阳县北。

③汝中：参看《圣人仪态自雍容》节注解一。

④格、致、诚、正、修：即格物、致知、诚意、正心、修身。

译文

丁亥年九月，先生被起用，征伐思恩和田州。即将出发的时候，钱德洪和王汝中讨论学问。汝中举出阳明先生教导的话：“无善无恶是心之体，有善有恶是意之动，知善知恶是良知，为善去恶是格物。”

德洪说：“这话的意思怎么样？”

汝中说：“这恐怕也是不能作为定论的话头，如果说心体是无善无恶，意也是无善无恶的意，知也是无善无恶的知，物也是无善无恶的物了。如果说意有善恶，那终究还是说心体依然有善恶在。”

德洪说：“心体具有天生的性质，原本是无善无恶的。但是人有了（后天）习气浸染的心，意念上就有了善和恶了，格物、致知、诚意、正心、修身，正是恢复性之本体的功夫。如果（意念上）原本就没有善恶的话，也就用不着说这些功夫了。”

这天晚上（德洪和汝中）陪奉阳明先生于天泉桥上，各自举出各自的观点请阳明先生指正。

阳明先生说：“我现在就要出发了，正打算邀请你们过来点破这里的意思。二位的看法，正好可以相互补充，不能各执一词，我这里指引人，原本就有这两种。资性伶俐的人，直接从本源上领悟，人心的本体原本就是洞明无碍的，原本就具有个‘未发之中’。资性伶俐的人，一旦领悟本体，就是功夫。他人也好，自己也罢，内观也行，外用也可，全部通体透彻。其他人则不免有（后天）习气侵染的心在，本体受到蒙蔽，所以就要教他们在意念上切实地去为善去恶，功夫熟练后，心中的渣滓去除尽了，本体也就明澈了。汝中的看法，是我这里用来指引资性伶俐之人的方法；德洪的看法，是我这里用来指引资性次一等人的方法。二位相互借鉴，则中等资性上下的人都可以指引他们入道。若是各执一词，眼下就有误人之处，对于‘道’的本体就各有未尽之处。”

阳明先生随后说：“以后对朋友讲学，万万不可失去了我讲学的宗旨：无善无恶是心之体，有善有恶是意之动，知善知恶是良知，为善去恶是格物。只要依照着我这个话头，根据不同的人加以（不同的）指点，自然没有毛病，这原本就是彻头彻尾的功夫。资性伶俐的人，世上难遇。一旦领悟了本体，就全部通体透彻，连颜回和程颢都不敢承认可以做到这一点，又岂能轻易指望于别人呢？人有（后天）习气侵染的心，不教他在良知上切实地用为善去恶的功夫，只去凭空思考一个本体，就会一切事为都不能落实，不过养成了一个‘虚寂’的毛病，这个不是小毛病，不可不早日说破。”

这一天，德洪和汝中都有所省悟。

解　析

这一节谈到了著名的阳明四句教。前两句我们在《一场由除草引起的答辩》中已经谈到过，请参看之。“知善知恶是良知，为善去恶是格物。”这两句的内容已经包含在前面许多节中，没有难解之处。本节阳明先生对这四句的阐释也是非常清楚了，但是这四句依然留给后人许多争议，产生争议的原因，主要在于阳明没能从逻辑上解释好“无善无恶”的“性”，是如何过渡到“有善有恶”的“意”的。下面就针对这个问题做一个探微式讨论，仅为一家之言，以供大家参考。

四句教的最大特色在于，四句话的立论根基是不同的，阳明说“无善无恶是心之体”这句话时，是又一次客串进来了“唯物主义”的视角立场，这句我们可以勉强将其比喻为“上帝视角”的关于“心之体”的描述。由于这一句和后面的“有善有恶是意之动”具有明显的逻辑矛盾——

无善无恶的心之体如何又生出有善有恶的意呢？这样讲岂不是等于说母鹿生出了马崽，母鹿自然该生出鹿崽，生出了马崽，这不科学啊！产生这种疑问的代表人物有明末大儒刘宗周，他曾针对“无善无恶是心之体”这句发出过这样的评论，“若心体果是无善无恶，则有善有恶之意，又从何处来？为善去恶之功，又从何处来？无乃语语绝流断港？”

刘宗周用“绝流断港”来形容对四句教的观感，深得众多后人的共鸣，但是我认为刘宗周也是犯了执泥于“我见”的毛病，他的执泥之处在于将第一句中的“善”字和“恶”字与后面三句的“善”字和“恶”字作一视同仁看，而实际上，“善”字和“恶”字在第一句与后三句中的意义是不同的，这里藏有极大的玄机。

阳明说的“无善无恶是心之体”是说心的本体依循于“理”，没有一丝自己的意思在内。这种状态阳明先生之前曾经表述为“至善”。将“至善”表述为“无善无恶”，就是我们上面说的客串进了“唯物主义”视角，这是一个说无可说的本然如此。

既然心的本体是“无善无恶”的，那么“有善有恶的意”又是如何产生的呢？意如果依循心的本体而动，就是“善”意，但是，由于“气拘物蔽”等原因，并不是每一个“意”的产生都可以依据本体而动，一旦在本体的基础上产生了过或者不及的意，这个“意”就是恶了，这就是“有善有恶是意之动”这句的意思。第二句的“有善”实质上是指第一句中“无善无恶”心之本体得以实现的情形，保持了“无善无恶”的心之本体，就等于实现了人心和天理的完美合一，这种合一对人而言产生的价值体现描述为“有善”，从这里可见，本来在第一句中还可以描述为“无善无恶”的情形，到了第二句，则成了“善”，可见第一句中的“善”字和第二句中的“善”字的意义是不同的。而后三句中说的“善”和“恶”则可以认为是同一种含义。

后人总是说第一句和第二句有逻辑上的矛盾，原因就在这里，因为第二句中说的“善”和“恶”，不是继承了第一句中的“善”和“恶”的意思，而是将第一句中的“无善无恶”作为一个标的物，将依循这个标的物的划归为了“善”，将偏离于这个标的物的划归为了“恶”。

第三句“知善知恶是良知”，这里说的“知善知恶”的这个“知”，就是我们在《操舍皆在我心田》节解析中说到的“阳明良知”，这个“知”是人心中的监察机构，可以对“意”的善恶做出判断，合乎“无善无恶是心之体”的“意”就是善，偏离了“无善无恶是心之体”的“意”就是恶。

第四句“为善去恶是格物”这句就比较好理解，前面也多次提到，将良知判断为“善”的“意”扩充下去，将良知判断为“恶”的“意”遏止克治下去。

另外阳明还将讲学的对象区分为“利根”之人和“其次”之人，但是随后又说“本体功夫一悟尽透，此颜子、明道所不敢承当，岂可轻易望人?”这就等于告诉我们，他的与“利根”之人讲学的方法其实也仅仅存有理论上的意义，对于99.99%的人来说，都是适用“其次”之人这个范围的。

格物详解

原文

先生曰："先儒解'格物'为格天下之物，天下之物如何格得？且谓'一草一木亦皆有理[①]'，今如何去格？纵格得草木来，如何反来诚得自家意？我解'格'作'正'字义，'物'作'事'字义。《大学》之所谓'身'，即耳、目、口、鼻、四肢是也。欲修身，便是要目非礼勿视，耳非礼勿听，口非礼勿言，四肢非礼勿动。要修这个身，身上如何用得工夫？心者身之主宰，目虽视，而所以视者心也；耳虽听，而所以听者心也；口与四肢虽言、动，而所以言、动者心也。故欲修身在于体当自家心体，常令廓然大公，无有些子不正处。主宰一正，则发窍于目，自无非礼之视；发窍于耳，自无非礼之听；发窍于口与四肢，自无非礼之言、动。此便是修身在正其心。然至善者，心之本体也。心之本体那有不善？如今要正心，本体上何处用得功？必就心之发动处才可着力也。心之发动不能无不善，故须就此处着力，便是在诚意。如一念发在好善上，便实实落落去好善；一念发在恶恶上，便实实落落去恶恶。意之所发，既无不诚，则其本体如何有不正的？故欲正其心在诚意。工夫到诚意，始有着落处。然诚意之本，又在于致知也。所谓'人虽不知而己所独知'者，此正是吾心良知处。然知得善，却不依这个良知便做去；知得不善，却不依这个良知，便不去做。则这个良知便遮蔽了，是不能致知也。吾心良知既不得扩充到底，则善虽知好，不能着实好了，恶虽知恶，不能着实恶了，如何得意诚？故致知者，意诚之本也。然亦不是悬空的致知，致知在实事上格。如意在于为善，便就这件事上去为，意在于去恶，便就这件事上去不为。去恶，固是格不正以归于正。为善，则不善正了，亦是格不正以归于正也。

如此，则吾心良知无私欲蔽了，得以致其极，而意之所发，好善去恶，无有不诚矣。诚意工夫实下手处在格物也。若如此格物，人人便做得。‘人皆可以为尧舜[②]’，正在此也。”(《传习录（下卷）·黄以方录》)

注释

①“一草”句：语出《河南程氏遗书》，程颐语。

②“人皆”句：语出《孟子·告子下》。

译文

阳明先生说：“先前的儒家学者（指程朱）解释‘格物’为格尽天下之物的意思。天下之物又如何去格呢？并且说‘一草一木亦皆有理’，现在如何去格（草木的理）？纵然能格草木，又怎么能返回来‘诚’自己的意呢？我将‘格’解释为‘正’的意思，‘物’解释为‘事’的意思。《大学》中所说的‘身’，就是指耳、眼、口、鼻、四肢。想要修身，就是要眼睛‘非礼勿视’，耳朵‘非礼勿听’，嘴巴‘非礼勿言’，手足四肢‘非礼勿动’，要修这个身，身上又如何下得去功夫呢？心是身的主宰，眼睛虽然能看，但是指挥眼睛看的是心；耳朵虽然能听，但是指挥耳朵听的是心；嘴巴和手足四肢虽然能说话和行动，而指挥说话和行动的是心。因此想要修身，先要理会自己的心体，常让自己的心体廓然大公，没有一点儿‘不正’的地方。只要主宰一正，就能开窍在眼睛上，自然没有非礼的视；开窍在耳朵上，自然没有非礼的听；开窍在嘴巴和四肢上，自然没有非礼的语言和行动。这就是为什么说修身在于正其心。但是至善是心的本体，心的本体哪有不善的呢？现在想要正心，本体上又有什么地方可以下功夫呢？必须就心的发动处才可以用上力气啊！心的发动处不可能没有‘不善’，所以就在（‘不善’之意升起的地方）下力气，（这）就是在做‘诚意’（的功夫）。如果一个念头升起落在了喜好‘善’上，就踏踏实实地去（履行）喜好‘善’（这个念头上）；一个念头升起落在了厌恶‘恶’上，就踏踏时时地去（履行）厌恶‘恶’（这个念头上）。意所生发的地方，既然没有不诚，那么其本体怎么会有不正呢？所以说想要‘正心’，就要做到‘诚意’，功夫用到诚意上，才有实际的着手处，但是诚意的根本，又在于‘致知’。就是所说的‘人虽不知而己所独知’。这就是我心里良知（所在）之处。但是，‘知道’了善，却不能依着自己的良知去做；知道了不善，却不能依着自己的良知，不去做（克治‘恶念’的功夫）。那么这个良知就被蒙蔽了，就是不能‘致知’了。我心中的良知既然得不到扩充到底（的落实），那么心中虽然知道喜好‘善’，却不能切实地去喜好；虽然知道厌恶‘恶’，却不能切实地去厌恶‘恶’。如何能做到意诚呢？所以说‘致知’是做到意诚的根本。但也不是凭空地去‘致知’，‘致知’要在实事上做（具体的）‘格物’功夫。比如意在为善上，就在（意念所在的这件事上）去为，意在于去除恶上，就在（意念所在的这件事上）制止为恶。去除恶，固然是‘格’不正的念头以令其归于正；为善，则是指不善的归之于正，也是将不正的‘格’为正。这样一来，则我心中的良知就没有私欲蒙蔽了，得以将良知扩充到极点，然后意所生发的地方，喜好善去除恶，就没有不诚了。诚意功夫的实际下手处在于‘格物’。如果这样去格物，就会人人都能做得来，（《孟子》中说）‘人皆可以为尧舜’，原因正在这里。”

解 析

阳明细致系统地阐释“格物”。不再全节解读，挑选该节最对世人病症之句加以分析，阳明说“则善虽知好，不能着实好了，恶虽知恶，不能着实恶了，如何得意诚?”我在看电视新闻时，留意到关于政府部门会议的报道时，“狠抓落实”这四个字的出现频率非常高，几乎可以和“重要会议”这四个字相媲美，但是这四个字必须反着来看，之所以一而再再而三强调“狠抓落实”，原因就在于实际工作中落实不到位的情况司空见惯。政府制定一项法令，一套章程，其初衷往往是好的，但是一旦到了具体的实施阶段，其中的各种“肠梗堵”情况就会层出不穷，所以，仅仅停留于纸面的空文在现实世界就屡见不鲜。这种情况就和“不能着实好”和“不能着实恶”的情况相类似。

有人说，军队是世界上效率最高的机构，军队的效率之高，就在于他的执行力，军令如山的特征使得军队的行事容不得半点苟且拖延。所以，当代许多有作为的大企业家，大多有过从军的背景，并不是说他们的良知就比别人强大多少，而是这些人将良知落实下去的能力比普通人强大太多，而落实良知在阳明先生这里的表述就是“致良知”三个字。

三国时期，刘表的处事方式是古人中不能“狠抓落实”的一个反面教材，徐庶在品评刘表的领导才能时，很著名的评语是“善善而不能用，恶恶而不能去”，用阳明先生这里的观点来点评，就是典型的知行分离，喜欢有才能的人，也确实欣赏这些人，但是就是不能重用，厌恶恶人小人，也确实讨厌这些人，但就是不能去除。刘表这个性格缺陷，导致他在群雄逐鹿的三国时代只能扮演一个“徒有其表（曹操评刘表语）”的跑龙套角色，最后导致富庶的荆州在其死后落入他人之手。

阳明这节所说，基本上囊括了他学说的全部精义，可以看出，先生的学说仅仅从理解的层面来看，即便目不识丁之人，也可以完全领会，但是尽管如此，其学依然无法发扬光大，只是因为世人的毛病其实和刘表是一样的，那就是“善善而不能用，恶恶而不能去”，刘表之病，不是他一人之病，是古今天下人之通病。

知觉之处即是心

原文

“心不是一块血肉，凡知觉处便是心。如耳目之知视听，手足之知痛痒。此知便是心也。”（《传习录（下卷）·黄以方录》）

译文

“心并不是指那一个血肉（之心），凡是知觉到的地方就是心。比如耳朵、眼睛的听觉和视觉，手脚的触觉。这里面的知觉就是心。”

解　析

这里是阳明对“心”的明确解释，曾经有人这样质问我，你说阳明心学多么多么神奇，但是现代科学的研究证明，人是用大脑思考的，不是用心思考的，王阳明连这个最基本的道理都搞不清楚，还谈什么神奇？

那么这节阳明就亲口告诉我们，“心”这个字只是先生借代过来的一个称谓，他和我们当代理解的生理学意义上的心并不相同。阳明借用“心”字只是为了说明人的“知觉”，而知觉这个功能实质上是人和这个世界建立联系的唯一媒介，人除了用知觉来感知这个世界之外，没有第二种途径可以参与到这个世界中来，所以，世界上所有的“理”都必须纳入“心”才有意义，也就不言而喻了。

变动不居

原文

又曰："此道至简至易的，亦至精至微的。孔子曰：'其如示诸掌乎①。'且人于掌何日不见，及至问他掌中多少文理，却便不知。即如我良知二字，一讲便明，谁不知得？若欲的见良知，却谁能见得？"

问曰："此知恐是无方体的，最难捉摸。"

先生曰："良知即是《易》，'其为道也屡迁，变动不居，周流六虚，上下无常，刚柔相易，不可为典要，惟变所适。'②此知如何捉摸得？见得透时便是圣人。"（《传习录（下卷）·黄以方录》）

注释

①"其如"句：语出《中庸》，原文"子曰：'明乎郊社之礼，禘（dì）尝之义，治国其如示诸掌乎！"

②"其为"七句：语出《易传·系辞下》。大意是：《易》的法则时常变动，没有固定的形式，在六个爻位之间游移，或上或下，没有常规，刚与柔经常转换，不能墨守常规，必须根据具体的变化采取相对应的适应方法。

译文

阳明先生又说："这个道是极其简单容易的，也是极其精深极其微妙的。孔子说：'其如示诸掌乎。'人哪天不见自己的手掌，但是等到问他手掌上有多少手纹，却不知道。就如我讲的'良知'二字，一讲就明白，谁不晓得呢？但如果要确实地认识良知，又有谁能认识到呢？"

问：“这个良知恐怕是无方位、无形体，最难捉摸。”

阳明先生说：“良知就是《易》（中所涵盖的道理）：‘其为道也屡迁，变动不居，周流六虚，上下无常，刚柔相易，不可为典要，惟变所适。’（由此可知），良知怎么能捉摸到呢？把良知认识透彻了就是圣人。”

解　析

这节阐述了良知易见而难知的特点，并且引用《易》的道理来描述之所以难知的原因。良知根据空间、时间的不同而时常变动，需要人根据具体情况谨慎抉择。

比如在《吕氏春秋》中，曾经记载了这样一则故事，春秋时期的鲁国有一条法律：鲁国人在国外沦为奴隶后，有人支付赎金将其赎回来后，可以到国库中领取赎金。有一次，孔子的弟子子贡在别国赎回了一个鲁国人，回国后却拒绝国家给他报销赎金。孔子对自贡说：“你这样做不对，从此以后，鲁国人就不肯再替沦为奴隶的本国同胞赎身了。你如果收回国家的补偿金，并不会损害你行为的价值，而你不肯拿回你垫付的钱，破坏了国家订立的规矩，恐怕今后别人就不肯再赎人了。”

另一天，孔子的弟子子路救了一名落水者，被救者为了答谢他，送给他一头牛，子路收下了。孔子对子路的行为表示了赞同，并且说：“这样一来，鲁国人以后一定会勇于救人了。”

子贡赎回同胞而不肯接受国家的金钱，就子贡自己而言，原因是多方面的，比如自己财力充足，不在乎这点金钱，或者是道德高尚，付出不要求回报等，总之，子贡的良知认为自己救人而不求回报是正确的。这种“做好事不图回报”的道德观念至今在我们的脑海中根深蒂固，凡是有人因做了一回好人好事而接受他人报偿，就好像送佛没送到西一样。而事实上，这种道德观正是造成道德下滑的大蠹贼。

“义”的本意是“宜”，子贡赎回了人，付出了金钱，换取了被赎回者的自由，这个人的自由与归国不论是对被赎回的人还是对鲁国而言，都是一件好事，现在子贡分文不取，说我精神上愉悦就行了，不需要物质回报。这就不宜了，并不是每一个人都具有你子贡如此高的觉悟和财力，如果下一次从别国赎回了人却什么回报都没有，还有几个人肯做这种利人损己的事情呢？没有人这样做了，善行的路等于被堵塞了，反而是大恶了。

读懂了孔子对子贡事件的评价，自然就能读懂孔子对子路事件的评价，子路救了落水者的命，被救者以牛回报，这是理当如此，并且给世人做出一个榜样，英雄流汗出力，甚至有时候还会流血，就该得到实质的回报。这才是传统儒家道德观的真面目，反而是我们现代一些扭曲的道德观念，造成了英雄流血流汗又流泪，凉了所有想行善的人的心，世风日下的现状也就可想而知了。

快马犹然需加鞭

原文

邹谦之尝语德洪曰："舒国裳[①]曾持一张纸，请先生写'拱把之桐梓'一章[②]。先生悬笔为书，到'至于身而不知所以养之者'，顾而笑曰：'国裳读书中过状元来，岂诚不知身之所以当养？还须诵此以求警。'一时在侍诸友皆惕然。"（《传习录（下卷）·黄以方录》）

注释

①舒国裳：舒芬（1487—1527 年），字国裳，号梓溪。江西进贤人。正德年间进士。

②"拱把之桐梓"一章：指《孟子·告子上》中的一章，原文有"孟子曰：'拱把之桐梓，人苟欲生之，皆知所以养之者，至于身，而不知所以养之者，岂爱身不若桐梓哉？弗思甚也。"大意是：一两把粗的桐树梓树，人尚且想要令其生长，都知道该用什么方法去培养，但是对于自身，却不知道如何去养，难道爱自身还不如爱桐树梓树吗？太欠考虑了吧！

译文

邹谦之曾经对钱德洪说："舒国裳曾经拿了一张纸，请先生帮他写'拱把之桐梓'这一章。先生提笔为他写，写到'至于身而不知所以养之者'这句时，回过头来笑着说：'国裳读书中过状元，他难道不知道应当养身吗？还需要诵读此章来自我警策。'一时间，在座的诸位朋友都惕厉警悟。"

解　析

这是《传习录》的最后一节，将这一节放到最后，也颇有深意，一个读书读到了状元的人，犹然还需要靠《孟子》中的话来勉励自己。那么现在，我们即使将《传习录》这本书看完了，就真的领略了阳明心学的真义了吗？这本书曾经带给你的启迪和教益也许现在还历历在目，但是明天的明天，你也许就要将其忘到爪哇国里去了，继续过着最让自己感到舒服的旧生活。有限的几句古人之言，又能带给我们几多影响呢？假如这本书真的带给了你灵魂深处的触动，也许，目前的这一刻，不是结束，而仅仅只是一个开始。